ALFRED DE MUSSET
LORENZACCIO

EDITED WITH INTRODUCTION,
NOTES AND BIBLIOGRAPHY
BY DEREK F. CONNON

PUBLISHED BY BRISTOL CLASSICAL PRESS
GENERAL EDITOR: JOHN H. BETTS
FRENCH TEXTS SERIES EDITOR: EDWARD FREEMAN

For Benjamin

First published in 1998 by Bristol Classical Press
an imprint of
Gerald Duckworth & Co. Ltd
The Old Piano Factory
48 Hoxton Square, London N1 6PB

A catalogue record for this book is available
from the British Library

ISBN 1-85399-516-9

Available in USA and Canada from:
Focus Information Group
PO Box 369
Newburyport
MA 01950

Printed in Great Britain by
Booksprint

CONTENTS

Acknowledgements	iv
Introduction	
Composition	v
Historical Context:	
Renaissance Florence	viii
Principal modifications to historical fact	x
Musset's France	xiv
Literary Sources	xvii
Armchair Theatre	xix
Structure	xxvi
Themes	xxviii
Language	xxxv
Performance History	xxxvi
Text	xxxviii
Notes to Introduction	xxxix
Bibliography	xliv
AVANT-PROPOS	1
LORENZACCIO	5
Appendix I	105
Appendix II	111
Textual Notes	116
Variants	140

ACKNOWLEDGEMENTS

Thanks to: the University of Wales, Swansea, for granting a sabbatical term to begin work on this project; my colleagues for shouldering the extra work this gave them, and for listening to me bore for Britain on the subject of some of the more obscure footnotes; Ted Freeman and Jean Scott for their editorial work and support; my son Benjamin for nagging me to finish 'his book', and my wife Carolyn for putting up with me while I was doing it; Monica Nurnberg for providing the reference to Hugo's *Contemplations*, but most of all for her lectures that first introduced me, as an undergraduate at the University of Liverpool, to this wonderful work.

INTRODUCTION

It would perhaps be an exaggeration to claim that we owe the greatest French play of the nineteenth century to a pot of green paint, but only a slight one. It was during the first performance of *La Nuit vénitienne*, Musset's first play to appear on the public stage, that the leading actress in her white dress leant against a trellis that had been too-recently painted, much to the amusement of the audience. No play ever flopped simply because of such an incident; *La Nuit vénitienne* was undoubtedly too different and perhaps also too slight to have succeeded in the theatre in 1830, yet such occurrences typify the practical aspect of the theatre that is out of the control of the author, and which may well cause an aspiring young playwright to feel that the failure had not been entirely his fault.

Musset turned away from the theatre, but not from writing plays. Liberated from both the practicalities and the prevailing conventions of the theatre of his age he produced a series of dramatic works, of which none benefits more from the freedom from restraint than *Lorenzaccio*. The scale and scope of this tragic masterpiece make it unique even among Musset's plays, which are otherwise of more modest proportions and more classical in appearance.

Despite its revolutionary approach to dramatic writing, however, it cannot be said to have had any significant impact on the development of French theatre, for its technical developments simply go too far. The innovations of Victor Hugo's dramas may be less wide-ranging than those of *Lorenzaccio*, but Hugo took them into the theatre and, in so doing, contributed to the development of the art; *Lorenzaccio* pushed both innovation and impracticality so far that it had little to offer the world of theatre. Even if its inflammatory subject-matter had not kept it off the stage for the duration of the July Monarchy, its stagecraft undoubtedly would have done so, and when it eventually was first performed in 1896, it was in a radical adaptation which sought to suppress the work's difficulties rather than to cope with them. Consequently, not only is it an unique work in Musset's output, but no other author has attempted to imitate it either. It is as an individual work of imaginative literature that *Lorenzaccio* remains important.

Composition

Although *Lorenzaccio* grew from Musset's love affair with the authoress George Sand, that is not to say the play is in any way an autobiographical record of that relationship, for the influences were principally literary rather than personal.

Whilst drama written to be read rather than performed is relatively unusual, the 1820s had seen something of a fashion for it. The most famous examples are Hugo's *Cromwell* of 1827, a play originally intended for performance which outgrew itself, and Mérimée's *Théâtre de Clara Gazul* of 1825, a pastiche of Spanish drama passed off as the real thing. Musset found one of his principal influences for *Lorenzaccio* in a more unusual form, the *scène historique*. Hugo, Mérimée and Musset's reasons for writing drama to be read may differ, as may the impact of their works, but the texts in question are all recognisably plays; the *scène historique* sets out to be something else. Ludovic Vitet, whose three volumes of *scènes historiques*, *Les Barricades* (1826), *Les États de Blois* (1827) and *La Mort de Henri III* (1829), make him the chief proponent of the genre, wrote of the first of these: 'Ce n'est point une pièce de théâtre que l'on va lire, ce sont des faits historiques présentés sous la forme dramatique, mais sans la prétention d'en composer un drame'.[1]

It was Sand's attempt at such a *scène historique*, *Une Conspiration en 1537*, that provided Musset with the initial impetus for *Lorenzaccio*. The conspiracy in question is the murder of Alessandro de' Medici by his cousin Lorenzo, a tale for which Sand's principal source had been the *Storia fiorentina* of Benedetto Varchi.[2]

Sand's piece conforms to Vitet's notion of a *scène historique* both in the looseness of its structure, and in the avoidance of any attempt to impose a conventionally dramatic logic on the historical events. Hence, each of the six scenes has a different setting, and their lengths vary from one-and a-half to twenty-three pages in the edition by Paul Dimoff,[3] and, whilst neither plot nor characterisation are completely lacking, there is neither the coherence of plotting nor the psychological depth that we would expect in a conventional drama. Judged by the criteria of the classical tradition which still dominated French dramatic thought, this could not in any sense be considered a play.

Sand's text, which deals only with the murder of Alessandro, remained unpublished, and she passed it on to Musset who used it as the basis of his work. *Une Conspiration en 1537* is a perfectly good example of the *scène historique*, but *Lorenzaccio* is a much more ambitious work, and Musset's debt to Sand, although important, proves, in the event, to apply to only a small proportion of his completed text. Lorenzo's pretence of fainting at the sight of a sword (Musset I,iv; Sand i), the scene in which Catherine reads to Marie and Lorenzo, leading to the arrival of Bindo, his reproofs to Lorenzo and Lorenzo's humiliation of him before the Duke (Musset II,iv; Sand ii), Lorenzo's rehearsal of the murder with Scoronconcolo (Musset III,i; Sand iii), Alexandre's departure with Lorenzo for his assignation with Catherine

(Musset IV,x; Sand iv) and the murder itself (Musset IV,xi; Sand vi) represent Musset's debt to his companion's work. Sometimes he remains so close to his model that fragments of dialogue are borrowed directly, but the general import and implications of the scenes are modified considerably.

For additional details relating to this central plot, as well as for the Strozzi plot and the initial inspiration for the Cibo plot, Musset went back to Varchi, although this was not his only sixteenth-century Italian source: he clearly also consulted the autobiography of Benvenuto Cellini,[4] and perhaps Giorgio Vasari's *Lives*.[5] The influence of other works has been detected, such as Vittorio Alfieri's *La congiura dei Pazzi* (1777),[6] a more recent French retelling of the Lorenzaccio tale in *Lorenzino de Médicis, nouvelle florentine* published in the third volume of *Salmigondis; ou, Nouvelles de toutes les couleurs* (1832),[7] and Ginguené's *Histoire littéraire d'Italie*.[8] Nevertheless, the internal evidence confirms that Sand and Varchi represent the principal historical sources.

Much ink has been spilled over the question of whether *Lorenzaccio* was written before, during or after the trip that Musset made to Italy with George Sand from December 1833 to April 1834. The argument in favour of later composition was based, principally, on the premise that a work with so much local colour could not conceivably have been written by someone who had not visited Florence and Venice. And yet, if we compare *Lorenzaccio* with the plays of Victor Hugo, for instance, we will find an almost total absence of the sort of detailed description of historical and foreign settings or costumes that is typical of the Romantic interest in local colour. What little there is betrays no more than a close reading of Varchi. The sheer practical force of the argument in favour of composition before the trip was, in any case, always more convincing. A packed itinerary like that on which Musset and Sand embarked would have left little time for serious literary composition, even without the illness and emotional conflict that it also included, and neither was there enough time between Musset's return and the publication of the text in August 1834 to complete such a complex work. The issue was resolved by Jean Pommier's publication in 1957 of a letter to Buloz, editor of the *Revue des deux mondes*, dated 27 January 1834, indicating that the completed text was already in the publisher's hands, and had therefore been completed before the departure for Italy.[9] It is possible that some modifications or additions were made in the light of the Italian experience, but it now seems evident that *Lorenzaccio* inspired the desire to travel to Italy, and not that this inspired the play.

Is the work autobiographical in a more general sense? Certainly that important critic of Musset's theatre Jean Pommier felt able to describe Musset's central character as 'ce Lorenzo de Médicis, où il s'est peint lui même,...ce Lorenzo qui avait à peu près le même âge que lui – vingt trois ans – quand il assassina le tyran de Florence',[10] and even to suggest that we may seek clarification of Musset's state of mind at the time of the composition by a study of the character of Lorenzo. However, Lorenzo de' Medici killed Alessandro, Musset did nothing even remotely comparable, and there's the rub. Joyce Bromfield writes of the historical figure: 'Lorenzo se prête à toutes les interprétations. Son acte est à la fois bien documenté et mystérieux, connu dans tous les détails et perdu dans les brumes du temps avec la clef de l'énigme de sa vie'.[11] She also remarks: 'De tous les auteurs qui ont traité de Lorenzo, c'est lui [Musset] le plus fidèle aux faits historiques, tout en étant le plus original'.[12] It is the historical fidelity that prevents this being a self-portrait in any literal sense, beginning with the most basic event, without which we would no longer be dealing with the story of Lorenzo de' Medici, the murder of his cousin and companion, Alessandro, Duke of Florence. It is into the mystery surrounding this act, however, that Musset perhaps does inject an element of self-portraiture, not in his character's reasons for killing Alexandre, but in the question of personal identity inherent in Lorenzo's realisation that he has become the debauchee that, initially, he was only pretending to be. Born in December 1810, Musset was only twenty-three when *Lorenzaccio* was published and just twenty-five when his autobiographical novel *La Confession d'un enfant du siècle* appeared in complete form, and yet the *Confession* confirms the autobiographical character of this particular aspect of the play by suggesting that he was already regretting what he saw as his misspent youth.

Like all great authors adopting an historical theme, therefore, Musset moulds it to his own ends, but he remains remarkably true to his historical source. On the other hand, his sure sense of pace prevents him from slowing down the action with any systematic exposition of the historical background. While the web of allusions to historical events that are only peripheral to the main action will be fully understood only by someone aware of that background, they will still contribute to a sense of historical colour for anyone who is unaware of it, and the main action will be no less easy to follow. With this in mind, there follows a brief synopsis of those key events and issues in European, and principally Italian and Florentine, history in the period leading up to the action depicted in the play, to which Musset's text alludes.

Historical Context

Renaissance Florence

Italy was still, at the beginning of the sixteenth century, and would long remain, a collection of small, mainly city, states, of which only La Serenissima, the serene republic of Venice, retained, with any degree of stability, its republican status and independence. The kingdoms of Naples and Sicily in the south were Spanish possessions, and to the north was the Papal state. Tuscany, Urbino and the states to the north of them were the subject of much territorial dispute, principally between France and Spain, and, although in the Treaty of Madrid of 1526 the French King François I had officially renounced claims to Italy, this did not prevent some Italians continuing to look to France as an alternative to Spanish domination.

At the centre of European politics of the sixteenth century was the figure of the Holy Roman Emperor, Charles V. The Holy Roman Empire had been founded by Charlemagne in the ninth century, when, having conquered most of Europe, he had himself crowned by the Pope as the recognised successor to the emperors of ancient Rome (hence the use of the term 'César' for Charles V that we will find in *Lorenzaccio*). On his death his sons divided his possessions, leaving the Empire restricted to the mainly German-speaking lands of central Europe. It was only with Charles V that the Empire would regain a similar scale and power.

Charles owed his power to a combination of strategic alliances and unexpected deaths. So, with the death in 1506 of Philippe le Beau of Burgundy, the son of Marie of Burgundy, who had herself died in 1477, and the Habsburg Emperor Maximilian I, the six-year-old Charles inherited his possessions in Franche-Comté and the Netherlands. Charles was declared of age by the regent Maximilian in 1515, and in early 1516 his maternal grandfather Ferdinand of Aragon died. Ferdinand had united his dominions with those of Castile by his marriage with Isabella of Castile who had died in 1504, so his death made Charles King of Spain and its possessions in Italy and the Americas. 1519 saw the death of Maximilian, which gave Charles the Habsburg dominions of Austria and southern Germany, and left vacant the elective throne of Germany that carried with it the title of Holy Roman Emperor. François I of France stood against him in the election, and was supported by the Pope (clearly both were worried by Charles's increasing power), but the combination of his Habsburg ancestry and substantial bribes won the day, and he was elected unanimously.

Charles took his role as both political and religious leader of the Empire seriously, and so might have expected the Pope to be his natural ally, but, despite François I's renunciation of claims to Italy, Clement VII continued to plot with France against the Imperial power in Italy. Hostilities came to a head in 1527 with the sack of Rome by Imperial forces. Despite the scale of destruction and the atrocities committed, such an attack was far from being an unique event, but the fact that this time the assault was on Rome, the very seat of the Catholic Church, gave it a considerable symbolic value. It had the desired effect of frightening Clement VII into abandoning his French sympathies for an uneasy alliance with Charles, and also seems to have been the catalyst for a Florentine revolt resulting in the expulsion of the ruling Medicis and the establishment of a republican constitution under Niccolò Capponi.

Florence had, in recent years at least, enjoyed a rather chequered relationship with the Medici family. Although not titular heads of the Florentine state, which was nominally a republic, the Medicis emerged during the fifteenth century as natural leaders. This was the culmination of a process begun by Cosimo the Elder and consolidated particularly by his grandson Lorenzo, known as the Magnificent. Even before the death of Lorenzo the Magnificent, the zealot monk Savonarola had been preaching against the Medicis, but it was only after his death that the family's hold weakened. Although Florence had long been allied with France, Lorenzo had sustained a policy of co-operation with Naples and discouragement of French intervention. His son Piero tried to continue this policy in the face of a French invasion even as the French King Charles VIII was advancing on the city, but then, amid mounting opposition, he fled, throwing himself on the mercy of the invading monarch. With the support of Savonarola, the French entered Florence in 1494, ushering in a period of subjection to France which lasted until the expulsion of the French from Italy in 1512. The period of Savonarola's influence came to an end rather sooner. After the flight of Piero de' Medici, a republican constitution had been set up along Savonarola's guidelines, but the powerful merchant families joined forces with the Pope to curb his power, and in 1498 Savonarola was first hanged and then burnt at the stake for heresy. The election of Piero Soderini as Gonfaloniere di Giustizia gave the republic a permanent head, but in 1512 he was deposed and the Medicis returned, only to be expelled again in 1527 as we have already seen.

This expulsion of 1527 and the consequent declaration of a republic resulted in opposition from the Imperial and papal alliance, indeed, the alliance of Clement VII, who was himself a Medici (Giulio de' Medici), with Charles V was largely based on a promise to restore Florence to the Medicis. The city was besieged in 1530, and in 1531 Clement VII's cousin, nephew or natural son,[13] Alessandro, was installed as Duke. Thus did the nominal republic come to an end, and the role of the Medicis in Florence gained the official confirmation of the title of Duke and the support of the Imperial forces.

The stage was set for the events depicted in Musset's play.

Principal Modifications to Historical Fact

A playwright is not an historian. Whilst the *scène historique* as practised by Sand and others purported to present historical fact in a form that made no concession to normal dramatic convention, for Musset, as for any playwright, the play's the thing, and we would expect absolute fidelity to historical events to be a significantly lower priority than issues such as the structure and coherence of the drama or its impact and message. We have already noted that Musset's fidelity to the tale as he found it first in Sand then, in more detail, in Varchi is impressive, but this is not to imply that there is not still a significant degree of modification.

So what are the principal changes made by Musset to his historical source?[14] The compression of the historical timescale is used to produce impact in two major ways. A significant part of the structural logic of *Lorenzaccio* depends on the simultaneity of the various plot strands, which produces a network of parallels and comparisons.[15] The sub-plot involving Lorenzo's murder of Alexandre derives entirely from Book XV of Varchi, which deals almost exclusively with the death of Alessandro and its aftermath, events which, for Varchi, took place at the end of 1536, but, in our modern calendar, would be situated at the very beginning of 1537.[16] The Strozzi sub-plot, on the other hand, will principally be found in Varchi's Book XIV, which deals with events from 1533 to early 1536. Salviati's insults to Luisa, the attempt on his life by her relatives and the imprisonment of his assailants took place in late 1533 according to Varchi's dating, and the release of the prisoners and their departure from Florence in early 1534.[17] Luisa's murder did not take place until December of that same year. The only details relating to the Strozzis that are found in Book XV of Varchi are those concerning their response to the murder of Alessandro.

Although the plot strand involving the Marquise Cibo is largely of Musset's own invention, an incident in Varchi, by identifying her as the mistress of Alessandro, appears to have inspired it. This is the attempt on the life of the Duke by her brother-in-law the Bishop (or, according to Varchi, Archbishop) of Marseille, which took place in 1535 and is again to be found in Book XIV.

Hence, whilst the plot of *Lorenzaccio* depends on simultaneity, in reality, none of the events depicted took place at the same time. A version of *Lorenzaccio* which was historically accurate from this point of view would not only be a weaker work, it would be a pointless work, presenting three apparently unrelated incidents one after the other. It is the compression of the time-scale which interweaves these different strands, and points up their relevance one to the other.

Another characteristic effect of the compressed time-scale (already implicit in the above comments on the Strozzi plot) is the strengthening of the sense of cause and effect that is necessary for the coherence we expect of a dramatic plot. Historically, as we have seen, Luisa's death was separated by some months from Salviati's earlier double insult to her and the vengeance taken by her family. Furthermore, even though suspicion for her murder did fall on Salviati, the real reasons for it and the true identity of the perpetrator remained unknown. The suppression of this time-lapse by Musset has the effect of strengthening the link between the two sequences of events. Consequently, even though Musset too preserves a degree of ambiguity over the precise identity of Louise's killer and hence the reason for her death, the juxtaposition of the events in the play leaves us in little doubt that the murder arises from Salviati's insults and her brothers' revenge.

Similar reasons lie behind the suppression of the time-lapse between the murder of the Duke and the death of Lorenzo. Although historically Lorenzo's murder certainly did represent the vengeance of Cosimo I eventually catching up with him, the fact that in the play it takes place immediately after the murder of Alexandre, rather than some eleven years later as in reality, increases the sense of a link between the two, and with it the feeling of tragic inevitability which sees one as the logical consequence of the other. Furthermore, much of the psychological impact of the end of Musset's play derives from the sense of futility, which leads us to see Lorenzo's death as something akin to a suicide, an interpretation which the historical time-scale clearly renders impossible.

Other modifications to the historical chronology create a dramatic or emotional impact: the delaying of Philippe's departure from Florence until after the murder of his daughter; the bringing forward of Marie Soderini's death to *before* the time of Lorenzo's, so that it too will appear to be caused by the events depicted in the play and will intensify Lorenzo's sense of despair; the delaying of Philippe's death until *after* Lorenzo's, so that their meeting in the final Act can round off the issues raised in the great dialogue of III,iii.

Characters may be moulded to the author's ends by the suppression of certain aspects of the original, by the fleshing out of a shadowy figure, or, indeed, by a combination of the two. A simple example of the former is Musset's underlining of the poignancy of Louise Strozzi's role as a victim of Salviati's sexual slurs and Catherine Ginori's as object of Alexandre's lust by making them sexual innocents: in reality both were married at the time of the events depicted, but Musset's characters are young unmarried women.[18]

The best example of this idealisation is Philippe Strozzi. The historical Filippo was a man of learning, a classical scholar, just like Musset's creation, and was also an opponent of Alessandro and of Medici rule in general. However, his enmity for the Medicis had a personal foundation, rather than being based on the republican ideology found in the play. Indeed, the Strozzis had originally been supporters of Alessandro until events caused them to change their allegiance. Filippo was also, according to Varchi, a man of voracious sexual appetite with bisexual tastes. Far from being the ideal tutor and mentor of *Lorenzaccio*, in Varchi's opinion, Filippo was responsible for initially corrupting Lorenzo. Musset's Philippe may not be entirely without faults, but he is nevertheless an idealised representative of republican virtue that Filippo Strozzi never was.

The clearest example of Musset fleshing out details that are obscure in Varchi is that of Lorenzo himself. The paradox of the original Lorenzo, the bright and promising scholar who turned into the cynical debauchee, remained unexplained, and his reasons for killing his cousin and companion were unclear. Was it a political act by a member of the republican branch of the family, or an act of personal jealousy against the illegitimate who had been given the dukedom to which Lorenzo thought himself entitled? If either, why did he make no attempt to capitalise on his act and instead put himself into the position of outlaw? Despite Varchi's claim that he obtained his information about the murder directly from Lorenzo and Scoronconcolo, and despite the existence of Lorenzo's own apologia,[19] the motivation for the murder remains unclear. Musset provides us with an explanation, principally in the dialogue of III,iii and Lorenzo's later monologues, but that is not to say that he destroys the ambiguities. Much of the rest of the action is designed to underline the paradoxes inherent in what we know about the historical figure, and to do it in such a way as to leave the reader in a state of confusion. Even the scenes of self-analysis can hardly be said to clear things up, for Lorenzo, in his lucidity, speaks of motivations which even he cannot truly understand; and the ambiguity is increased by the fact that Musset's Alexandre has a personality which makes him too a more complex character than we will find in the sources. Varchi gives us little sense of Alessandro as a person, and Sand's Alexandre too is relatively undeveloped, but clearly despises Lorenzo. Musset's character, on the other hand, although clearly a thug and a lecher, has a distinct charisma, and his affection for Lorenzo is a notable positive characteristic. The ambiguity of the historical source may be intriguing, but its interest is limited, since the enigma results from a vacuum, a complete lack of information. The ambiguity of Musset's character, which derives from a complex web of psychological uncertainties and contradictions, is of the sort that fascinates and produces great literary characters.

The Cardinal Cibo and the Marquise Cibo have been constructed from more sketchy indications in Varchi; indeed, of all the major characters in the play, the Marquise is closest to being Musset's own invention. But what an interesting creation she is: on Varchi's straightforward remark that her historical counterpart was having an affair with Alessandro while in Florence without her husband, Musset builds a character who, like Lorenzo, is a web of contradictions. Most unexpectedly, given the information that furnished him with his starting point, she is a virtuous wife and republican.

Whilst the chronological changes we have examined tend to be aimed at improving structural coherence and logic, or the impact of certain scenes, these developments of character and motivation are more usually intended to underline the thematic and philosophical dimension of the work.

There may be various reasons for an author's choice of an historical subject, starting with the most basic: that it is a good story worth retelling – which is undeniably true of this tale. It may also lend itself to a particular philosophical interpretation, something to which we shall have cause to return. We have also seen that Musset found in the tale of Lorenzo de' Medici a particular personal significance not immediately apparent in the original. But history has a way of repeating itself, so the historical event may additionally have relevance to contemporary affairs. Do the events of the 1530s in Florence have any bearing on those of the 1830s in France?

Musset's France

Whilst the text of *Lorenzaccio* certainly does contain specific allusions to Italian history of the sixteenth century which cannot be fully understood without some knowledge of the historical background, it would perhaps be true to say that such an understanding is scarcely vital for an appreciation of the work in general. As we have seen, they are examples of historical and local colour which will serve to enhance the atmosphere even for readers who cannot appreciate the full implications of the references, whilst any attempt on Musset's part to fill in the background more than he does would have been severely detrimental to the pacing of a play that is already, by conventional theatrical standards, extremely long.

On the other hand, we may feel that on the more general level, Musset might well have expected on the part of his contemporary readers an almost instinctive identification with the political situation depicted in *Lorenzaccio*, for there is a more-than-passing resemblance between the political situations that obtained in Florence in the 1530s and France in the 1830s, and the events of the fifty years or so leading up to them. In both cases the historical vicissitudes of the period were characterised by a constant hesitation between republican and non-republican forms of government.

The Revolution of 1789, which brought to an end the autocratic French monarchy based on the principles of the Divine Right of Kings, resulted in the attempt to establish a monarchy in which the sovereign was subject to the will of the people. That monarchy was, however, short-lived, coming to an end with the arrest of Louis XVI in 1792 and his subsequent execution at the beginning of 1793. The bloodletting of the Terror ushered in the French Republic, and in 1795 this was modified into the form known as the Directory. The period since the Revolution had been characterised not only by internal strife, but also by protracted warfare seeking to expand the influence of France. Through campaigns in Italy and Egypt, the General Napoleon Bonaparte had gained a significant reputation, and his more or less fortuitous arrival back in France while a coup against the Directory was being planned in 1799 made him the obvious choice for military leader of this coup. What was perhaps less expected was that he would become the leader of the Consulate that replaced the Directory, effectively transforming the state into a military dictatorship.

In 1802 a plebiscite elected Bonaparte consul for life, and another in 1804 declared him Emperor, although the state remained nominally a republic. Famously, like Charlemagne before him, at his coronation Napoleon took the crown from the hands of the Pope and crowned himself, a gesture that can perhaps be seen as symbolic of the dictatorship that was to follow. In 1814, though, external resistance against France's expansionist and imperial policies came to a head, and the opponents of France and Napoleon, by uniting, achieved the abdication of the Emperor. The Treaty of Paris returned France to the boundaries it had had in 1792, Napoleon was exiled to Elba, and the provisional government under Talleyrand, without consulting the people, recalled the monarchy in the form of Louis XVI's brother, Louis XVIII.

Whilst this restoration was far from marking a return to the old autocracy of pre-1789, Louis manoeuvred to ensure that, against the initial will of the Senate, it was again enshrined in the constitution that the monarch ruled by divine right.

This first Restoration was not to last: the new constitution had been proclaimed on 4 June 1814; on 26 February 1815 Napoleon left Elba, and, as he returned to Paris, Louis XVIII fled. But the return of the Emperor was to be of even shorter duration, so short that it would become known as the Hundred Days. Napoleon's defeat at Waterloo brought about his second abdication on 22 June 1815, and, although it was in favour of his son that he abdicated, the combination of the machinations of Fouché, former Minister of Police, and pressure from Wellington and his victorious army, brought about the return of Louis XVIII. Napoleon's life ended in exile on the island of St Helena in 1821.

Louis XVIII died in 1824 and the apparent support from all parties for the accession of his brother Charles X suggested an improvement in the political support for the monarchy, but this was not to last. The King's reactionary politics led to a strengthening of the links between the state and the Catholic Church, leading to widespread anticlericalism. Attempts were made to quash public criticism of the régime by limiting the circulation of the press: public opposition was to be silenced, not listened to. The appointment of the unpopular extreme clericalist reactionary the Prince Jules de Polignac as Minister for Foreign Affairs in 1829 was guaranteed to upset public opinion. This was a time of intense and deepening political pessimism and opposition to Charles X and his régime. At the opening of the parliamentary session in March 1830, the King's speech was censured and the vote went against him. His subsequent attempts to cope with the situation simply by changing the electoral system to exclude liberal voters led to disturbances in Paris beginning on 27 July. The three days of rioting, Les Trois Glorieuses as they became known, culminated in the presentation of the Duc d'Orléans to the people by Lafayette, the veteran of the Revolution of 1789, on 31 July – hence the fact that the new monarchy became known as the July Monarchy. Nevertheless, it was not until 2 August that Charles X brought Bourbon rule in France to an end with his abdication. His régime had typified the failure of the Bourbons to reconcile the traditional monarchy based on the Divine Right of Kings with the democratic spirit that had come with the Revolution. The Duc d'Orléans was invested as Louis-Philippe I on 9 August.

Among the wealthy and the powerful, even the opponents of the régime of Charles X had feared the possibility of a return to the situation of 1789, and so the chance to re-establish the Republic had been passed over. For the ordinary Frenchman little had changed, and liberals, among whom we must include Musset, despite his attitude of ironic detachment from the political world, found little to enamour them of the new régime – even if Louis-Philippe, the citizen King, became Roi des Français, rather than Roi de France like his predecessors. Unsteady as the basis of the régime was, it would last until 1848, when the Revolution of that year would eventually lead to the re-establishment of a French Republic, although that in its turn was replaced by the Second Empire in 1852.

Musset was not a political writer[20] but that is far from saying that *Lorenzaccio* is devoid of political implications. Idealism – or its absence – among those responsible for the affairs of the city-state and their opponents is a central issue in the story that Musset has chosen; and the similarity of the political situation depicted in the play to that in France in the 1830s would inevitably strike readers even if Musset had made no attempt to draw attention to it. What Musset does not attempt is any sort of *drame à clefs*, which rewrites the contemporary French situation in Florentine terms. Louis-Philippe was no Alexandre (or Alessandro for that matter), and neither was Louis XVIII or Charles X, and the French situation yields no equivalent to Lorenzo, even if there was an attempt on Louis-Philippe's life in 1832. It is characteristic of Musset's unsystematic approach to historical parallels that the most obvious comparison to be found is between the accession of Louis-Philippe and the election not of Alexandre, but of his successor Côme: an event which Musset has slightly modified to make the comparison closer by having Côme presented to the people like Louis-Philippe, something that did not, in fact, occur.

Nevertheless, it is in more general terms that the comparison is principally felt, most obviously in the resentment of the republicans who have seen the republican ideal passed over in favour of the duchy/monarchy.

And certain aspects of Musset's Florence owe more to the France of the July Monarchy than to historical fact. His idealised Philippe Strozzi is the veteran of 1789 who still cherishes the ideology of that time, whilst the historical Filippo was a supporter of Alessandro who turned against him for purely personal reasons. The depiction of the unscrupulous and power-hungry Cardinal Cibo reflects the widespread anticlericalism of the 1830s, and, in particular perhaps, Musset's own anticlerical stance, which he already shared with Stendhal at a time when other Romantics, such as Lamartine, were fervently Catholic. The role of the Eight, again idealised in the Pierre Strozzi affair (although not in the election of Côme), perhaps owes more to those aspects of popular representation that had survived into the post-Revolutionary monarchy than it does to the original Maurizio da Milano and his colleagues. Specific references, such as the republican haircut of Lorenzo and the attitudes of Bindo and Venturi to trade and manufacture,[21] are more obvious and playful anachronisms.

Just as *Lorenzaccio* is not a faithful representation of contemporary politics, it is no more a call to arms addressed to Musset's republican contemporaries: Lorenzo's motivation remains ambiguous, but he nevertheless acknowledges the futility of direct action even before he murders Alexandre, and subsequent events prove him right. As the events of the Trois Glorieuses and the subsequent accession of Louis-Philippe had so recently proved, history would take its own course.

Literary Sources

It is not only the sources of its historical plot that helped to form *Lorenzaccio*. A number of other influences helped mould both the content and the structure. One of the problems for the playwright in France, even at the beginning of the nineteenth century, was the dominance of the æsthetic of Racinian classicism. Of all the authors of the seventeenth century who championed the classical ideal as the new way forward in literature, he proved to be the dramatist who could work within the framework of the unities and the other rules of classicism with the least sense of strain. As a result, his particular brand of classicism came to be seen as the ideal to be emulated. Soon this way forward became a dead-end. This is not to say that Racine did not have his opponents even in his own time, and a succession of authors in the eighteenth century tried, with more or less success, to break the stranglehold. But Racine had a very long shadow, and when, in his *Préface de* Cromwell, Victor Hugo set out his plans for Romantic drama, it was still Racine who was his principal *bête noire*.

Musset was far from sharing this attitude, perhaps because, in certain respects, his own æsthetic sense was more in touch with Racine's than was Hugo's. He wrote a number of articles on the pleasures of hearing the young actress Rachel in Racine,[22] and even began his own tragedy for her. Whilst *Lorenzaccio* may not seem the ideal work in which to seek a Racinian influence, it does share some of the most important aspects of his art, which are the greater interest in psychology than in plot and the creation of characters who demonstrate all the complexities, contradictions and ambiguities of real life.

Most obviously *Lorenzaccio*, despite not having a classical subject, shares with Racine's plays a classical frame of reference. This is, of course, highly appropriate: one of the characteristics of the age in which the play is set is the humanist rediscovery of the authors of classical antiquity. Varchi records that Lorenzo was hailed as 'il nuovo Bruto Toscano',[23] a reference to classical history taken up, developed and even complicated by Musset,[24] and he was also educated by the classical scholar Filippo Strozzi. The range of classical reference is wide, wider than we are used to finding in Racine, and yet Musset never falls into the trap of displaying his own erudition by putting inappropriate references into the mouths of his characters: the frame of reference is appropriate to them, and Musset varies the use of classical reference according to the characters involved.

The influence of classical literature is not confined to Racine, and, although direct reference to seventeenth-century French sources would clearly be an inappropriate anachronism, more oblique allusions are to be found. The notes to the text draw attention to reminiscences not only of Racine, but also of Molière and Corneille.

Musset's interests and influences were, however, far from being confined to the French and the classical. German literature was also an area of interest, and the text from this field that appears most to have attracted Musset's attention in relation to *Lorenzaccio* is Schiller's *Die Verschwörung des Fiesko zu Genua*, another play dealing with a conspiracy in Renaissance Italy. Jean Pommier and Léon Lafoscade have identified a number of echoes of this play in Musset's text,[25] confirming the importance of its influence. We must also acknowledge the importance of another German work: in a letter of 19 April 1834 to George Sand, Musset alludes to their reading together of Goethe's *Götz von Berlichingen*. Was *Götz* a direct influence on *Lorenzaccio*, or is the similarity of form perhaps the coincidental result of two authors filtering their experience of Shakespeare through the similar sensibilities of the German Sturm und Drang movement and French Romanticism? Whatever the explanation, the works can doubtless be seen as more similar to each other than they are to the Shakespearean model.

Which brings us to one of Musset's most important influences. The comparison with *Hamlet* is an obvious one, and there are clear similarities between both the situations of the two studious young men who find themselves faced with the prospect of committing a murder, and the monologues of both characters reflecting on the act. On the other hand, the comparison can be overstated: Lorenzo is a much more decisive killer than Hamlet, beginning with the fact that the initial decision to carry out the killing is his own. Hamlet also remains aloof from the corruption he sees in the court, whereas Lorenzo participates in it, even encourages it. More important is the structural model Shakespeare provides, and that brings us to the more general issue of Musset's armchair theatre.

Armchair Theatre

It was undoubtedly Musset's decision to abandon writing plays for the stage that enabled him to leave so far behind the standard mode of dramatic writing prevalent in France at the time. Even the more conventional of his plays required some form of adaptation before they could be performed in the theatre of the day, but *Lorenzaccio* pushed the freedom offered by the liberation from the stage even further. As far as structure was concerned, it enabled him to abandon French classical models entirely and turn to the freer form typified by the work of Shakespeare, but also found in the models by Goethe, Schiller and Sand, to which attention has been drawn. The unities have been cast aside in favour of an action that, instead of regarding the Act as the unit of dramatic structure, is constructed in smaller blocks of varying lengths which jump between various sub-plots and locations, so that the dramatic impact relies on the juxtaposition of various plot-lines rather than the single-minded development of one action. Neither is there any attempt to limit the duration of the action according to any criteria other than the time it would realistically require for its development. Indeed, the play even seems to have a double chronology: Musset gives enough indications of time in his text for critics to have attempted to plot the precise duration of the action, but without enough precision to allow them to agree. Bernard Masson's proposal[26] takes the action from midnight on Thursday/Friday to the following Tuesday, hence allotting five days, but then places the Venetian scenes outside of that chronology on the following Wednesday and Thursday. Robert Horville[27] begins at the same point but ends on the Sunday ten days later, incorporating the Venetian scenes within this chronology. Masson's version does not allow for the absence of a week specified for the Marquis Cibo in I, iii, despite the fact that he arrives back at the appointed time in IV,iv; Horville's version does. On the other hand, Masson's chronology seems rather more convincing than Horville's in relation to the plot-lines dealing with Lorenzo's murder of Alexandre and the events involving the Strozzis, which, Venetian episodes apart, indications suggest should take place in a shorter period than the week specified by the Marquis. We may also feel that the emotional development of the Cibo plot suggests a more leisurely time-scale than the rest of the action – even if the Cardinal Cibo does comment to his sister-in-law (in IV,iv) that she has managed to keep her lover for little more than three days. However, the flexibility of the structure, and the relative independence of the Cibo plot from the rest of the action allow the reader to feel these plots developing at different paces and yet in parallel without any feeling of incongruity. I would also support Masson's view that the two Venetian scenes are intercalated into the action at the points at which they fit into the development of the plot, even though we must feel that logically the practicalities of the situation, i.e., the precipitation of the coronation of Côme compared with the length of the journey on horseback from Florence to Venice, suggest that they must take place later than the events depicted in the other scenes of Act V. Again, the logic of the plot and the freedom of structure allow this to be read without any feeling of incongruity.

How does this fit in with the concept of armchair theatre? Shakespeare was, after all, a practical man of the theatre writing for the stage, if ever there was one (as was Schiller too, for that matter, although Goethe was a dramatist for whom practical concerns were perhaps less paramount, and Sand was writing in a genre that was never intended for the stage). There were, however, major differences between the stage of Elizabethan England and that of France in the nineteenth century. The flexibility of the Elizabethan stage derived from the virtual absence of scenery: the setting was conjured up through the dialogue, the indications of location found at the head of the scenes in many editions of Shakespeare generally being editorial additions. On the other hand, largely under the influence of Diderot, during the second part of the eighteenth century in France, a taste had grown for ever more elaborate and realistic settings to replace the anonymous squares and salons of classical comedy and the *palais à volonté* of tragedy. The long and detailed indications of setting found in the plays of Diderot, Beaumarchais and Hugo, to name but three, are clear declarations of intent in their own right; and, even though Beaumarchais, relaxing the unity of place, and Hugo, abandoning it, also made use of changes of setting, these changes had, for practical reasons if nothing else, to coincide with a major break in the action. Hence we generally find only one set per Act. Although Musset's indications of setting share the virtue of brevity with the editorial additions to Shakespeare, or indeed those found in Schiller, Goethe and Sand, they combine with hints in the rest of the text to evoke a sense of complex and concrete settings that puts us closer to the theatre of Hugo than to that of Shakespeare. The first scene of *Lorenzaccio*, for instance, is not just 'un jardin', but requires 'un pavillon dans le fond, un autre sur le devant' and the dialogue makes clear the presence of trees. Though the second is simply 'une rue', we soon find that a stage set for the scene would require the two shops of the silk merchant and the goldsmith, as well as an entrance to the house of Nasi, big enough, as we will later discover, for Louise Strozzi to emerge from it on horseback, and the upstairs window at which Lorenzo appears. We move from there to the home of the Marquis Cibo, then to a courtyard in Alexandre's palace in which horses are being exercised, while the action takes place on a terrace above. This is followed by a market scene in front of a church and then a scene on the banks of the Arno. Which brings us only to the end of Act I. It is not that any of these scenes would necessarily have been impossible in the theatre of Musset's time, but they would have taken so long to set, strike and reset that so many changes within the space of an Act would have been out of the question. And yet, even if Musset's text itself did not make it clear that he had in mind something much more complex than Shakespeare, any attempt to use anything less than full realistic sets would surely have been laughed off the stage in nineteenth-century France.

There are other problems too. There is a use of space that is either untheatrical or even impossible in the theatre. Many scenes make use of characters looking from windows: Alexandre sees Catherine at a window opposite the one from which he is looking (II,iv); the Marquise Cibo waves from a window to her departing husband (I,iii); she looks out on the sad spectacle of Florence (II,iii); Philippe looks out pondering the whereabouts of Pierre and his accomplices seeking revenge against Julien Salviati (II,v); Giomo watches Lorenzo's odd behaviour at the well (II,vi); Lorenzo looks on the purity of the evening after his killing of Alexandre (IV,xi); Philippe observes the messenger arriving in Venice with the proclamation putting a price on the head of Lorenzo (V,ii), and, finally, it appears to be through the window that Pippo shows Philippe the crowd that has killed Lorenzo (V,vi).[28] When we read *Lorenzaccio*, the mind's eye of the reader follows the gaze of the character, and the drama opens out onto a wider world with supreme effectiveness. In the theatre, however, such scenes are perhaps better avoided. No matter how convincing a production, no matter how accomplished the actor, or how willing the suspension of our disbelief, the spectacle of someone looking through a window in the stage set describing events we cannot see carries the severe danger of reminding us that the actor cannot see them either and that the imaginary world of the theatrical set is circumscribed, stopping at the edge of the stage.

We might draw attention also to the use of horses, which, although far from unknown in the theatre, can pose untold problems. No-one writing with a practical concern for the stage would surely make so much use of them and, in particular, compose a scene like I,iv in which horses (in the plural) are being exercised throughout a relatively intimate scene to which their presence adds virtually nothing. Another stage direction: 'la cour se remplit de pages et de chevaux' (II,iv) fails to specify how this passing event should be made apparent to the spectator, since the rest of the scene takes place indoors and there is no mention of this event in the dialogue.

Hence, *Lorenzaccio* poses practical and technical problems in the theatre that are not easily overcome, even on the modern stage, which, although capable of a similar flexibility to that of the Elizabethan era coupled with vastly more sophisticated technical support, is still forced into a degree of simplification which compromises the sheer spectacle conjured up by Musset's imaginative vision. For the reader none of these scenes is problematic.

So far so good, for if we were to stop at this point, we could be led to the ingenious conclusion that, without knowing it, Musset was writing for the cinema, a medium that is unconcerned by such practicalities as rapid changes from one complex set to another, that can happily follow the gaze of the character from an interior to the events occurring outside, and that can also focus on different groups of characters in a crowd, in the way that Musset does in scenes such as I, ii and v, much more effectively that can be done in the theatre. But then other problems arise, which show that Musset's exploitation of armchair theatre goes much deeper than the mere deployment of some effects that would not be practical in the real theatre, or the use of themes and expressions more *osé* than would have been acceptable in the theatrical climate of his time;[29] and his approach reveals a profound understanding of the differing needs of spectator and reader.

First of all, *Lorenzaccio* is very long. Even though ideas of what constitutes an evening in the theatre have changed over the centuries, tending towards a decrease in length, the expectation is that a play should fit comfortably into an evening's entertainment. Indeed, in the French classical theatre an audience would have expected to see more than one play, at least one of which would have been in five Acts. The reader, who can put down and pick up a text at will has no such expectation restricting the length of a text. Although not impossibly long, particularly when we compare it with the longer of the Shakespearean tragedies like *Hamlet* and *King Lear*, *Lorenzaccio* certainly pushes the dimensions of the genre to the limit, and is significantly longer than any of Musset's other plays with their rather more classical dimensions.

There is also the matter of pacing. The effect on the overall pace created by juxtaposing independent scenes of radically differing lengths, with its consequent effect of variety and unpredictability, was perhaps outlandish in a theatre dominated by the five-Act structure of French classical drama; but, as Shakespeare proves, it is far from being untheatrical. It is the pacing within some of those scenes that is of more interest to us here.

For instance, there is no denying the effectiveness of the arresting opening to the play with its mysterious stage picture and the bad-tempered urgency of its opening exchanges. Then Lorenzo's third speech diverts itself into musings which, on the page, can be enjoyed for the poetic presentation of the sordid content and the atmospheric character-building, but on the stage risk slowing the action down dangerously early. Shortly afterwards we note that Maffio talks to himself for rather longer than might be advisable on stage, when we consider that this is no psychological monologue, but a speech in which he spends part of his time telling himself what he knows already, and the rest describing what he, and therefore the audience in the theatre too, can see. On the page we are spared the spectacle of the actor speaking to himself and there is no duplication of the verbal with the visual, and so the incongruity is less.

For the reader, III,iii is perhaps the most riveting episode in the entire play, providing us with the answers to the enigma of Lorenzo's character with which Musset has been teasing us since the opening of the play[30] – and yet solving nothing, for he turns out to be even more of a tissue of ambiguities and contradictions than we might have expected. It begins with the excitement of a crowd scene, a fight and the arrests of Thomas and Pierre; then the rhythm changes: Philippe sits down on a bench, Lorenzo arrives and sits next to him, and the rest of their long conversation takes place in absolute stillness. What is more, the scene is principally explanatory, something which is often necessary in drama, but not generally seen as inherently dramatic in its own right. Initially, it is true, we are presented with Philippe's dilemma, to act or not to act, a classic dramatic situation, yet the emphasis of the scene soon turns to the exposition of the reasons behind Lorenzo's behaviour. The explanation is indeed fascinating, and it is also beautifully written, a combination that makes for fascinating reading; on the stage it is also dangerously static. No doubt a director would add movement, but Musset's conception *is* static, and rightly so, for the scene lacks the sort of conflict between characters that generally motivates movement. The power of the writing is such that the scene certainly *could* work in the theatre, but it is not theatrical writing, and it is difficult to imagine that Musset would have written it in the same way in a play destined for the stage.

In IV,xi we are taken to virtually the opposite extreme. This is the scene of the murder of Alexandre, the event to which the whole action has been leading. It provides much scope for the sort of violent spectacle which might have been outlawed in the classical theatre, but which was a legitimate part of both Shakespearean and Romantic theatre. Varchi gives much gruesome detail, and this was imitated at length by Sand; Musset's scene is remarkable for its compression. There is a devastating irony (particularly in view of the sexual parallels to be discussed later) that the deed for which Lorenzo has spent so long preparing should be over in seconds. Furthermore, Musset emphasises the role of Alexandre as sacrificial victim by such a presentation: the excitement of a fight, even if the hero is the aggressor, creates suspense; it causes us to side with one character or another, inevitably the hero, and leaves us feeling when he wins that there was an element of self-defence in his victory which justifies, perhaps even causes us to forget, the original aggression. In any case, the aggression is usually justified by the fact that the opponent was already a threat to the hero. There is no such vindication here: Alexandre, who had no negative intentions toward Lorenzo, barely has time to realise what is happening to him. Furthermore, in sacrificing the excitement of the struggle, Musset emphasises the brutality of the act. But, again, this presentation also favours the reader over the spectator, for while it is the sheer physicality of a conventional fight scene that creates much of the excitement on the stage – something that is absent from a reading of the text, where it is reduced to a series of stage directions – the brutal compression of Musset's murder scene risks disappointing in the theatre, where it would almost be over before the audience knew what was happening.[31]

There is also the matter of Musset's footnotes, a textual device and resolutely not a theatrical one. There is, of course, justification for footnotes in a play text if they clarify for the reader or prospective director points of costume, set, acting, sound effects or anything else that would be made visually or aurally apparent to the audience in the theatre, even if such matters are usually dealt with in the stage-directions. However, Musset's notes are not of this order: they clarify for the reader historical details that are obscure in the dialogue, and would, consequently, remain obscure for the spectator.

Musset's visual description is also of interest in this context. It was believed in seventeenth-century France that stage directions were a distraction for the reader, and so playwrights with publication in mind would try to avoid them in the text of their plays, clarifying points through the dialogue instead. Musset's avoidance of the very elaborate descriptions of set and movement, which had begun to appear in plays since the mid-eighteenth century, appears to indicate a similar point of view. Indeed, given the number of scene changes in *Lorenzaccio*, it is clear that long and elaborate descriptions would quickly become wearisome. It can also be argued that, whilst such elaborate descriptions in a text intended for performance are necessary to convey the author's intentions to the director or designer, such a plethora of detail merely serves to confuse readers and limit their own visual imaginations.

On the other hand, the evocation of visual details to create atmosphere through the dialogue, although analogous to the use of description that was so much a feature of the nineteenth-century novel, is more problematic in the theatre. Certainly, the passage in I,iii in which the Marquis and Marquise Cibo evoke visual aspects of the rural tranquillity of Massa presents no difficulties, for such an evocation is necessary to give the reader/audience a sense of this paradise that they will never visit. It is when descriptive details relate to the stage picture that they cause problems, and are generally avoided by playwrights: the audience can see the set, the costumes, the actors, and details which may be superbly evocative for the reader, in the theatre become either superfluous, because they describe what we can already see perfectly well, or incongruous, because the stage picture is a pale reflection of them, or even contradicts them.[32] *Lorenzaccio* affords no examples quite as extreme as the choral descriptions of the arrivals of Blazius and Dame Pluche that open *On ne badine pas avec l'amour*, but that is not to say that there are none. Take the comments of Maffio, in the very first scene of the play, on what he can see in the garden, with its moonlit setting and his impression that he is seeing a ghost: 'J'aperçois faiblement la lumière de sa lampe entre les feuilles de notre vieux figuier... Qui remue là entre les branches?... C'est le fantôme de ma sœur. Il tient une lanterne sourde, et un collier brillant étincelle sur sa poitrine aux rayons de la lune'. It is easy to imagine neither lighting nor set quite living up to the verbal impact of this passage, particularly the trick of making the jewels sparkle. Similarly photographs that exist from the key stage-productions of the work fail to reveal any actor who quite manages to live up to (or should we say 'down to') Alexandre's remarks on the appearance of Lorenzo in I,iv: 'Regardez-moi ce petit corps maigre, ce lendemain d'orgie ambulant. Regardez-moi ces yeux plombés, ces mains fluettes et maladives, à peine assez fermes pour soutenir un éventail; ce visage morne, qui sourit quelquefois, mais qui n'a pas la force de rire'.

The requirements of the spectator and the reader do not always coincide, and, in most cases, when judging the dramaturgical skill of a playwright, we may justifiably feel a sense of disappointment if the latter is favoured over the former. To judge the plays of *Un Spectacle dans un fauteuil* in the same way is to misunderstand them. Musset's writing in these works shows as sure an understanding of what will and will not work on the stage as that of the most accomplished of dramatists working for the theatre; but he is applying the criteria in reverse. Some critics have proved unable to resist the temptation to conclude that, because *Lorenzaccio* is a play, we must judge it by its effectiveness as theatre.[33] Its performance history, illustrating its status as a stage work, is certainly not without interest; in terms of passing critical judgement on the work, however, it is irrelevant, for that is not what it was intended for. With any conventional play we should rightly feel that, in reading it, we are missing something. It is inevitable that as great a play as *Lorenzaccio* will attract directors and even be enormously successful, at least in the modern theatre which can adapt to its demands. But in this case, it is in the theatre that something will be lost, for it was written for a theatre of the imagination. It is not really that it asks too much of the theatre, more that it often asks different things from those that would generally be considered theatrical. And we must never allow our familiarity with the modern theatre to blind us to the fact that in terms of the practical possibilities – and, even more importantly, the conventions – of the theatre that Musset knew, the theatre for which, as it were, he was not writing, the work is quite simply impossible to stage. It is on its own terms that *Lorenzaccio* must be judged, not on those of the theatre of Musset's or of any other time.

Structure

It has already been noted that the model for the structure of *Lorenzaccio* is Shakespearean. The five-Act division is the same as that of French classical tragedy or *comédie noble*, but there the resemblance ends.[34] The Acts are divided into anything from the six scenes of Act I to the eleven of Act IV, although the other three all have seven, with each new scene representing a break in the action and a change of location. Within these scenes characters arrive and leave freely with no printed subdivision corresponding to the classical notion of the scene. Hence, it is the scenes that form the units of dramatic action rather than the continuous acts of classical theatre. The sense of discontinuity caused by the division of the action into these thirty-eight units, rather than the five the French tradition usually expects, is emphasised by the rhythmic effect of the radically differing lengths of these scenes and their alternation between different plot-lines.

So is the five-Act division into which Musset arranges the scenes of *Lorenzaccio* meaningful in itself? Yes and no. There is a clear effort to give sense to this sub-division by the use of appropriate last scenes. The final scene of Act I begins with a dialogue reflecting on some of the events of the rest of the Act, making it to a certain extent synoptic, and ends, fittingly enough, with a scene of farewell. The final scene of Act II, the revelation that Salviati has not been killed but merely wounded, marks the culmination of the action that began with Pierre's decision to kill him in the first scene of the same Act; also, by being perhaps the very opposite of a death scene, it is a sort of ironic prefiguration of the last scenes of Acts III and IV, both of which are death scenes – those of Louise Strozzi and Alexandre. Moreover, the pattern established by those two scenes clearly increases the irony of the fact that the death of Lorenzo constitutes not the last scene of Act V, but the penultimate; the last being the event that negates all that the various characters have striven for, including Lorenzo himself, the coronation of Côme.

On the other hand, there are also strong links to be detected across the Acts which undermine the feeling of finality produced by these scenes.

For instance, the sense that the element of summarisation of the rest of Act I in I,vii makes it a fitting last scene is somewhat modified by the fact that Philippe's monologue that opens II,i contains similar reflections on the events of the first Act. The link between the final scene of Act III, the death of Louise Strozzi, and the first of Act IV, which begins with Alexandre's callous commentary on the event, is stronger than is usually the case between consecutive scenes in this text, and the effect clearly benefits if we read the two without the pause that the Act-division could encourage even a reader to make. Also, despite the structural logic imparted to Act II by the strong thematic link we have identified between the first and last scenes, we might note both that these scenes do not mark either the beginning or the end of that particular strand of the plot, and that Act II is also concerned with many more issues than the plot-line with which these two scenes deal.

Much more strongly felt than any coherence deriving from the arrangement into Acts is that which is found in the interweaving and interlinking of the various plot-lines.

So what are these different plots? Most clearly delineated are those involving Lorenzo, Ricciarda Cibo and the Strozzis. Since the title of the work invites us to see Lorenzo's killing of Alexandre as the central issue, that involving the Marquise Cibo, in which Lorenzo plays no role, is the most clearly independent of it, while, despite Lorenzo's involvement with them, the events surrounding the Strozzis contain enough material unrelated to his concerns to constitute a further sub-plot in their own right.

Within the clear divisions of these different story-lines, the interest centres round the contrasting attitudes of a number of key characters to Alexandre and his régime. Therefore, in terms of plot, if not of psychological interest, it is Alexandre and not Lorenzo who is the central character. Around him are ranged the other principal characters with their different attitudes concerning how to deal with the problem that he poses: from Pierre's straightforward aim for open direct action, through Lorenzo's use of deceit to accomplish a physical act, Ricciarda Cibo's attempt at persuasion (although this may involve a measure of deceit too), and Philippe's retreat into scholarship in the face of what he sees as the futility of action. Tebaldeo's advocacy of the consolations of art as a substitute for political involvement is another, albeit short-lived, centre of interest, and in contrast to all these idealists stands the Cardinal Cibo, whose response is to manipulate and exploit the imperfections of the situation for his own ends. The people of Florence have their moments of rebellion, although the most obvious example of this was in the original V, vi, omitted from the final version of the text, but for the most part they are either grumbling or admiring observers who are powerless to influence the progress of history.

As the aspirations, successes and failures of these characters and their plans interweave throughout the action, Musset introduces unifying parallels. So, the enigma of Lorenzo's identity, exploited as a source of mystery throughout the first two Acts, culminating in the revelation that the apparently loyal friend of Alexandre is preparing to betray him for reasons of political ideology,[35] is paralleled by the much more abrupt revelation that Ricciarda Cibo, who seems initially to be the epitome of the loving spouse, is, again, as it transpires, for political reasons, involved in an affair with the Duke.

The issue of the defilement of the innocent by the attentions of the seducer, introduced in the very first Scene with Alexandre's abduction of Maffio's sister, will be taken up again in the cases of Louise Strozzi in her family's plot-line and Catherine Ginori in Lorenzo's. The related tale of the rape of Lucretia, evoked by Catherine and Lorenzo in II,iv, will become a rallying cry for the Strozzis after Louise's death in III,vii. Love-letters from Alexandre are received by both Ricciarda Cibo and Catherine Ginori, and the fact that Catherine's decision to show the letter to Marie Soderini causes the latter's death, echoes the idea seen in the Strozzi episode that the sharing of dangerous information – here Léon's repetition of Salviati's insult – may ultimately have dire consequences. Besides these very specific parallels, the more general themes of the play also echo from plot-line to plot-line.

Themes

Allusion has already been made here to the mystery of Lorenzo's identity. Initially, of course, there appears to be no mystery: the pejorative form of the eponymous central character's name used in the title suggests a negative personality, and that is precisely what we find in the cynical and depraved individual introduced to us in I,i and ii. Lorenzo's fainting at the sight of a sword (I,iv) apparently adds a further dimension to that negative image, but already, even if Alexandre seems convinced by the performance, the scepticism of the Cardinal Cibo will perhaps alert us to the fact that all is not quite what it seems.[36] The attitudes and opinions of the character will also subsequently prove more enigmatic than they first appeared, for since he treats the beliefs of all the others with such cynicism, how are we to know what he really believes? His enthusiasm for the story of Brutus (II,iv) and the subsequent promise that he has a surprise in store might provide us with a clue, as might his admiration for Pierre in the following scene, yet neither is explicit enough to prevent Philippe's friendship for him being puzzling. And although in II,vi the identity of the perpetrator of the theft of the Duke's coat of mail is clear, Musset's presentation of it is oblique enough to allow the first-time reader to share at least some of Giomo's doubts. The Lorenzo we meet in III,i is so complete a negation of what we have seen before that he should come as a surprise – but not, if we have been reading the clues, a total surprise. Which is the real Lorenzo?

The fact that the character is different things for different people is reflected in the surprisingly wide range of forms taken by his name. Unusually for a Romantic dramatist, Musset generally avoids creating local colour by the obvious device of adopting the original forms of foreign names; he favours a more classical gallicisation of those that have French equivalents.[37] We find Alexandre rather than Alessandro, Louise not Luisa, and, interestingly, Laurent Cibo not Lorenzo Cibo. In the case of Lorenzo himself, though, he retains the original in order to allow himself to make use of the Italian diminutives mentioned by Varchi.[38] Book XV of the *Storia fiorentina* records the use of two diminutives by Lorenzo's contemporaries, the neutral, even affectionate, Lorenzino, used because of his small stature, and the pejorative Lorenzaccio, which seems to have had a more restricted currency. It is, however, to this latter that Musset gives greatest prominence by its use as the title of his play. To these he adds a range of other diminutives all denoting different attitudes to the character, although it should be noted that all are used sparingly, with the most frequent reference being the uninflected form of Lorenzo.

Lorenzino is used only twice, on both occasions by his mother Marie in the same section of II,iv as she remembers his childhood; it denotes an affectionate memory of a Lorenzo who has gone for ever. This is Lorenzo the boy, not just the small-statured man meant historically by the form. Lorenzaccio itself occurs just seven times, all of which indicate the disparaging attitude implied by the Italian suffix; and the strength of the insult is confirmed and reinforced when the Duke rebukes Sire Maurice for its use (I,iv), even though he uses it not as his own term but in the context of a quotation summing up the general attitude of the populace to Lorenzo. Unsurprisingly then, only two characters are rude enough to use it to his face, the Provéditeur in extreme annoyance (I,ii) and the impulsive Pierre (II,v), although Lorenzo uses it of himself in much the same way as Maurice to sum up the general attitude to him when he is speaking to Philippe in the dialogue of III,iii. Otherwise, characters reserve it for their private reflections,[39] and, significantly, it is never used by Alexandre. Just three characters, Marie, Catherine and the Duke, regard him with enough affection to use the shortened form Renzo,[40] and not only does the Duke use this most frequently, he is also the sole character to use the even more affectionate diminutive, Renzino (II,iv and vi). Bearing this in mind, and also the nature of the relationship between Lorenzo and the Duke, which will be discussed further, we may not see the Duke's single use of a feminine diminutive, Lorenzetta, when Lorenzo appears to faint at the sight of a sword (I,iv), in quite the same light as if it were put in the mouth of any other character. And finally, we even find a double diminutive of the shortened form, Renzinaccio. Its only use, by Alamanno Salviati in the scene in which Lorenzo is trying to arouse the republicans to action by telling them of his imminent assassination of Alexandre (IV,vii), neatly encapsulates Alamanno's view of his inadequacy for the task, and hence underlines the futility of his efforts to drum up support.

The fractured nature of Lorenzo's character suggested by this range of names is underlined by Marie's narration of the appearance of his double, a living incarnation, as she sees it, of the Lorenzo of the past summed up by the name Lorenzino. If this aspect of him can have independent existence, perhaps we are to understand that it is no longer any part of what he has become. For the mask cannot be donned with impunity. Character is not constant and we are changed by our actions; innocence, once betrayed, cannot be regained. So Maffio's sister and all the other innocents seduced by Alexandre and Lorenzo are transformed by a single act into social outcasts, and Lorenzo, although putting on an act of corruption for an idealistic end, becomes truly corrupt. This constitutes an important parallel between two of the principal plots: Ricciarda Cibo too, although initially presented to us as the perfect wife, whose affair with the Duke is simply a matter of political expediency, must, in order to achieve this, really betray her husband. Also, like Lorenzo, she is unable to remain immune to the emotions aroused by her actions, and so becomes confused about her own identity – who is it she really loves, she will ask herself at the end of II,iii, Florence or Alexandre?

Hence the importance of the act, summed up most clearly in the long scene of clarification between Lorenzo and Philippe. The act, which has been the reason for the loss of innocence, becomes the only justification for that loss of innocence and the only link with the previous innocent state: 'Ce meurtre, c'est tout ce qui me reste de ma vertu', Lorenzo will say in that very scene. So the act becomes more important for its definition of the self than for its idealistic significance. This is confirmed both in the fact that by the time Lorenzo explains himself to Philippe he is convinced that it will be politically futile, and because from the outset the personal aspect, his aim to make himself into a Brutus, was always more important than the identity of the victim – and hence the political implications of his act. But unlike the Sartrean hero, who, if he has the strength of character to assume the implications and responsibilities of his act, will become stronger, Lorenzo can define his character by the act only until it is committed. 'Ma vie entière est au bout de ma dague': the act changes him only inasmuch as, in committing it, he severs the sole link that bound him to his past, which was the aspiration to commit it. He is now wholly what he had inadvertently become and it is inevitable that he should let himself be killed. In succeeding in destroying Alexandre, he also destroys the only thing in himself that he values.

Perhaps, if seen in these terms, Ricciarda Cibo's failure to achieve her aim of changing Alexandre is her salvation, allowing her to return to her previous happy marriage, although it is significant that Musset leaves us in the dark about the success of that return to the *status quo*. Our knowledge of Lorenzo's experience, however, gives us little reason for optimism. That it is the act itself which is important rather than the goal is confirmed by Pierre's reaction to the murder of Alexandre: there is not joy at the death of his enemy, but disgust that Lorenzo has prevented him from being the Duke's assassin (V,iv).

This theme of the importance of the act is contrasted with the theme of inaction, apparent principally in the person of Philippe Strozzi, but also present in the minor character of Tebaldeo, both of whom seek a retreat from a political situation which they deplore, the former in scholarship, the latter in the arts. Philippe stands at the opposite extreme to the impulsive Pierre, and such is the energy of the younger man that he temporarily inspires his father to action too. However, Lorenzo shows in III,iii that he understands Philippe to be temperamentally unsuited to action by advising him to go home or even leave Florence, and he will be proved right. When true disaster strikes in the form of the murder of Louise, Philippe, far from being spurred to vengeance, retreats even further into inaction and accepts the role of refugee from Florence that he had previously rejected, even refusing to be a figurehead for the action of others (IV,vi). Tebaldeo's failure is more simple, for his artistic idealism proves unable to prevent him painting the portrait of the symbol of everything he professed to despise.

If inaction is seen to lead nowhere, what of action? It is, in fact, impossible for all the active characters to succeed, since Lorenzo and Pierre both seek to be the killer of Alexandre, whilst the plans of Ricciarda Cibo and her brother-in-law depend on his remaining alive; in the event, none of them is entirely successful.

The Marquise Cibo fails not because of Lorenzo's killing of Alexandre, for her plan has already come to nothing before that event, but because of Alexandre's deafness to her persuasion. Not only is Pierre beaten to the murder of Alexandre by Lorenzo, his attempts to use the murder of his sister for republican ends also founder because of his father's inaction. Certainly Lorenzo succeeds in his aim of murdering Alexandre, but the act is devoid of any positive repercussions either on the political or the personal level. Even the Cardinal Cibo has his plan to manipulate Alexandre via Ricciarda thwarted first by her confession to her husband and then by Lorenzo's murder of Alexandre, although it is characteristic of the pessimism of the play that he, the most unambiguously unpleasant of all the characters, should be seen as the survivor, whose response to the failure of one plan is simply to embark on another.

Again and again we are struck by the futility of the efforts of the characters, and that futility is frequently associated with the presence of the grotesque, in the sense that the term is used by Hugo in the *Préface de Cromwell*[41] for the Shakespearean combination of tragedy with other elements that classical French theatre would not have recognised as being compatible with the tragic ideal, such as comedy, madness or physical ugliness. At its simplest this may involve the insertion of a purely comic scene to relieve the tension at a moment of high tragic drama, like the porter scene in *Macbeth*, but Shakespeare's treatment is usually more subtle: his greatest grotesques achieve a disconcerting effect by combining elements of madness and wit into a fundamentally tragic character, like Hamlet or Lear. It is just such a character that Musset created in Lorenzo, whose pitiful physical stature and acid wit conceal high ideals and a tragic destiny. Perhaps too we might see Alexandre as a different type of grotesque: a thug, yes, in certain ways, but in others just one of the boys, out to indulge his urges, and with a genuine affection for his best friend which is made the more touching by our knowledge of that friend's intended betrayal – an innocent abroad in the midst of a Florentine hotbed of intrigue. The Cardinal Cibo too has a spiritual ugliness that perhaps qualifies him as a grotesque, a Tartuffe who sometimes makes jokes, but is never the butt of them.

It is at the time of failure, though, that most of the characters show the clearest signs of grotesqueness. The sanctimonious Bindo and Venturi are made to look fools when Lorenzo tricks them into betraying their principles by accepting advancement from Alexandre (II,iv). Tebaldeo accepts a commission to paint the Duke, something that, for a republican, should be even more unthinkable than painting la Mazzafirra naked, then is further humiliated when he falls for the conversation between his subject and Giomo, which gives every impression of having been laid on for his benefit. 'Est-ce que la main te tremble? tu louches terriblement' (II,vi), the Duke teases him. Pierre's failure is encapsulated in the supremely comic scene (IV,vii) in which the initial contrast between the idealism of Pierre and the more practical attitude of the two exiles quickly erupts into an outburst of impotent rage for Pierre, which is undercut by the bathos of the huffy response by the exiles, who complain that they are tired and he is very rude. Although Pierre is no less choleric when we see him for the last time (V,iv), the fact that he is finding a way out of his dilemma allows Musset to present him in a less grotesque light. The ironic detachment of the two observers who describe to us the final appearance of Ricciarda Cibo with her husband (V,iii) adds a comic edge to that scene too, but we might feel that her sub-plot has already taken a turn in the direction of the comic in the scene that marks the true moment of her failure with

Alexandre (III,vi). There is an element of role-reversal in the fact that the subject of politics which so impassions her is clearly of no interest to the reigning head of state, as well as a comic contrast between the laconicism of his post-coital torpor and her eloquence, which ultimately succeeds only in annoying him.

Which scene brings us to the theme of sex, another important unifying element in the drama. Sex was, of course, nothing new in the French theatre: even classical authors writing for those theatres where the so-called *bienséances* were respected were prone to push them at times to their limits. There is nevertheless an explicitness and even sense of depravity in the depiction of sex in *Lorenzaccio* which, perhaps, like so many other aspects of this play, go further than Musset might have permitted himself if he had been writing for the public stage.

Musset uses sex as the image of a corrupt society, hence, the pillars of republican virtue, the Strozzis, are seen to be sexually beyond reproach, but the corruption that attacks them from outside takes a sexual form, i.e., the designs of Julien Salviati and perhaps ultimately Alexandre on Louise. Once the duchy turns its sexual attentions on the innocent, resistance is as destructive as compliance: Maffio's sister is corrupted, but Louise's resistance results in death. Catherine alone escapes, and then only at the price of the death of the Duke himself. And, as we have seen, those who adopt the morality of the régime in order to destroy it from within, like Lorenzo and Ricciarda Cibo, are powerless to retain their innocence in the face of sexual corruption.

One of the most notable features of *Lorenzaccio* is the almost total absence of any manifestation of sexual love. Paternal, maternal, filial, even patriotic love is present, but sexual relations are based on lust, not love. The sole exceptions to this occur in the Cibo plot, where they can be considered only qualified exceptions. Certainly both the affection that the Marquis and Marquise show for each other on his departure in their first scene together and his later acceptance of her confession shine like good deeds in a naughty world, but this image of the ideal must surely be compromised by the Marquise's infidelity, which, for whatever reasons it is undertaken, is inevitably real on the physical level. Her suspicion that she may be in love with Alexandre, although endowing her role in that relationship with a certain positive attribute, moves the infidelity onto a spiritual plane and therefore shows that her association with the duchy has undermined the nature of her relationship with her husband. So strong is the link between sex and depravity that no sexual relationship can be beyond reproach.

We should definitely not suspect any hint of love for his female partners on the part of Alexandre: his sexual voracity and the fact that conquest is immediately followed by a loss of interest are proof enough of that, but at

least in the cases of Ricciarda Cibo and Catherine Ginori there is evidence
of sufficient physical attraction to produce a persistent pursuit of a
particular woman. The first scene, however, sets the action in motion
with an even more pessimistic view of his corruption and that of the rest
of the Florentines, as we see him awaiting an innocent who has been sold
to him by her own mother; she will be used for instant sexual gratification
and then cast aside, and so great is his insistence on the pleasure of the
moment and his lack of personal interest in her that he is unprepared to
wait any longer than a quarter of an hour after the appointed time.

This opening scene is deliberately shocking, and serves to highlight the
depravity of the Duke as well as, perhaps more importantly, of Lorenzo.
His long speech near the beginning of the scene suggests a sexual voracity
comparable to that of the Duke, which will be borne out by numerous
remarks later in the play, and it sets him out as a connoisseur of depravity.[42]
Not only does he relish the corruption of innocence, the scene also contains
implications of prostitution and even a sexual interest in pre-adolescent
girls: 'Quoi de plus curieux pour le connaisseur que la débauche à la
mamelle?' Musset is setting the tone here for what is to come with a verbal
nastiness that is equalled, though perhaps never surpassed, in the rest of
the work. In terms of the visual images he conjures up, however, he will
go further: the dialogue of III,vi reveals that the protagonists are in a state
of post-coital disarray, even, possibly, undress: the Duke being 'tout
débraillé' and without his 'habit', while the Marquise's legs are exposed,
and later (IV,xi) we see the Duke getting into bed to await his sexual partner.

One further element in the general picture of Florentine depravity that
is absent in the first scene but makes its presence firmly felt in the second
with the appearance of Alexandre, Lorenzo and Julien Salviati dressed as
nuns, is the sense of sexual ambiguity, inherent particularly in the relationship between Lorenzo and the Duke. Lorenzo for the Duke is, as we have
seen, Renzo, Renzino and, when he is teasing him about his cowardice,
'chère Lorenzetta' (I,iv),[43] and both constantly exchange the affectionate,
but also effeminate, 'mignon'. Alexandre regards with affectionate amusement eccentricities of Lorenzo that disgust or annoy others,[44] and is too
blind to be alerted by even his most suspicious actions;[45] they even ride
on horseback together.[46]

This ambiguity is carried over into the imagery, and is at its most
obvious in Lorenzo's description of the murder as his wedding night: but
then, who is the bride and who the groom? Certainly the monologue of
IV,ix speaks of the bride entering the bridal chamber where the groom
awaits in just the way that Alexandre will await Catherine, and the remarks
at the end of the same scene: 'Eh, mignon, eh, mignon! mettez vos gants
neufs, un plus bel habit que cela, tra la la! faites-vous beau, la mariée est
belle', anticipate the events of the following scene in which Alexandre,

preparing himself for the assignation, puts on his 'pourpoint de zibeline' and asks advice about which gloves to wear. Yet it is the 'mariée' who has the unambiguously phallic 'petit couteau' and the groom who is to beware of it. And so, in the scene of the murder itself, the Duke is cast in the role of the groom as he gets into bed to await Catherine, and Lorenzo, who takes her place, becomes the bride. But then, when Lorenzo stabs Alexandre, and the latter spills his blood, the roles have clearly been reversed – although we find that it is Lorenzo who wears the wedding ring placed on his finger by Alexandre in the shape of the bite inflicted during the struggle. On the symbolic, as on the literal level, the sword/phallus is wielded by the one we would least expect. While homosexuality was arguably the *vice à la mode* in Renaissance Florence, indulged in, according to Varchi, by the historical Lorenzo and Filippo Strozzi,[47] Musset avoids the same explicitness in this matter that we find in the case of the heterosexual voracity of his characters. The hints are unmistakable, yet presented in such a way as to leave an element of doubt.[48] Nevertheless, they add both to the sense of the depravity of the Duke's régime and to our understanding of the depths of corruption to which Lorenzo has had to stoop in order to infiltrate it.

Language

In rejecting the tradition of French classical tragedy in favour of a more Shakespearean model, the Romantics showed two interesting scruples. One was the avoidance of the term 'tragédie' and the use of the more neutral 'drame' for both their own tragic works, and for translations of Shakespeare's tragedies themselves. The other was their failure to espouse the Shakespearean mixture of verse and prose,[49] feeling instead that a decision had to be made about which of the two should be used. The avoidance of the term 'tragédie' at least distanced the arguments in favour of prose or verse in the *drame romantique* from the eighteenth-century argument over whether it was possible to write tragedy in prose, something that was still far from being resolved. Hugo, in the *Préface de* Cromwell,[50] followed the French classical preference for the elevation of verse in high drama, but for *Lorenzaccio* – a work called *drame* in its manuscript form even if the title page in the published editions bears no generic description – as for most of his other dramatic works, Musset preferred the more natural and varied cadences of prose.[51]

Musset covers a vast range of expression in his prose, from the banality of the sort of everyday exchanges and vocabulary that would produce an inevitably comic mismatch between form and content if couched in verse, to a poetically expansive use of extended structures and imagery. We have already noted the importance of the first scene in its atmospheric introduction of key themes; it also seems to be designed to give an early introduction of the extremes of style. Opening exchanges are in the rhythms and vocabulary of normal speech, and deal with the sort of concerns, the time and temperature, that would have been traditionally regarded as too banal to feature in serious drama;[52] this very quickly gives way to the long speech for Lorenzo with its poetic imagery, its inventive expansions and magical variations of pace and rhythm, lyrical devices which perhaps serve to heighten by contrast the unease produced by the sordid content. But hardly has this vein of poetry established itself than it is rudely cut off by an oath from the Duke, throwing us back into the conversational tone of the opening. This freedom of register allows for some startling effects deriving from the introduction of inventive poetic imagery into more colloquial speech patterns, such as: 'Regardez-moi ce petit corps maigre, ce lendemain d'orgie ambulant' (I,iv), and much of the comedy of III,vi derives from the juxtaposition of the *style noble* of the Marquise with the *style bas* of Alexandre.

Some of the most remarkably forward-looking writing in *Lorenzaccio* is to be found in Lorenzo's monologue of IV,ix and, to a lesser degree, those of IV,iii and v. These imitations of natural thought processes, flitting from subject to subject with often only the most tenuous of links, anticipate the stream of consciousness of much later writers like Joyce and Virginia Woolf, and are, in their studied incoherence, as far from the aria-like poetic monologues of Hugo as they are from the reasoned arguments of the Cornelian dilemma monologue.

Performance History

Even without the practical difficulties of staging *Lorenzaccio* on the nineteenth-century stage, its subject of the assassination of a monarch would have succeeded in keeping it out of the theatre until the Revolution of 1848 brought about the abdication of Louis-Philippe and the declaration of the Second Republic. Nevertheless, such were those practical problems, that, even then, it would not be performed for a further forty-eight years. It was not until 1896 that Sarah Bernhardt, always on the look-out for a good role, put on the play with herself as Lorenzo, although whether it would be fair to think of this as the theatrical premiere of Musset's work is a moot point. Far from rising to the challenge of the difficulties of Musset's text, this production avoided them by presenting the work in an adaptation by Armand d'Artois which altered the original so radically that Bernard Masson says of it: 'C'est à bien des égards une autre pièce, écrite dans les marges de l'œuvre originale'.[53] Bearing this in mind, perhaps the most important aspect was the fact that Lorenzo was played by an actress, for this would have a significant and deleterious effect on the future performance history of the work: five more women would go on to play the part in various stagings before the first attempt to cast a man in the part in Bordeaux in 1933, and even this would not establish the role as a male preserve. Not until the landmark production with the great Gérard Philipe in the title role, which was played first at the Avignon Festival in 1952 and then at the Théâtre National Populaire in Paris the following year, would the role be recognised as exclusively male. It is easy to see why the great actress who also played Hamlet felt that an incarnation of the part by her would be feasible, since we are specifically told of Lorenzo's physical fragility, but perhaps subsequent directors using versions of the text closer to Musset's original were pleased to follow her lead because such casting also takes much of the sting out of the tail of the ambiguous relationship between Lorenzo and the Duke – something that might otherwise have been problematic in the public theatre of the first part of the twentieth century.

Bernhardt's staging was revived in 1912, but so far no one else had tackled the work, although in 1918 some interest in the original text was revealed when three scenes were performed at a gala at the Comédie-Française. The selection is interesting – III,i and iii and IV,xi – since the last two of these, whilst being amongst the most striking in the work, are also, as has already been pointed out, theatrically particularly problematic. A production at Monte-Carlo in 1926 appears to have made an attempt to return to a trimmed version of Musset's original text, but the adapters had not finished with the work; again it was the Avignon Festival production which seems at last to have established the original text as the basis for subsequent performances, even if the length of the piece makes the cutting that was indulged in for that production almost inevitable. Even so, Bernard Masson has identified a staging put on at Saint-Cloud as late as 1976 under the direction of Pierre Vielhascaze, in which the murder scene from *Une Conspiration en 1537* was substituted for Musset's original; in the light of what has been said above, it is easy to see why such a decision was made, but it can scarcely be said to reflect Musset's intentions.

The progression from page to stage has been a slow one, and the work is still very far from being the standard part of the repertoire that a less ambitious yet equally great play like *On ne badine pas avec l'amour* has become. The epic proportions of the work mean that performances remain relatively rare, but also make them significant theatrical events. However, as we have already seen, it is not on its success in the theatre that this work should be judged.

Text

The text of *Lorenzaccio* exists in three key versions: the manuscript, held by the Comédie-Française; the first edition, in the first volume of *Un Spectacle dans un fauteuil, seconde livraison, prose* (Librairie de la *Revue des deux mondes* and Baillière, Paris, 1834); and the version found in the revised edition of Musset's *Comédies et Proverbes* (Charpentier, Paris, 1853), which claims on its title page to be '[la] seule édition complète, revue et corrigée par l'auteur'. The 1853 *Comédies et Proverbes* was not the first collected edition of Musset's plays under this title, but its predecessors (Charpentier, Paris, 1840, 1848 and 1851) simply reproduced the text of the first edition. One small difficulty does arise: during the course of these reprintings a number of minor errors creep in, not all of which are corrected in Musset's revision of 1853. It is Musset's final text of 1853, the tautest and most correct version, which is adopted here: those readings that derive not from Musset's revision but from errors that appeared between 1840 and 1851 have been corrected, where appropriate, according to the text of 1834. The list of variants includes all original readings from the text of the first edition. For an exhaustive catalogue of variants from the manuscript, see Paul Dimoff's important edition published under the title *La Genèse de* Lorenzaccio, or the edition by Simon Jeune.

References in the text to the list of variants are denoted by a number preceded by an asterisk.

NOTES TO INTRODUCTION

1. 'Avant-propos' of *Les Barricades: Scènes historiques (mai 1588)* (second edition Brière, Paris, 1826), p. i. Quoted by Dimoff, *La Genèse de Lorenzaccio* (Droz, Paris, 1936), p. xxvi.

2. First published in Cologne in 1721. However Léon Lafoscade ('De George Sand à Musset: en marge de Varchi avec Giomo le Hongrois' in *Revue d'histoire littéraire de la France*, 35 [1928], pp. 99-101) has shown that certain variants indicate that Sand used the Leiden edition of 1723; and whilst Musset follows Sand in many of these details, Lafoscade has shown elsewhere (*Le Théâtre d'Alfred de Musset* [Hachette, Paris, 1901; repr. Nizet, Paris, 1966], p. 130) that the fragment of Varchi published by Musset to accompany the first edition of *Lorenzaccio* is based on the Milan edition of 1803.

3. *La Genèse de* Lorenzaccio, pp. 83-146.

4. See in particular the discarded scene involving Cellini, published in Appendix I of the present edition, which is closely based on an episode from the autobiography (*La vita di Benvenuto Cellini*, Enrico Carrara,ed., new edition by G.G. Ferrero [Unione Tipografico-Editrice Torinese, Torino, 1965], pp. 236-8).

5. *Le vite de' più eccellenti pittori, scultori e architetti* (Lorenzo Torrentino, Firenze, 1550).

6. See Textual Notes, n. 71.

7. See Léon Lafoscade, 'La Genèse de *Lorenzaccio*' in *Revue des deux mondes*, 44 (Nov.-Dec. 1927), pp. 423-37, (pp. 429-32). The work was published under the name of Mme de ****.

8. See Jean Giraud, 'Alfred de Musset et l'*Histoire littéraire d'Italie* de Ginguené' in *Mélanges offerts à Monsieur G. Lanson* (Hachette, Paris, 1922), pp. 398-406, (p. 403).

9. 'Lettre inédite d'Alfred de Musset (Venise, 27 janvier 1834)' in *Revue d'histoire littéraire de la France*, 57 (1957), pp. 356-364. The passage relating to *Lorenzaccio* reads: 'Avez-vous commencé Lorenzaccio? Si vous tenez à le publier, et si vous croyez qu'un retard dans cette publication peut vous être prejudiciable, faites ce que vous voudrez. Je suppose que mon frère s'est chargé des épreuves' (p. 357). In the event, there was enough time between Musset's return to Paris and the date of publication for him to have dealt with the proofs himself, although it is clearly not impossible that he still left the task to his brother.

10. *Variétés sur Alfred de Musset et son théâtre* (Librairie Nizet et Bastard, Paris, 1940), p. 121.

11. *De Lorenzino de Médicis à Lorenzaccio: étude d'un thème historique* (Marcel Didier, Paris, 1972), p. 22.

12. Ibid., p. 144.

13. See Textual Notes, n. 1.

14. Although only the major trends will be discussed here, a number of points of detail that are of interest will be pointed out in the notes to the text.

15. See the section on structure (p. xxvi).

16. For a fuller explanation, see Textual Notes, n. 129.

17. Modern dating would place all these events in early 1534.

18. See Textual Notes 21 and 23.

19. *Discorso, ò apologia di Lorenzo de' Medici sopra la nascita e morte d'Alessandro de' Medici Primo Duca di Firenze*, published in Varchi's *Istoria delle guerre della republicum fiorentina* (Pietro Van Der Aa, Leide, 1723).

20. See, for example, Ceri Crossley, *Musset: Lorenzaccio.* Critical Guides to French Texts, 25 (Grant and Cutler, London, 1983), pp. 45-7.

21. Both in II,iv.

22. 'De la tragédie: à propos des débuts de Mademoiselle Rachel', which appeared in the *Revue des deux mondes* on 1 November 1838; 'Reprise de *Bajazet* au Théâtre-Français', which appeared in the same publication on 1 December 1838; 'Un souper chez Rachel', which was first published by Paul de Musset in *Le Magasin de librairie* on 25 March 1859. See M. Allem and P. Courant (eds), *Œuvres complètes en prose d'Alfred de Musset* (Gallimard, Paris, 1960), pp. 888-915.

23. 'The new Brutus of Tuscany'.

24. Varchi's reference is to Marcus Junius Brutus, one of the assassins of Julius Cæsar. See Textual Notes 57, 58, 78, 89 and 121 for Musset's mingling of this allusion with references to the earlier Lucius Junius Brutus.

25. See Textual Notes 54, 62, 85, 110 and 114.

26. *Musset et le théâtre intérieur* (Armand Colin, Paris, 1974), p. 142. This scheme is also reproduced, with caveats, by Ceri Crossley in *Musset: Lorenzaccio*, pp. 68-9.

27. Lorenzaccio *(1834); Musset*, Profil d'une œuvre, 27 (Hatier, Paris, 1994), pp. 44-6.

28. The first use of a window is Lorenzo's appearance at the window of the Nasi palace, but in this case it is used to look onto the stage area not off it, hence the incident does not pose the same problems as the scenes just listed.

29. The political theme was perhaps as problematic as the sexually explicit nature of some of the action and language.

30. See the section on structure (p. xxvi) for more on this matter.

31. Perhaps the most extreme example of such compression in Musset's armchair theatre is the final line of *On ne badine pas avec l'amour*, announcing the unexpected death of Rosette and the inversion of the expected ending to the love plot in a mere five words. The reader stares at this in stunned disbelief, whilst the spectator in the theatre risks being left totally bewildered.

32. This is not, of course, problematic in theatrical styles such as the Elizabethan or some modern productions where the stage picture is deliberately simple and where descriptions conjure up in the audience's imagination detail that there is no attempt to reproduce on stage, but such a concept of theatre is quite different from that which obtained in Musset's time.

33. Joyce Bromfield comments: 'Musset écrit évidemment pour la lecture d'abord, mais le drame passe si bien au théâtre aujourd'hui qu'on a le droit de le juger en fonction de la mise en scène' (*De Lorenzino de Médicis à Lorenzaccio*, p. 173), whilst Robert Horville complains: 'On considère que c'est pour la lecture qu'il a conçu son théâtre, qu'on a donc tendance à juger sur ses vertus littéraires plus que sur sa valeur dramaturgique' (Lorenzaccio *(1834); Musset*, p. 75).

34. We may perhaps leave aside the issue that the five-Act division of Shakespeare's plays was not that of the author – who clearly did not think of his plays in such structural blocks – but was added for the folio edition of his complete works, since it would have been present in any editions and translations that Musset might have consulted.

35. See section on themes (p. xxviii) for more on this matter.

36. George Sand, anxious to make her character's motivations obvious from the outset, curiously in a text not intended for the theatre, resorts in her equivalent scene to the supremely theatrical device of explanatory asides for Lorenzo. Musset at this point wishes only to suggest that perhaps all is not as it seems.

37. Although note that a classical author would tend to gallicise even those names that do not have a French equivalent.

38. We might note, however, that the plans reveal a hesitation between the original spelling and the more French Laurenzo, Laurenzaccio, etc.

39. The Marquise (II, iii), Giomo (II, vi) and Pierre (V, iv).

40. Marie (I, vi; II, iv), Catherine (IV, v) and Alexandre (I, iv five times; II, vi; IV, x; IV, xi).

41. Anne Ubersfeld (ed.) in *Œuvres complètes: Critique* (Laffont, Paris, 1985), pp. 1-44, (pp. 9-14).

42. Like David Sices (*Theater of Solitude: The Drama of Alfred de Musset* [University Press of New England, Hanover, New Hampshire, 1974], p. 154, n. 38), I find it impossible to accept the theory that Lorenzo's behaviour springs from sexual inadequacy, as put forward by Bernard Masson in *Lorenzaccio ou la difficulté d'être* (Minard, Paris, 1962), p. 5. It is based on a reading, to my mind a misreading, of a single passage: 'J'aurais pleuré avec la première fille que j'ai séduite, si elle ne s'était pas mise à rire' (III, iii). If Musset had intended to introduce such an important element into his characterisation, might he not both have made more than one passing reference to it and made it clear in that one reference at whom the girl's laughter is directed? Masson requires us to believe that she is mocking Lorenzo for his sexual inadequacy, but does the French really imply this? Surely the passage as it stands is much more clearly analogous to Philippe's comment at the beginning of II, i: 'Quand l'éducation des basses classes sera-t-elle assez forte pour empêcher les petites filles de rire lorsque leurs parents pleurent?', so that, in both cases, laughter is simply an expression of enjoyment on the part of the young girl who is unconscious of the damage she has done to herself and her family, whilst those who know better are prepared to weep at her plight.

43. That the remark is affectionately meant, as the use of 'chère' suggests, is confirmed by Alexandre's angry reaction to the insults that Sire Maurice begins to direct at Lorenzo.

44. See in particular I, iv for attitudes to Lorenzo's mutilation of the Arch of Constantine; and that same scene as well as I, vi and II, iv for responses to his fainting at the sight of a sword.

45. See II, vi, where Alexandre fails to share Giomo's suspicions over the theft of the coat of mail; and IV, x, where Sire Maurice and Cardinal Cibo see Lorenzo's behaviour as he takes the unwitting Alexandre off to his death as transparently suspicious.

46. See the remark by Lorenzo in II, vi.

47. The references to Lorenzo's and Filippo Strozzi's bisexuality will be found in Varchi, Books XV and XII respectively. Other figures from Renaissance Florence known or believed to be homosexual or bisexual include Botticelli, Leonardo da Vinci, Michelangelo and Benvenuto Cellini. Eric Cochrane comments thus on Italy in the 1520s: 'Two centuries of gentle satires, biting moral treatises and thundering sermons had obviously failed to diminish the addiction of at least a sizeable minority of Italians to what they regarded as the greatest of sins: blasphemy, usury and sodomy' (*Italy 1530-1630*, Longman History of Italy [Longman, London, 1988], p. 17).

48. Perhaps it is the element of over-explicitness that leads Merlin Thomas, whilst conceding the presence of such hints, to feel that a production in which Lorenzo and the Duke were played 'virtually as lovers' 'shed an interesting, if controversial, light' on the play. It is certainly difficult to see any other reason for his apparent surprise. See 'Alfred de Musset: Don Juan on the Boulevard de Gand' in E. Freeman, H. Mason,

M. O'Regan and S.W. Taylor (eds), *Myth and its Making in the French Theatre: Studies Presented to W.D. Howarth* (Cambridge University Press, Cambridge, 1988), pp. 158-65, (p. 164).

49. Only two of Shakespeare's plays, *King John* and *Richard II*, are entirely in verse; none is entirely in prose.

50. Ed. cit., pp. 27-30.

51. Giomo's song is, as we would expect, in verse, but such inclusions were perfectly acceptable in a prose context in the classical tradition; it was Shakespeare's alternation of verse and prose for normal dialogue that was considered unacceptable.

52. See also Textual Notes, n. 24 on this matter.

53. In his edition of the play (Imprimerie Nationale, Paris, 1978), p. 325.

BIBLIOGRAPHY

Editions

Comédies et Proverbes (Charpentier, Paris, 1840; repr. 1848 and 1851).

Comédies et Proverbes, seule édition complète, revue et corrigée par l'auteur (Charpentier, Paris, 1853).

Un Spectacle dans un fauteuil, seconde livraison, prose (Librairie de la *Revue des deux mondes* and Baillière, Paris, 1834).

Allem, M. (ed.), *Théâtre complet* (Gallimard, Paris, 1958).

Cogny, D.-P. and P. (eds), *Lorenzaccio* (second edition Bordas, Paris, 1985).

Jeune, S. (ed.), *Théâtre complet* (Gallimard, Paris, 1990).

Masson, B. (ed.), *Lorenzaccio* (Imprimerie Nationale, Paris, 1978).

Nathan, J. (ed.), *Lorenzaccio* (Larousse, Paris, revised ed. [c.1964]).

Other works of Musset

'De la tragédie: à propos des débuts de Mademoiselle Rachel' in M. Allem and P. Courant (eds), Musset, *Œuvres complètes en prose* (Gallimard, Paris, 1960), pp. 888-901.

La Confession d'un enfant du siècle in M. Allem and P. Courant (eds), Musset, *Œuvres complètes en prose* (Gallimard, Paris, 1960), pp. 65-288.

Fantasio in S. Jeune (ed.), Musset, *Théâtre complet* (Gallimard, Paris, 1990), pp. 103-36.

La Nuit vénitienne in S. Jeune (ed.), Musset, *Théâtre complet* (Gallimard, Paris, 1990), pp. 9-29.

On ne badine pas avec l'amour in S. Jeune (ed.), Musset, *Théâtre complet* (Gallimard, Paris, 1990), pp. 253-98.

'Pensées de Jean-Paul' in M. Allem and P. Courant (eds), Musset, *Œuvres complètes en prose* (Gallimard, Paris, 1960), pp. 874-881.

'Reprise de *Bajazet* au Théâtre-Français' in M. Allem and P. Courant (eds), Musset, *Œuvres complètes en prose* (Gallimard, Paris, 1960), pp. 901-9.

'Un mot sur l'art modern' in M. Allem and P. Courant (eds), Musset, *Œuvres complètes en prose* (Gallimard, Paris, 1960), pp. 881-87.

'Un souper chez Rachel' in M. Allem and P. Courant (eds), Musset, *Œuvres complètes en prose* (Gallimard, Paris, 1960), pp. 909-15.

Sources and historical background

Alfieri, V., *La congiura dei Pazzi* in *Tragedie di Vittorio Alfieri da Asti*, 6 vols (Didot, Parigi, 1787-9), vol. 4.

Cellini, B., Enrico Carrara (ed.), new edition by G.G. Ferrero, *La vita di Benvenuto Cellini* (Unione Tipografico-Editrice Torinese, Torino, 1965).

Ginguené, P.-L., *Histoire littéraire d'Italie*, 9 vols (L.-G. Michaud, Paris, 1811-19).

Medici, L. de', *Discorso, ò apologia di Lorenzo de' Medici sopra la nascita e morte d'Alessandro de' Medici Primo Duca di Firenze* in B. Varchi *Istoria delle guerre della republicum fiorentina* (Pietro Van Der Aa, Leide, 1723).

Sand, G., *Une Conspiration en 1537* in P. Dimoff, *La Genèse de Lorenzaccio* (Droz, Paris, 1936), pp. 81-146.

Schiller, F., *Die Verschwörung des Fiesko zu Genua* (Mannheim, 1783).

Varchi, B., *Storia fiorentina* (Pietro Martello, Colonia, 1721; repr. Pietro Van Der Aa [as *Istoria delle guerre della republicum fiorentina*], 1723 and Società Tipografica de' *Classici Italiani*, Leide, Milano, 1803).

Vasari, G., *Le vite de' più eccellenti pittori, scultori e architetti* (Lorenzo Torrentino, Firenze, 1550).

Studies

Affron, C., *A Stage for Poets: Studies in the Theatre of Hugo and Musset* (Princeton University Press, Princeton, 1971).

Barbéris, P., *Alfred de Musset:* Lorenzaccio, Balises, 64 (Nathan, Paris, 1992).

Borges, J.L., with M. Guerrero, *The Book of Imaginary Beings*, revised, enlarged and translated by N.T. di Giovanni in collaboration with the author (revised ed. Penguin, Harmondsworth, 1974).

Bromfield, J.G., *De Lorenzino de Médicis à Lorenzaccio: étude d'un thème historique* (Marcel Didier, Paris, 1972).

Callen, A., 'Dramatic construction in Musset's *Lorenzaccio*' in *Forum for Modern Language Studies*, 9 (1973), pp. 182-91.

Callen, A., 'The place of *Lorenzaccio* in Musset's theatre' in *Forum for Modern Language Studies*, 5 (1969), pp. 225-31.

Cochrane, E., *Italy 1530-1630*, Longman History of Italy (Longman, London, 1988).

Crossley C., *Musset:* Lorenzaccio, Critical Guides to French Texts, 25 (Grant and Cutler, London, 1983).

Dimoff, P., *La Genèse de* Lorenzaccio (Droz, Paris, 1936).

Gans, E., *Musset et le* drame tragique: *Essai d'analyse paradoxale* (Corti, Paris, 1974).

Giraud, J., 'Alfred de Musset et l'*Histoire littéraire d'Italie* de Ginguené' in *Mélanges offerts à Monsieur G. Lanson* (Hachette, Paris, 1922), pp. 398-406.

Glaesener, M.H., 'Au pays des conspirations: quelques complots d'Italie sur la scène' in *Revue de littérature comparée*, 15 (1935), pp. 5-29.

Gochberg, H., *Stage of Dreams: The Dramatic Art of Alfred de Musset (1828-1834)* (Droz, Genève, 1967).

Grimsley, R., 'The character of Lorenzaccio' in *French Studies*, 11 (1957), pp. 16-27.

Horville, R., *Lorenzaccio (1834); Musset*, Profil d'une œuvre, 27 (Hatier, Paris, 1994).

Howarth, W.D., *Sublime and Grotesque: A Study of French Romantic Drama* (Harrap, London, 1975).

Lafoscade, L., 'De George Sand à Musset: en marge de Varchi avec Giomo le Hongrois' in *Revue d'histoire littéraire de la France*, 35 (1928), pp. 99-101.

Lafoscade, L., 'La Genèse de *Lorenzaccio*' in *Revue des deux mondes*, 44 (November-December 1927), pp. 423-37.

Lafoscade, L., *Le Théâtre d'Alfred de Musset* (Hachette, Paris, 1901; repr. Nizet, Paris, 1966).

Lebois, A., *Vues sur le théâtre de Musset* (Aubanel, Avignon, 1966).

Lefebvre, H., *Alfred de Musset dramaturge* (L'Arche, Paris, 1955).

Maclean, M., 'The sword and the flower: the sexual symbolism of *Lorenzaccio*' in *Australian Journal of French Studies*, 16 (1979), pp. 166-81.

Masson, B., *Lorenzaccio ou la difficulté d'être* (Minard, Paris, 1962).

Masson, B., *Musset et le théâtre intérieur* (Armand Colin, Paris, 1974).

Pommier, J., *Autour du drame de Venise* (Nizet, Paris, 1958).

Pommier, J., 'Lettre inédite d'Alfred de Musset (Venise, 27 janvier 1834)' in *Revue d'histoire littéraire de la France*, 57 (1957), pp. 356-364.

Pommier, J., *Variétés sur Alfred de Musset et son théâtre* (Librairie Nizet et Bastard, Paris, 1940).

Sices, D., *Theater of Solitude: The Drama of Alfred de Musset* (University Press of New England, Hanover, New Hampshire, 1974).

Thomas, M., 'Alfred de Musset: Don Juan on the Boulevard de Gand' in E. Freeman, H. Mason, M. O'Regan and S.W. Taylor (eds), *Myth and its Making in the French Theatre: Studies Presented to W.D. Howarth* (Cambridge University Press, Cambridge, 1988), pp. 158-65.

Ubersfeld, A., 'Révolution et topique de la cité: *Lorenzaccio*' in *Littérature*, 24 (1976), pp. 40-50.

Van Tieghem, P., *Musset: l'homme et l'œuvre* (Boivin, Paris, 1944).

Avant-Propos

De la Seconde Livraison
D'*Un Spectacle dans un fauteuil*
(1834)

Gœthe dit quelque part, dans son roman de *Wilhelm Meister,* «qu'un ouvrage d'imagination doit être parfait, ou ne pas exister». Si cette maxime sévère était suivie, combien peu d'ouvrages existeraient, à commencer par *Wilhelm Meister* lui-même! Cependant, en dépit de cet arrêt qu'il avait prononcé, le patriarche allemand fut le premier à donner, dans les arts, l'exemple d'une tolérance vraiment admirable. Non seulement il s'étudiait à inspirer à ses amis un respect profond pour les œuvres des grands hommes, mais il voulait toujours qu'au lieu de se rebuter des défauts d'une production médiocre, on cherchât dans un livre, dans une gravure, dans le plus faible et le plus pâle essai, une étincelle de vie; plus d'une fois des jeunes gens à tête chaude, hardis et tranchants, au moment où ils levaient les épaules de pitié, ont entendu sortir des lèvres du vieux maître en cheveux gris ces paroles accompagnées d'un doux sourire: «Il y a quelque chose de bon dans les plus mauvaises choses.»

Les gens qui connaissent l'Allemagne et qui ont approché, dans leurs voyages, quelques-uns des membres de ce cercle esthétique de Weimar, dont l'auteur de *Werther* était l'âme, savent qu'il a laissé après lui cette consolante et noble maxime.

Bien que, dans notre siècle, les livres ne soient guère que des objets de destruction, de pures superfluités où l'*agréable,* ce bouffon suranné, oublie innocemment son confrère l'*utile,* il me semble que si je me trouvais chargé, pour une production quelconque, du difficile métier de critique, au moment où je poserais le livre pour prendre la plume, la figure vénérable de Gœthe m'apparaîtrait avec sa dignité homérique et son antique bonhomie. Et, en effet, tout homme qui écrit un livre est mû par trois raisons: premièrement, l'amour-propre, autrement dit le désir de la gloire; secondement, le besoin de s'occuper, et, en troisième lieu, l'intérêt pécuniaire. Selon l'âge et les circonstances, ces trois mobiles varient et prennent dans l'esprit de l'auteur la première ou la dernière place; mais ils n'en subsistent pas moins.

Si le désir de la gloire est le premier mobile d'un artiste, c'est un noble désir qui ne trouve place que dans une noble organisation. Malgré tous les

1

ridicules qu'on peut trouver à la vanité, et malgré la sentence du *Misan-thrope* de Molière, qui fait remarquer,

Comment dans notre temps,
Cette soif a gâté bien des honnêtes gens;

malgré tout ce qu'on peut dire de fin et de caustique sur la nécessité de rimer et sur le «qui diantre vous pousse à vous faire imprimer?» il n'en est pas moins vrai que l'homme, et surtout le jeune homme qui, se sentant battre le cœur au nom de gloire, de publicité, d'immortalité, etc., pris malgré lui par ce je ne sais quoi qui cherche la fumée, et poussé par une main invisible à répandre sa pensée hors de lui-même; que ce jeune homme, dis-je, qui, pour obéir à son ambition, prend une plume et s'enferme, au lieu de prendre son chapeau et de courir les rues, fait par cela même une preuve de noblesse, je dirai même de probité, en tentant d'arriver à l'estime des hommes et au développement de ses facultés par un chemin solitaire et âpre, au lieu de s'aller mettre, comme une bête de somme, à la queue de ce troupeau servile qui encombre les antichambres, les places publiques et jusqu'aux carrefours. Quelque mépris, quelque disgrâce qu'il puisse encourir, il n'en est pas moins vrai que l'artiste pauvre et ignoré vaut souvent mieux que les conquérants du pauvre monde, et qu'il y a plus de nobles cœurs sous les mansardes où l'on ne trouve que trois chaises, un lit, une table et une grisette, que dans les gémonies dorées et les abreuvoirs de l'ambition domestique.

Si le besoin d'argent fait travailler pour vivre, il me semble que le triste spectacle du talent aux prises avec la faim doit tirer des larmes des yeux les plus secs.

Si enfin un artiste obéit au mobile qu'on peut appeler le besoin naturel du travail, peut-être mérite-t-il plus que jamais l'indulgence: il n'obéit alors ni à l'ambition ni à la misère, mais il obéit à son cœur; on pourrait croire qu'il obéit à Dieu. Qui peut savoir la raison pour laquelle un homme qui n'a ni faux orgueil ni besoin d'argent se décide à écrire? Voltaire a dit, je crois, «qu'un livre était une lettre adressée aux amis inconnus que l'on a sur la terre.» Quant à moi, qui ai eu de tout temps une grande admiration pour Byron, j'avoue qu'aucun panégyrique, aucune ode, aucun écrit sur ce génie extraordinaire, ne m'a autant touché qu'un certain mot que j'ai entendu dire à notre meilleur sculpteur, un jour qu'on parlait de *Childe Harold* et de *Don Juan.* On discutait sur l'orgueil démesuré du poète, sur ses manies d'affectation, sur ses prétentions au remords, au désenchante-ment, on blâmait, on louait. Le sculpteur était assis dans un coin de la chambre, sur un coussin à terre, et tout en remuant dans ses doigts sa cire rouge sur son ardoise, il écoutait la conversation sans y prendre part. Quand on eut tout dit sur Byron, il tourna la tête et prononça tristement ces seuls mots: «Pauvre homme!» Je ne sais si je me trompe, mais il me semble que cette simple parole de pitié et de sympathie pour le chantre de la douleur en disait à elle seule plus que toutes les phrases d'une encyclopédie.

Bien que j'aie médit de la critique, je suis loin de lui contester ses droits, qu'elle a raison de maintenir, et qu'elle a même solidement établis. Tout le monde sent qu'il y aurait un parfait ridicule à venir dire aux gens: Voilà un livre que je vous offre; vous pouvez le lire et non le juger. La seule chose qu'on puisse raisonnablement demander au public, c'est de juger avec indulgence.

On m'a reproché par exemple, d'imiter et de m'inspirer de certains hommes et de certaines œuvres. Je réponds franchement qu'au lieu de me le reprocher on aurait dû m'en louer. Il n'en a pas été de tous les temps comme il en est du nôtre, où le plus obscur écolier jette une main de papier à la tête du lecteur, en ayant soin de l'avertir que c'est tout simplement un chef-d'œuvre. Autrefois il y avait des maîtres dans les arts, et on ne pensait pas se faire tort, quand on avait vingt-deux ans, en imitant et en étudiant les maîtres. Il y avait alors, parmi les jeunes artistes, d'immenses et respectables familles, et des milliers de mains travaillaient sans relâche à suivre le mouvement de la main d'un seul homme. Voler une pensée, un mot, doit être regardé comme un crime en littérature. En dépit de toutes les subtilités du monde et *du bien qu'on prend où on le trouve,* un plagiat n'en est pas moins un plagiat, comme un chat est un chat. Mais s'inspirer d'un maître est une action non seulement permise, mais louable, et je ne suis pas de ceux qui font un reproche à notre peintre Ingres de penser à Raphaël, comme Raphaël pensait à la Vierge. Ôter aux jeunes gens la permission de s'inspirer, c'est refuser au génie la plus belle feuille de sa couronne, l'enthousiasme; c'est ôter à la chanson du pâtre des montagnes le plus doux charme de son refrain, l'écho de la vallée.

L'étranger qui visite le Campo Santo à Pise s'est-il jamais arrêté sans respect devant ces fresques à demi effacées qui couvrent les murailles? Ces fresques ne valent pas grand-chose; si on les donnait pour un ouvrage contemporain, nous ne daignerions pas y prendre garde; mais le voyageur les salue avec un profond respect, quand on lui dit que Raphaël est venu travailler et s'inspirer devant elles. N'y a-t-il pas un orgueil mal placé à vouloir, dans ses premiers essais, voler de ses propres ailes? N'y a-t-il pas une sévérité injuste à blâmer l'écolier qui respecte le maître? Non, non, en dépit de l'orgueil humain, des flatteries et des craintes, les artistes ne cesseront jamais d'être des frères; jamais la voix des élus ne passera sur leurs harpes célestes sans éveiller les soupirs lointains de harpes inconnues; jamais ce ne sera une faute de répondre par un cri de sympathie au cri du génie; malheur aux jeunes gens qui n'ont jamais allumé leur flambeau au soleil! Bossuet le faisait, qui en valait bien d'autres.

Voilà ce que j'avais à dire au public avant de lui donner ce livre, qui est plutôt une étude, ou, si vous voulez, une fantaisie, malgré tout ce que ce dernier mot a de prétentieux. Qu'on ne me juge pas trop sévèrement: j'essaye.

J'ai, du reste, à remercier la critique des encouragements qu'elle m'a donnés, et, quelque ridicule qui s'attache à un auteur qui salue ses juges, c'est du fond du cœur que je le fais. Il m'a toujours semblé qu'il y avait autant de noblesse à encourager un jeune homme qu'il y a quelquefois de lâcheté et de bassesse à étouffer l'herbe qui pousse, surtout quand les attaques partent de gens à qui la conscience de leur talent devrait, du moins, inspirer quelque dignité et le mépris de la jalousie.

A. DE MUSSET.

Lorenzaccio

PERSONNAGES

ALEXANDRE DE MÉDICIS, *duc de Florence*[1]
LORENZO DE MÉDICIS (Lorenzaccio)[2] ⎫
CÔME DE MÉDICIS[3] ⎬ *ses cousins*
LE CARDINAL CIBO[4] ⎭
LE MARQUIS CIBO,*[1] *son frère*[5]
SIRE MAURICE, *chancelier des Huit*[6]
LE CARDINAL BACCIO VALORI, *commissaire apostolique*[7]
JULIEN SALVIATI[8]
PHILIPPE STROZZI[9]
PIERRE STROZZI[10] ⎫
THOMAS STROZZI[11] ⎬ *ses files*
LÉON STROZZI, *prieur de Capoue*[12] ⎭
ROBERTO CORSINI, *provéditeur de la forteresse*[13]
PALLA RUCCELLAÏ ⎫
ALAMANNO SALVIATI[14] ⎬ *seigneurs républicains*
FRANÇOIS PAZZI[15] ⎭
BINDO ALTOVITI, *oncle de Lorenzo*[16]
VENTURI, *bourgeois*
TEBALDEO, *peintre*
SCORONCONCOLO, *spadassin*[17]
LES HUIT[18]
GIOMO LE HONGROIS, *écuyer du duc*[19]
MAFFIO, *bourgeois*
DEUX DAMES DE LA COUR ET UN OFFICIER ALLEMAND
UN ORFÈVRE, UN MARCHAND, DEUX PRÉCEPTEURS ET DEUX ENFANTS,
PAGES, SOLDATS, MOINES, COURTISANS, BANNIS, ÉCOLIERS, DOMESTIQUES,
BOURGEOIS, etc., etc.
MARIE SODERINI, *mère de Lorenzo*[20]
CATHERINE GINORI, *sa tante*[21]
LA MARQUISE CIBO[22, *2]
LOUISE STROZZI[23]

5

ACTE PREMIER

Scène I

Un jardin. – Clair de lune; un pavillon dans le fond,
un autre sur le devant.

Entrent LE DUC *et* LORENZO, *couverts de leurs manteaux;*
GIOMO, *une lanterne à la main.*[24]

LE DUC: Qu'elle se fasse attendre encore un quart d'heure, et je m'en vais. Il fait un froid de tous les diables.

LORENZO: Patience, altesse, patience.

LE DUC: Elle devait sortir de chez sa mère à minuit; il est minuit, et elle ne vient pourtant pas.

LORENZO: Si elle ne vient pas, dites que je suis un sot, et que la vieille mère est une honnête femme.

LE DUC: Entrailles du pape! avec tout cela, je suis volé d'un millier de ducats!

LORENZO: Nous n'avons avancé que moitié. Je réponds de la petite. Deux grands yeux languissants, cela ne trompe pas. Quoi de plus curieux pour le connaisseur que la débauche à la mamelle? Voir dans un enfant de quinze ans la rouée à venir; étudier, ensemencer, infiltrer paternellement le filon mystérieux du vice dans un conseil d'ami, dans une caresse au menton; – tout dire et ne rien dire, selon le caractère des parents; – habituer doucement l'imagination qui se développe à donner des corps à ses fantômes, à toucher ce qui l'effraye, à mépriser ce qui la protège! Cela va plus vite qu'on ne pense; le vrai mérite est de frapper juste. Et quel trésor que celle-ci! tout ce qui peut faire passer une nuit délicieuse à votre altesse! Tant de pudeur! Une jeune chatte qui veut bien des confitures, mais qui ne veut pas se salir la patte. Proprette comme une Flamande! La médiocrité bourgeoise en personne. D'ailleurs, fille de bonnes gens, à qui leur peu de fortune n'a pas permis une éducation solide; point de fond dans les principes, rien qu'un léger vernis; mais quel flot violent d'un fleuve magnifique sous cette couche de glace fragile qui craque à chaque pas! Jamais arbuste en fleur n'a promis de fruits plus rares, jamais je n'ai humé dans une atmosphère enfantine plus exquise odeur de courtisanerie.

LE DUC: Sacrebleu! je ne vois pas le signal. Il faut pourtant que j'aille au bal chez Nasi: c'est aujourd'hui qu'il marie sa fille.[25]

6

GIOMO: Allons au pavillon, monseigneur. Puisqu'il ne s'agit que d'emporter une fille qui est à moitié payée, nous pouvons bien taper aux carreaux.

LE DUC: Viens par ici, le Hongrois a raison.

Ils s'éloignent. Entre Maffio.

MAFFIO: Il me semblait dans mon rêve voir ma sœur traverser notre jardin, tenant une lanterne sourde, et couverte de pierreries. Je me suis éveillé en sursaut. Dieu sait que ce n'est qu'une illusion, mais une illusion trop forte pour que le sommeil ne s'enfuie pas devant elle. Grâce au ciel, les fenêtres du pavillon où couche la petite sont fermées comme de coutume; j'aperçois faiblement la lumière de sa lampe entre les feuilles de notre vieux figuier. Maintenant mes folles terreurs se dissipent; les battements précipités de mon cœur font place à une douce tranquillité. Insensé! mes yeux se remplissent de larmes, comme si ma pauvre sœur avait couru un véritable danger. – Qu'entends-je? Qui remue là entre les branches?

La sœur de Maffio passe dans l'éloignement.

Suis-je éveillé? c'est le fantôme de ma sœur. Il tient une lanterne sourde, et un collier brillant étincelle sur sa poitrine aux rayons de la lune. Gabrielle! Gabrielle! où vas-tu?

Rentrent Giomo et le duc.

GIOMO: Ce sera le bonhomme de frère pris de somnambulisme. – Lorenzo conduira votre belle au palais par la petite porte; et quant à nous, qu'avons-nous à craindre?

MAFFIO: Qui êtes-vous? Holà! arrêtez!

Il tire son épée.

GIOMO: Honnête rustre, nous sommes tes amis.

MAFFIO: Où est ma sœur? que cherchez-vous ici?

GIOMO: Ta sœur est dénichée, brave canaille. Ouvre la grille de ton jardin.

MAFFIO: Tire ton épée et défends-toi, assassin que tu es!

GIOMO *saute sur lui et le désarme*: Halte-là! maître sot, pas si vite.

MAFFIO: Ô honte! ô excès de misère! S'il y a des lois à Florence, si quelque justice vit encore sur la terre, par ce qu'il y a de vrai et de sacré au monde, je me jetterai aux pieds du duc, et il vous fera pendre tous les deux.

GIOMO: Aux pieds du duc?

MAFFIO: Oui, oui, je sais que les gredins de votre espèce égorgent impunément les familles. Mais que je meure, entendez-vous, je ne mourrai pas silencieux comme tant d'autres. Si le duc ne sait pas que sa ville est une forêt pleine de bandits, pleine d'empoisonneurs et de filles déshonorées, en voilà un qui le lui dira. Ah! massacre! ah! fer et sang! j'obtiendrai justice de vous!

GIOMO, *l'épée à la main*: Faut-il frapper, altesse?

LE DUC: Allons donc! frapper ce pauvre homme! Va te recoucher, mon ami; nous t'enverrons demain quelques ducats.

Il sort.

MAFFIO: C'est Alexandre de Médicis!

GIOMO: Lui-même, mon brave rustre. Ne te vante pas de sa visite si tu tiens à tes oreilles.

Il sort.

Scène II

Une rue. – Le point du jour.

Plusieurs masques sortent d'une maison illuminée;
UN MARCHAND DE SOIERIES *et* UN ORFÈVRE *ouvrent leurs boutiques.*

LE MARCHAND DE SOIERIES: Hé, hé, père Mondella, voilà bien du vent pour mes étoffes.

Il étale ses pièces de soie.

L'ORFÈVRE, *bâillant*: C'est à se casser la tête. Au diable leur noce! Je n'ai pas fermé l'œil de la nuit.

LE MARCHAND: Ni ma femme non plus, voisin; la chère âme s'est tournée et retournée comme une anguille. Ah! dame! quand on est jeune, on ne s'endort pas au bruit des violons.

L'ORFÈVRE: Jeune! jeune! cela vous plaît à dire. On n'est pas jeune avec une barbe comme celle-là; et cependant Dieu sait si leur damnée de musique me donne envie de danser.

Deux écoliers passent.

PREMIER ÉCOLIER: Rien n'est plus amusant. On se glisse contre la porte au milieu des soldats, et on les voit descendre avec leurs habits de toutes les couleurs. Tiens, voilà la maison des Nasi.

Il souffle dans ses doigts.

Mon portefeuille me glace les mains.

DEUXIÈME ÉCOLIER: Et on nous laissera approcher?

PREMIER ÉCOLIER: En vertu de quoi est-ce qu'on nous en empêcherait?

Nous sommes citoyens de Florence. Regarde tout ce monde autour de la porte; en voilà des chevaux, des pages et des livrées! Tout cela va et vient, il n'y a qu'à s'y connaître un peu; je suis capable de nommer toutes les personnes d'importance; on observe bien tous les costumes, et le soir on dit à l'atelier: J'ai une terrible envie de dormir, j'ai passé la nuit au bal chez le prince Aldobrandini, chez le comte Salviati; le prince était habillé de telle ou telle façon, la princesse de telle autre, et on ne ment pas. Viens, prends ma cape par derrière.

Ils se placent contre la porte de la maison.

L'ORFÈVRE: Entendez-vous les petits badauds? Je voudrais qu'un de mes apprentis fît un pareil métier.

LE MARCHAND: Bon, bon, père Mondella, où le plaisir ne coûte rien, la jeunesse n'a rien à perdre. Tous ces grands yeux étonnés de ces petits polissons me réjouissent le cœur. – Voilà comme j'étais, humant l'air et cherchant les nouvelles. Il paraît que la Nasi est une belle gaillarde, et que le Martelli est un heureux garçon. C'est une famille bien florentine, celle-là! Quelle tournure ont tous ces grands seigneurs! J'avoue que ces fêtes-là me font plaisir, à moi. On est dans son lit bien tranquille, avec un coin de ses rideaux retroussé; on regarde de temps en temps les lumières qui vont et viennent dans le palais; on attrape un petit air de danse sans rien payer, et on se dit: Hé, hé, ce sont mes étoffes qui dansent, mes belles étoffes du bon Dieu, sur le cher corps de tous ces braves et loyaux seigneurs.

L'ORFÈVRE: Il en danse plus d'une qui n'est pas payée, voisin; ce sont celles-là qu'on arrose de vin et qu'on frotte sur les murailles avec le moins de regret. Que les grands seigneurs s'amusent, c'est tout simple – ils sont nés pour cela. Mais il y a des amusements de plusieurs sortes, entendez-vous?

LE MARCHAND: Oui, oui, comme la danse, le cheval, le jeu de paume et tant d'autres. Qu'entendez-vous vous-même, père Mondella?

L'ORFÈVRE: Cela suffit – je me comprends. – C'est-à-dire que les murailles de tous ces palais-là n'ont jamais mieux prouvé leur solidité. Il leur fallait moins de force pour défendre les aïeux de l'eau du ciel, qu'il ne leur en faut pour soutenir les fils quand ils ont trop pris de leur vin.

LE MARCHAND: Un verre de vin est de bon conseil, père Mondella. Entrez donc dans ma boutique, que je vous montre une pièce de velours.

L'ORFÈVRE: Oui, de bon conseil et de bonne mine, voisin; un bon verre de vin vieux a une bonne mine au bout d'un bras qui a sué pour le gagner; on le soulève gaiement d'un petit coup, et il s'en va donner du courage au cœur de l'honnête homme qui travaille pour sa famille. Mais ce sont des tonneaux sans vergogne, que tous ces godelureaux de la cour. À qui fait-on plaisir en s'abrutissant jusqu'à la bête féroce? À personne, pas même à soi, et à Dieu encore moins.

LE MARCHAND: Le carnaval a été rude, il faut l'avouer; et leur maudit ballon m'a gâté de la marchandise pour une cinquantaine de florins†.²⁶ Dieu merci! les Strozzi l'ont payé.

L'ORFÈVRE: Les Strozzi! Que le ciel confonde ceux qui ont osé porter la main sur leur neveu! Le plus brave homme de Florence, c'est Philippe Strozzi.

LE MARCHAND: Cela n'empêche pas Pierre Strozzi d'avoir traîné son maudit ballon sur ma boutique, et de m'avoir fait trois grandes taches dans une aune de velours brodé. À propos, père Mondella, nous verrons-nous à Montolivet?

L'ORFÈVRE: Ce n'est pas mon métier de suivre les foires; j'irai cependant à Montolivet par piété. C'est un saint pèlerinage, voisin, et qui remet tous les péchés.

LE MARCHAND: Et qui est tout à fait vénérable, voisin, et qui fait gagner les marchands plus que tous les autres jours de l'année. C'est plaisir de voir ces bonnes dames, sortant de la messe, manier et*³ examiner toutes les étoffes. Que Dieu conserve son altesse! La cour est une belle chose.

L'ORFÈVRE: La cour! le peuple la porte sur le dos, voyez-vous! Florence était encore (il n'y a pas longtemps de cela) une bonne maison bien bâtie; tous ces grands palais, qui sont les logements de nos grandes familles, en étaient les colonnes. Il n'y en avait pas une, de toutes ces colonnes, qui dépassât les autres d'un pouce; elles soutenaient à elles toutes une vieille voûte bien cimentée, et nous nous promenions là-dessous sans crainte d'une pierre sur la tête. Mais il y a de par le monde deux architectes malavisés qui ont gâté l'affaire, je vous le dis en confidence, c'est le pape et l'empereur Charles.²⁷ L'empereur a commencé par entrer par une assez bonne brèche dans la susdite maison. Après quoi, ils ont jugé à propos de prendre une des colonnes dont je vous parle, à savoir celle de la famille Médicis,*⁴ et d'en faire un clocher, lequel clocher a poussé comme un champignon de malheur dans l'espace d'une nuit. Et puis, savez-vous, voisin! comme l'édifice branlait au vent, attendu qu'il avait la tête trop lourde et une jambe de moins, on a remplacé le pilier devenu clocher par un gros pâté informe fait de boue et de crachat, et on a appelé cela la citadelle.²⁸ Les Allemands²⁹ se sont installés dans ce maudit trou comme des rats dans un fromage; et il est bon de savoir que tout en jouant aux dés et en

---

†C'était l'usage, au carnaval, de traîner dans les rues un énorme ballon qui renversait les passants et les devantures des boutiques. Pierre Strozzi avait été arrêté pour ce fait.

buvant leur vin aigrelet, ils ont l'œil sur nous autres. Les familles florentines ont beau crier, le peuple et les marchands ont beau dire, les Médicis gouvernent au moyen de leur garnison; ils nous dévorent comme une excroissance vénéneuse dévore un estomac malade; c'est en vertu des hallebardes[30] qui se promènent sur la plate-forme, qu'un bâtard, une moitié de Médicis, un butor que le ciel avait fait pour être garçon boucher ou valet de charrue, couche dans le lit de nos filles, boit nos bouteilles, casse nos vitres; et encore le paye-t-on pour cela.

LE MARCHAND: Peste![*5] comme vous y allez! Vous avez l'air de savoir tout cela par cœur; il ne ferait pas bon dire cela dans toutes les oreilles, voisin Mondella.

L'ORFÈVRE: Et quand on me bannirait comme tant d'autres! On vit à Rome aussi bien qu'ici. Que le diable emporte la noce, ceux qui y dansent et ceux qui la font!

Il rentre. Le marchand se mêle aux curieux.
Passe un bourgeois avec sa femme.

LA FEMME: Guillaume Martelli est un bel homme, et riche. C'est un bonheur pour Nicolo Nasi d'avoir un gendre comme celui-là. Tiens, le bal dure encore. – Regarde donc toutes ces lumières.

LE BOURGEOIS: Et nous, notre fille, quand la marierons-nous?

LA FEMME: Comme tout est illuminé! danser encore à l'heure qu'il est, c'est là une jolie fête. – On dit que le duc y est.

LE BOURGEOIS: Faire du jour la nuit et de la nuit le jour, c'est un moyen commode de ne pas voir les honnêtes gens. Une belle invention, ma foi, que des hallebardes à la porte d'une noce! Que le bon Dieu protège la ville! Il en sort tous les jours de nouveau, de ces chiens d'Allemands, de leur damnée forteresse.

LA FEMME: Regarde donc le joli masque. Ah! la belle robe! Hélas! tout cela coûte très cher, et nous sommes bien pauvres à la maison.

Ils sortent.

UN SOLDAT, *au marchand*: Gare, canaille! laisse passer les chevaux.

LE MARCHAND: Canaille toi-même, Allemand du diable!

Le soldat le frappe de sa pique.

LE MARCHAND, *se retirant*: Voilà comme on suit la capitulation! Ces gredins-là maltraitent les citoyens.

Il rentre chez lui.

L'ÉCOLIER, *à son camarade*: Vois-tu celui-là qui ôte son masque? C'est Palla Ruccellaï. Un fier luron! Ce petit-là, à côté de lui, c'est Thomas Strozzi, Masaccio,[31] comme on dit.

UN PAGE, *criant*: Le cheval de son altesse!

LE SECOND ÉCOLIER: Allons-nous-en, voilà le duc qui sort.

LE PREMIER ÉCOLIER: Crois-tu pas qu'il va te manger?

La foule augmente[*6] *à la porte.*

L'ÉCOLIER: Celui-là, c'est Nicolini; celui-là, c'est le provéditeur.

Le duc sort, vêtu en religieuse, avec Julien Salviati, habillé de même, tous deux masqués.

LE DUC, *montant à cheval*: Viens-tu, Julien?

SALVIATI: Non, altesse, pas encore.

Il lui parle à l'oreille.

LE DUC: Bien, bien, ferme!

SALVIATI: Elle est belle comme un démon. – Laissez-moi faire! Si je peux me débarrasser de ma femme!...

Il rentre dans le bal.

LE DUC: Tu es gris, Salviati. Le diable m'emporte, tu vas de travers.

Il part avec sa suite.

L'ÉCOLIER: Maintenant que voilà le duc parti, il n'y en a pas pour longtemps.

Les masques sortent de tous côtés.

LE SECOND ÉCOLIER: Rose, vert, bleu, j'en ai plein les yeux; la tête me tourne.

UN BOURGEOIS: Il paraît que le souper a duré longtemps. En voilà deux qui ne peuvent plus se tenir.

Le provéditeur monte à cheval; une bouteille cassée lui tombe sur l'épaule.

LE PROVÉDITEUR: Eh, ventrebleu! quel est l'assommeur, ici?

UN MASQUE: Eh! ne le voyez-vous pas, seigneur Corsini? Tenez, regardez à la fenêtre; c'est Lorenzo, avec sa robe de nonne.

LE PROVÉDITEUR: Lorenzaccio, le diable soit de toi! Tu as blessé mon cheval.

La fenêtre se ferme.

Peste soit de l'ivrogne et de ses farces silencieuses! Un gredin qui n'a pas souri trois fois dans sa vie, et qui passe le temps à des espiègleries d'écolier en vacance!

Il part.[*7]

Louise Strozzi sort de la maison, accompagnée de Julien Salviati;
il lui tient l'étrier.
Elle monte à cheval; un écuyer et une gouvernante la suivent.

JULIEN: La jolie jambe, chère fille! Tu es un rayon de soleil, et tu as brûlé
la moelle de mes os.

LOUISE: Seigneur, ce n'est pas là le langage d'un cavalier.

JULIEN: Quels yeux tu as, mon cher cœur! quelle belle épaule à essuyer,
tout humide et si fraîche! Que faut-il te donner pour être ta cameriste
cette nuit? Le joli pied à déchausser!

LOUISE: Lâche mon pied, Salviati.

JULIEN: Non, par le corps de Bacchus![32] jusqu'à ce que tu m'aies dit quand
nous coucherons ensemble.

Louise frappe son cheval et part au galop.

UN MASQUE, *à Julien:* La petite Strozzi s'en va rouge comme la braise –
vous l'avez fâchée, Salviati.

JULIEN: Baste! colère de jeune fille et pluie du matin...[33]

Il sort.

Scène III

Chez le marquis Cibo.[*8]

LE MARQUIS, *en habit de voyage,* LA MARQUISE, ASCANIO,
LE CARDINAL CIBO, *assis.*

LE MARQUIS, *embrassant son fils:* Je voudrais pouvoir t'emmener, petit,
toi et ta grande épée qui te traîne entre les jambes. Prends patience;
Massa n'est pas bien loin, et je te rapporterai un bon cadeau.

LA MARQUISE: Adieu, Laurent; revenez, revenez!

LE CARDINAL: Marquise, voilà des pleurs qui sont de trop. Ne dirait-on pas
que mon frère part pour la Palestine?[34] Il ne court pas grand danger dans
ses terres, je crois.

LE MARQUIS: Mon frère, ne dites pas de mal de ces belles larmes.

Il embrasse sa femme.

LE CARDINAL: Je voudrais seulement que l'honnêteté n'eût pas cette
apparence.

LA MARQUISE: L'honnêteté n'a-t-elle point de larmes, monsieur le cardinal? Sont-elles toutes au repentir ou à la crainte?

LE MARQUIS: Non, par le ciel! car les meilleures sont à l'amour. N'essuyez pas celles-ci sur mon visage, le vent s'en chargera en route; qu'elles se sèchent lentement! Eh bien, ma chère, vous ne me dites rien pour vos favoris? N'emporterai-je pas, comme de coutume, quelque belle harangue sentimentale à faire de votre part aux roches et aux cascades de mon vieux patrimoine?[35]

LA MARQUISE: Ah! mes pauvres cascatelles!

LE MARQUIS: C'est la vérité, ma chère âme, elles sont toutes tristes sans vous. (*Plus bas.*) Elles ont été joyeuses autrefois, n'est-il pas vrai, Ricciarda?

LA MARQUISE: Emmenez-moi!

LE MARQUIS: Je le ferais si j'étais fou, et je le suis presque, avec ma vieille mine de soldat. N'en parlons plus – ce sera l'affaire d'une semaine. Que ma chère Ricciarda voie ses jardins quand ils sont tranquilles et solitaires; les pieds boueux de mes fermiers ne laisseront pas de trace dans ses allées chéries. C'est à moi de compter mes vieux troncs d'arbres qui me rappellent ton père Albéric, et tous les brins d'herbe de mes bois; les métayers et leurs bœufs, tout cela me regarde. À la première fleur que je verrai pousser, je mets tout à la porte, et je vous emmène alors.

LA MARQUISE: La première fleur de notre belle pelouse m'est toujours chère. L'hiver est si long! Il me semble toujours que ces pauvres petites ne reviendront jamais.[36]

ASCANIO: Quel cheval as-tu, mon père, pour t'en aller?

LE MARQUIS: Viens avec moi dans la cour, tu le verras.

Il sort. La marquise reste seule avec le cardinal. – Un silence.

LE CARDINAL: N'est-ce pas aujourd'hui que vous m'avez demandé d'entendre votre confession, marquise?

LA MARQUISE: Dispensez-m'en, cardinal. Ce sera pour ce soir, si Votre Éminence est libre, ou demain, comme elle voudra. – Ce moment-ci n'est pas à moi.

Elle se met à la fenêtre et fait un signe d'adieu à son mari.

LE CARDINAL: Si les regrets étaient permis à un fidèle serviteur de Dieu, j'envierais le sort de mon frère. – Un si court voyage, si simple, si tranquille! – une visite à une de ses terres qui n'est qu'à quelques pas d'ici! – une absence d'une semaine – et tant de tristesse, une si douce tristesse, veux-je dire, à son départ! Heureux celui qui sait se faire aimer ainsi après sept années de mariage! – N'est-ce pas sept années, marquise?

LA MARQUISE: Oui, cardinal; mon fils a six ans.[37]

LE CARDINAL: Étiez-vous hier à la noce des Nasi?

LA MARQUISE: Oui, j'y étais.

LE CARDINAL: Et le duc en religieuse?

LA MARQUISE: Pourquoi le duc en religieuse?

LE CARDINAL: On m'avait dit qu'il avait pris ce costume; il se peut qu'on m'ait trompé.

LA MARQUISE: Il l'avait en effet. Ah! Malaspina,[38] nous sommes dans un triste temps pour toutes les choses saintes!

LE CARDINAL: On peut respecter les choses saintes, et, dans un jour de folie, prendre le costume de certains couvents, sans aucune intention hostile à la sainte Église catholique.

LA MARQUISE: L'exemple est à craindre, et non l'intention. Je ne suis pas comme vous; cela m'a révoltée. Il est vrai que je ne sais pas bien ce qui se peut et ce qui ne se peut pas, selon vos règles mystérieuses. Dieu sait où elles mènent. Ceux qui mettent les mots sur leur enclume, et qui les tordent avec un marteau et une lime, ne réfléchissent pas toujours que ces mots représentent des pensées, et ces pensées des actions.

LE CARDINAL: Bon, bon! le duc est jeune, marquise, et gageons que cet habit coquet des nonnes lui allait à ravir.

LA MARQUISE: On ne peut mieux; il n'y manquait que quelques gouttes du sang de son cousin, Hippolyte de Médicis.[39]

LE CARDINAL: Et le bonnet de la Liberté, n'est-il pas vrai, petite sœur? Quelle haine pour ce pauvre duc!

LA MARQUISE: Et vous, son bras droit, cela vous est égal que le duc de Florence soit le préfet de Charles-Quint, le commissaire civil du pape, comme Baccio est son commissaire religieux? Cela vous est égal, à vous, frère de mon Laurent, que notre soleil, à nous, promène sur la citadelle des ombres allemandes? que César parle ici dans toutes les bouches? que la débauche serve d'entremetteuse à l'esclavage, et secoue ses grelots sur les sanglots du peuple? Ah! le clergé sonnerait au besoin toutes ses cloches pour en étouffer le bruit et pour réveiller l'aigle impérial, s'il s'endormait sur nos pauvres toits.

Elle sort.

LE CARDINAL, *seul, soulève la tapisserie et appelle à voix basse*: Agnolo!

Entre un page.

Quoi de nouveau aujourd'hui?

AGNOLO: Cette lettre, monseigneur.

LE CARDINAL: Donne-la-moi.

AGNOLO: Hélas! Éminence, c'est un péché.

LE CARDINAL: Rien n'est un péché quand on obéit à un prêtre de l'Église romaine.

Agnolo remet la lettre.

LE CARDINAL: Cela est comique d'entendre les fureurs de cette pauvre
marquise, et de la voir courir à un rendez-vous d'amour avec le cher
tyran, toute baignée de larmes républicaines.

Il ouvre la lettre et lit.

«Ou vous serez à moi, ou vous aurez fait mon malheur, le vôtre, et
celui de nos deux maisons.»
Le style du duc est laconique, mais il ne manque pas d'énergie. Que
la marquise soit convaincue ou non, voilà le difficile à savoir. Deux
mois de cour presque assidue, c'est beaucoup pour Alexandre; ce doit
être assez pour Ricciarda Cibo.

Il rend la lettre au page.

Remets cela chez ta maîtresse; tu es toujours muet, n'est-ce pas?
Compte sur moi.

Il lui donne sa main à baiser et sort.

Scène IV

Une cour du palais du duc.

LE DUC ALEXANDRE *sur une terrasse;*
des pages exercent des chevaux dans la cour.
Entrent VALORI *et* SIRE MAURICE.

LE DUC, *à Valori*: Votre Éminence a-t-elle reçu ce matin des nouvelles de
la cour de Rome?

VALORI: Paul III envoie mille bénédictions à votre Altesse, et fait les vœux
les plus ardents pour sa prospérité.

LE DUC: Rien que des vœux, Valori?

VALORI: Sa Sainteté craint que le duc ne se crée de nouveaux dangers par
trop d'indulgence. Le peuple est mal habitué à la domination absolue;
et César, à son dernier voyage, en a dit autant, je crois, à votre Altesse.

LE DUC: Voilà, pardieu, un beau cheval, sire Maurice! Eh! quelle croupe
de diable!

SIRE MAURICE: Superbe, Altesse.

LE DUC: Ainsi, monsieur le commissaire apostolique, il y a encore quelques
mauvaises branches à élaguer. César et le pape ont fait de moi un roi;
mais, par Bacchus, ils m'ont mis dans la main une espèce de sceptre
qui sent la hache d'une lieue. Allons, voyons, Valori, qu'est-ce que c'est?

VALORI: Je suis un prêtre, Altesse; si les paroles que mon devoir me force à vous rapporter fidèlement doivent être interprétées d'une manière aussi sévère, mon cœur me défend d'y ajouter un mot.

LE DUC: Oui, oui, je vous connais pour un brave. Vous êtes, pardieu, le seul prêtre honnête homme que j'aie vu de ma vie.

VALORI: Monseigneur, l'honnêteté ne se perd ni ne se gagne sous aucun habit, et parmi les hommes il y a plus de bons que de méchants.

LE DUC: Ainsi donc, point d'explications?

SIRE MAURICE: Voulez-vous que je parle, monseigneur? tout est facile à expliquer.

LE DUC: Eh bien?

SIRE MAURICE: Les désordres de la Cour irritent le pape.

LE DUC: Que dis-tu là, toi?

SIRE MAURICE: J'ai dit les désordres de la Cour, Altesse; les actions du duc n'ont d'autre juge que lui-même. C'est Lorenzo de Médicis que le pape réclame comme transfuge de sa justice.

LE DUC: De sa justice? Il n'a jamais offensé de*⁹ pape à ma connaissance, que Clément VII, feu mon cousin, qui, à cette heure, est en enfer.

SIRE MAURICE: Clément VII a laissé sortir de ses États le libertin qui, un jour d'ivresse, avait décapité les statues de l'arc de Constantin.⁴⁰ Paul III ne saurait pardonner au modèle titré de la débauche florentine.

LE DUC: Ah! parbleu, Alexandre Farnèse est un plaisant garçon! Si la débauche l'effarouche, que diable fait-il de son bâtard, le cher Pierre Farnèse, qui traite si joliment l'évêque de Fano?⁴¹ Cette mutilation revient toujours sur l'eau, à propos de ce pauvre Renzo. Moi, je trouve cela drôle, d'avoir coupé la tête à tous ces hommes de pierre. Je protège les arts comme un autre, et j'ai chez moi les premiers artistes de l'Italie;⁴² mais je n'entends rien au respect du pape pour ces statues qu'il excommunierait demain, si elles étaient en chair et en os.

SIRE MAURICE: Lorenzo est un athée; il se moque de tout. Si le gouvernement de votre Altesse n'est pas entouré d'un profond respect, il ne saurait être solide. Le peuple appelle Lorenzo, Lorenzaccio; on sait qu'il dirige vos plaisirs, et cela suffit.

LE DUC: Paix! tu oublies que Lorenzo de Médicis est cousin d'Alexandre.

Entre le cardinal Cibo.

Cardinal, écoutez un peu ces messieurs qui disent que le pape est scandalisé des désordres de ce pauvre Renzo, et qui prétendent que cela fait tort a mon gouvernement.

LE CARDINAL: Messire Francesco Molza vient de débiter à l'Académie romaine une harangue en latin contre le mutilateur de l'arc de Constantin.

LE DUC: Allons donc, vous me mettriez en colère! Renzo, un homme à craindre! le plus fieffé poltron! une femmelette, l'ombre d'un ruffian énervé! un rêveur qui marche nuit et jour sans épée, de peur d'en apercevoir l'ombre à son côté! d'ailleurs un philosophe, un gratteur de papier,*10 un méchant poète qui ne sait seulement pas faire un sonnet! Non, non, je n'ai pas encore peur des ombres! Eh! corps de Bacchus! que me font les discours latins et les quolibets de ma canaille! J'aime Lorenzo, moi, et, par la mort de Dieu! il restera ici.

LE CARDINAL: Si je craignais cet homme, ce ne serait pas pour votre Cour, ni pour Florence, mais pour vous, Duc.

LE DUC: Plaisantez-vous, cardinal, et voulez-vous que je vous dise la vérité?

Il lui parle bas.

Tout ce que je sais de ces damnés bannis, de tous ces républicains entêtés qui complotent autour de moi, c'est par Lorenzo que je le sais. Il est glissant comme une anguille; il se fourre partout et me dit tout. N'a-t-il pas trouvé moyen d'établir une correspondance avec tous ces Strozzi de l'enfer? Oui, certes, c'est mon entremetteur; mais croyez que son entremise, si elle nuit à quelqu'un, ne me nuira pas. Tenez!

Lorenzo paraît au fond d'une galerie basse.

Regardez-moi ce petit corps maigre, ce lendemain d'orgie ambulant. Regardez-moi ces yeux plombés, ces mains fluettes et maladives, à peine assez fermes pour soutenir un éventail, ce visage morne, qui sourit quelquefois, mais qui n'a pas la force de rire. C'est là un homme à craindre? Allons, allons, vous vous moquez de lui. Hé! Renzo, viens donc ici; voilà sire Maurice qui te cherche dispute.

LORENZO *monte l'escalier de la terrasse*: Bonjour, messieurs les amis de mon cousin.

LE DUC: Lorenzo, écoute ici. Voilà une heure que nous parlons de toi. Sais-tu la nouvelle? Mon ami, on t'excommunie en latin, et sire Maurice t'appelle un homme dangereux, le cardinal aussi; quant au bon Valori, il est trop honnête homme pour prononcer ton nom.

LORENZO: Pour qui dangereux, Éminence? pour les filles de joie, ou pour les saints du paradis?

LE CARDINAL: Les chiens de cour peuvent être pris de la rage comme les autres chiens.

LORENZO: Une insulte de prêtre doit se faire en latin.

SIRE MAURICE: Il s'en fait en toscan,43 auxquelles on peut répondre.

LORENZO: Sire Maurice, je ne vous voyais pas; excusez-moi, j'avais le soleil dans les yeux; mais vous avez bon*11 visage, et votre habit me paraît tout neuf.

SIRE MAURICE: Comme votre esprit; je l'ai fait faire d'un vieux pourpoint de mon grand-père.

LORENZO: Cousin, quand vous aurez assez de quelque conquête des faubourgs, envoyez-la donc chez sire Maurice. Il est malsain de vivre sans femme, pour un homme qui a, comme lui, le cou court et les mains velues.

SIRE MAURICE: Celui qui se croit le droit de plaisanter doit savoir se défendre. À votre place, je prendrais une épée.

LORENZO: Si l'on*¹² vous a dit que j'étais un soldat, c'est une erreur; je suis un pauvre amant de la science.

SIRE MAURICE: Votre esprit est une épée acérée, mais flexible. C'est une arme trop vile; chacun fait usage des siennes.

Il tire son épée.

VALORI: Devant le duc, l'épée nue!

LE DUC, *riant*: Laissez faire, laissez faire. Allons, Renzo, je veux te servir de témoin – qu'on lui donne une épée.

LORENZO: Monseigneur, que dites-vous là?

LE DUC: Eh bien! ta gaieté s'évanouit si vite? Tu trembles, cousin? Fi donc! tu fais honte au nom des Médicis. Je ne suis qu'un bâtard, et je le porterais mieux que toi, qui es légitime? Une épée, une épée! un Médicis ne se laisse point provoquer ainsi. Pages, montez ici; toute la cour le verra, et je voudrais que Florence entière y fût.

LORENZO: Son Altesse se rit de moi.

LE DUC: J'ai ri tout à l'heure, mais maintenant je rougis de honte. Une épée!

Il prend l'épée d'un page et la présente à Lorenzo.

VALORI: Monseigneur, c'est pousser trop loin les choses. Une épée tirée en présence de votre Altesse est un crime punissable dans l'intérieur du palais.

LE DUC: Qui parle ici, quand je parle?

VALORI: Votre Altesse ne peut avoir eu d'autre dessein que celui de s'égayer un instant, et sire Maurice lui-même n'a point agi dans une autre pensée.

LE DUC: Et vous ne voyez pas que je plaisante encore? Qui diable pense ici à une affaire sérieuse? Regardez Renzo, je vous en prie; ses genoux tremblent, il serait devenu pâle, s'il pouvait le devenir. Quelle contenance, juste Dieu! je crois qu'il va tomber.

Lorenzo chancelle; il s'appuie sur la balustrade et glisse à terre tout d'un coup.

LE DUC, *riant aux éclats*: Quand je vous le disais! personne ne le sait mieux que moi; la seule vue d'une épée le fait trouver mal. Allons, **chère** Lorenzetta, fais-toi emporter chez ta mère.

Les pages relèvent Lorenzo.

SIRE MAURICE: Double poltron! fils de catin!

LE DUC: Silence, sire Maurice, pesez vos paroles; c'est moi qui vous le dis maintenant. Pas de ces mots-là devant moi.*¹³

VALORI: Pauvre jeune homme!

*Sire Maurice et Valori sortent.*¹⁴

LE CARDINAL, *resté seul avec le duc*: Vous croyez à cela, monseigneur?

LE DUC: Je voudrais bien savoir comment je n'y croirais pas.

LE CARDINAL: Hum! c'est bien fort.

LE DUC: C'est justement pour cela que j'y crois. Vous figurez-vous qu'un Médicis se déshonore publiquement, par partie de plaisir? D'ailleurs ce n'est pas la première fois que cela lui arrive; jamais il n'a pu voir une épée.

LE CARDINAL: C'est bien fort, c'est bien fort.

Ils sortent.

Scène V

*Devant l'église de Saint-Miniato à Montolivet.*⁴⁴
La foule sort de l'église.

UNE FEMME, *à sa voisine*: Retournez-vous ce soir à Florence?

LA VOISINE: Je ne reste jamais plus d'une heure ici, et je n'y viens jamais qu'un seul vendredi†; je ne suis pas assez riche pour m'arrêter à la foire. Ce n'est pour moi qu'une affaire de dévotion, et que cela suffise pour mon salut, c'est tout ce qu'il me faut.

UNE DAME DE LA COUR, *à une autre*: Comme il a bien prêché! c'est le confesseur de ma fille.

Elle s'approche d'une boutique.

Blanc et or, cela fait bien le soir; mais le jour, le moyen d'être propre avec cela!

Le marchand et l'orfèvre devant leurs boutiques,
avec quelques cavaliers.

L'ORFÈVRE: La citadelle! voilà ce que le peuple ne souffrira jamais. Voir tout d'un coup s'élever sur la ville cette nouvelle tour de Babel, au

---

†On allait à Montolivet tous les vendredis de certains mois; c'était à Florence ce que Longchamp était autrefois à Paris. Les marchands y trouvaient l'occasion d'une foire et y transportaient leurs boutiques.

milieu du plus maudit baragouin![45] les Allemands ne pousseront jamais à Florence, et pour les y greffer, il faudra un vigoureux lien.

LE MARCHAND: Voyez, mesdames; que vos seigneuries acceptent un tabouret sous mon auvent.

UN CAVALIER: Tu es du vieux sang florentin, père Mondella; la haine de la tyrannie fait encore trembler tes doigts*[15] sur tes ciselures précieuses, au fond de ton cabinet de travail.

L'ORFÈVRE: C'est vrai, Excellence. Si j'étais un grand artiste, j'aimerais les princes, parce qu'eux seuls peuvent faire entreprendre de grands travaux.[46] Les grands artistes n'ont pas de patrie. Moi, je fais des saints ciboires et des poignées d'épée.

UN AUTRE CAVALIER: À propos d'artiste, ne voyez-vous pas dans ce petit cabaret ce grand gaillard qui gesticule devant des badauds? Il frappe son verre sur la table; si je ne me trompe, c'est ce hâbleur de Cellini.[47]

LE PREMIER CAVALIER: Allons-y donc, et entrons; avec un verre de vin dans la tête, il est curieux à entendre, et probablement quelque bonne histoire est en train.

Ils sortent. Deux bourgeois s'assoient.

PREMIER BOURGEOIS: Il y a eu une émeute à Florence?

DEUXIÈME BOURGEOIS: Presque rien. – Quelques pauvres jeunes gens ont été tués sur le Vieux-Marché.

PREMIER BOURGEOIS: Quelle pitié pour les familles!

DEUXIÈME BOURGEOIS: Voilà des malheurs inévitables. Que voulez-vous que fasse la jeunesse sous*[16] un gouvernement comme le nôtre? On vient crier à son de trompe que César est à Bologne, et les badauds répètent: «César est à Bologne», en clignant des yeux d'un air d'importance, sans réfléchir à ce qu'on y fait. Le jour suivant, ils sont plus heureux encore d'apprendre et de répéter: «Le pape est à Bologne avec César.» Que s'ensuit-il? Une réjouissance publique. Ils n'en voient pas davantage; et puis un beau matin ils se réveillent tout engourdis*[17] des fumées du vin impérial, et ils voient une figure sinistre à la grande fenêtre du palais des Pazzi. Ils demandent quel est ce personnage, et on leur répond que c'est leur roi. Le pape et l'empereur sont accouchés d'un bâtard qui a droit de vie et de mort sur nos enfants, et qui ne pourrait pas nommer sa mère.[48]

L'ORFÈVRE, *s'approchant*: Vous parlez en patriote, ami; je vous conseille de prendre garde à ce flandrin.

Passe un officier allemand.

L'OFFICIER: Ôtez-vous de là, messieurs; des dames veulent s'asseoir.

Deux dames de la cour entrent et s'assoient.

PREMIÈRE DAME: Cela est de Venise?

LE MARCHAND: Oui, magnifique Seigneurie; vous en lèverai-je quelques aunes?

PREMIÈRE DAME: Si tu veux. J'ai cru voir passer Julien Salviati.

L'OFFICIER: Il va et vient à la porte de l'église; c'est un galant.

DEUXIÈME DAME: C'est un insolent. Montrez-moi des bas de soie.

L'OFFICIER: Il n'y en aura pas d'assez petits pour vous.

PREMIÈRE DAME: Laissez donc, vous ne savez que dire. Puisque vous voyez Julien, allez lui dire que j'ai à lui parler.

L'OFFICIER: J'y vais et je le ramène.

Il sort.

PREMIÈRE DAME: Il est bête à faire plaisir, ton officier; que peux-tu faire de cela?

DEUXIÈME DAME: Tu sauras qu'il n'y a rien de mieux que cet homme-là.

Elles s'éloignent. Entre le prieur de Capoue.

LE PRIEUR: Donnez-moi un verre de limonade, brave homme.

Il s'assoit.

UN DES BOURGEOIS: Voilà le prieur de Capoue; c'est là un patriote!

Les deux bourgeois se rassoient.

LE PRIEUR: Vous venez de l'église, messieurs? que dites-vous du sermon?

LE BOURGEOIS: Il était beau, seigneur Prieur.

DEUXIÈME BOURGEOIS, *à l'orfèvre*: Cette noblesse des Strozzi est chère au peuple, parce qu'elle n'est pas fière. N'est-il pas agréable de voir un grand seigneur adresser librement la parole à ses voisins d'une manière affable? Tout cela fait plus qu'on ne pense.

LE PRIEUR: S'il faut parler franchement, j'ai trouvé le sermon trop beau. J'ai prêché quelquefois, et je n'ai jamais tiré grande gloire du tremblement des vitres. Mais une petite larme sur la joue d'un brave homme m'a toujours été d'un grand prix.

Entre Salviati.

SALVIATI: On m'a dit qu'il y avait ici des femmes qui me demandaient tout à l'heure. Mais je ne vois de robe ici que la vôtre, Prieur. Est-ce que je me trompe?

LE MARCHAND: Excellence, on ne vous a pas trompé. Elles se sont éloignées; mais je pense qu'elles vont revenir. Voilà dix aunes d'étoffe*[18] et quatre paires de bas pour elles.

SALVIATI, *s'asseyant*: Voilà une jolie femme qui passe. – Où diable l'ai-je donc vue? – Ah! parbleu, c'est dans mon lit.

LE PRIEUR, *au bourgeois*: Je crois avoir vu votre signature sur une lettre adressée au duc.

LE BOURGEOIS: Je le dis tout haut. C'est la supplique adressée par les bannis.

LE PRIEUR: En avez-vous dans votre famille?

LE BOURGEOIS: Deux, Excellence, mon père et mon oncle. Il n'y a plus que moi d'homme à la maison.

LE DEUXIÈME BOURGEOIS, *à l'orfèvre*: Comme ce Salviati a une méchante langue!

L'ORFÈVRE: Cela n'est pas étonnant; un homme à moitié ruiné, vivant des générosités de ces Médicis, et marié comme il l'est à une femme déshonorée partout! Il voudrait qu'on dît de toutes les femmes*[19] ce qu'on dit de la sienne.

SALVIATI: N'est-ce pas Louise Strozzi qui passe sur ce tertre?

LE MARCHAND: Elle-même, Seigneurie. Peu de dames de notre noblesse me sont inconnues. Si je ne me trompe, elle donne la main à sa sœur cadette.

SALVIATI: J'ai rencontré cette Louise la nuit dernière au bal des*[20] Nasi. Elle a, ma foi, une jolie jambe, et nous devons coucher ensemble au premier jour.

LE PRIEUR, *se retournant*: Comment l'entendez-vous?

SALVIATI: Cela est clair, elle me l'a dit. Je lui tenais l'étrier, ne pensant guère à malice; je ne sais par quelle distraction je lui pris la jambe, et voilà comme tout est venu.

LE PRIEUR: Julien, je ne sais pas si tu sais que c'est de ma sœur que*[21] tu parles.

SALVIATI: Je le sais très bien; toutes les femmes sont faites pour coucher avec les hommes, et ta sœur peut bien coucher avec moi.

LE PRIEUR *se lève*: Vous dois-je quelque chose, brave homme?

Il jette une pièce de monnaie sur la table, et sort.

SALVIATI: J'aime beaucoup ce brave prieur, à qui un propos sur sa sœur a fait oublier le reste de son argent. Ne dirait-on pas que toute la vertu de Florence s'est réfugiée chez ces Strozzi? Le voilà qui se retourne. Écarquille les yeux tant que tu voudras, tu ne me feras pas peur.*[22]

Scène VI

Le bord de l'Arno.

MARIE SODERINI, CATHERINE.

CATHERINE: Le soleil commence à baisser. De larges bandes de pourpre traversent le feuillage, et la grenouille fait sonner sous les roseaux sa petite cloche de cristal. C'est une singulière chose que toutes les harmonies du soir avec le bruit lointain de cette ville.

MARIE: Il est temps de rentrer; noue ton voile autour de ton cou.

CATHERINE: Pas encore, à moins que vous n'ayez froid. Regardez, ma mère chérie†;[49] que le ciel est beau! que tout cela est vaste et tranquille! comme Dieu est partout! Mais vous baissez la tête; vous êtes inquiète depuis ce matin.

MARIE: Inquiète, non, mais affligée. N'as-tu pas entendu répéter cette fatale histoire de Lorenzo? Le voilà la fable de Florence.

CATHERINE: Ô ma mère! la lâcheté n'est point un crime, le courage n'est pas une vertu; pourquoi la faiblesse serait-elle*[23] blâmable? Répondre des battements de son cœur est un triste privilège.*[24] Et pourquoi cet enfant n'aurait-il pas le droit que nous avons toutes, nous autres femmes? Une femme qui n'a peur de rien n'est pas aimable, dit-on.

MARIE: Aimerais-tu un homme qui a peur? Tu rougis, Catherine; Lorenzo est ton neveu,*[25] mais figure-toi qu'il s'appelle de tout autre nom, qu'en penserais-tu? Quelle femme voudrait s'appuyer sur son bras pour monter à cheval? quel homme lui serrerait la main?

CATHERINE: Cela est triste, et cependant ce n'est pas de cela que je le plains. Son cœur n'est peut-être pas celui d'un Médicis; mais, hélas! c'est encore moins celui d'un honnête homme.

MARIE: N'en parlons pas, Catherine – il est assez cruel pour une mère de ne pouvoir parler de son fils.

CATHERINE: Ah! cette Florence! c'est là qu'on l'a perdu! N'ai-je pas vu briller quelquefois dans ses yeux le feu d'une noble ambition? Sa jeunesse n'a-t-elle pas été l'aurore d'un soleil levant? Et souvent encore aujourd'hui il me semble qu'un éclair rapide... Je me dis malgré moi que tout n'est pas mort en lui.

MARIE: Ah! tout cela est un abîme! Tant de facilité, un si doux amour de la solitude! Ce ne sera jamais un guerrier que mon Renzo, disais-je en le voyant rentrer de son collège,*[26] avec ses gros livres sous le bras;

---

†Catherine Ginori est belle-sœur de Marie; elle lui donne le nom de mère parce qu'il y a entre elles une différence d'âge très grande; Catherine n'a guère que vingt-deux ans.

mais un saint amour de la vérité brillait sur ses lèvres et dans ses yeux noirs; il lui fallait s'inquiéter de tout, dire sans cesse: «Celui-là est pauvre, celui-là est ruiné; comment faire?» Et cette admiration pour les grands hommes de son Plutarque! Catherine, Catherine, que de fois je l'ai baisé au front en pensant au père de la patrie!⁵⁰

CATHERINE: Ne vous affligez pas.

MARIE: Je dis que je ne veux pas parler de lui, et j'en parle sans cesse. Il y a de certaines choses, vois-tu, les mères ne s'en taisent que dans le silence éternel. Que mon fils eût été un débauché vulgaire, que le sang des Soderini eût été pâle dans cette faible goutte tombée de mes veines, je ne me désespérerais pas; mais j'ai espéré et j'ai eu raison de le faire. Ah! Catherine, il n'est même plus beau; comme une fumée malfaisante, la souillure de son cœur lui est montée au visage. Le sourire, ce doux épanouissement qui rend la jeunesse semblable aux fleurs, s'est enfui de ses joues couleur de soufre, pour y laisser grommeler une ironie ignoble et le mépris de tout.

CATHERINE: Il est encore beau quelquefois dans sa mélancolie étrange.

MARIE: Sa naissance ne l'appelait-elle pas au trône? N'aurait-il pas pu y faire monter un jour avec lui la science d'un docteur, la plus belle jeunesse du monde, et couronner d'un diadème d'or tous mes songes chéris? Ne devais-je pas m'attendre à cela? Ah! Cattina, pour dormir tranquille, il faut n'avoir jamais fait certains rêves. Cela est trop cruel d'avoir vécu dans un palais de fées, où murmuraient les cantiques des anges, de s'y être endormie, bercée par son fils, et de se réveiller dans une masure ensanglantée, pleine de débris d'orgie et de restes humains, dans les bras d'un spectre hideux qui vous tue en vous appelant encore du nom de mère.

CATHERINE: Des ombres silencieuses commencent à marcher sur la route. Rentrons, Marie, tous ces bannis me font peur.

MARIE: Pauvres gens! ils ne doivent que faire pitié! Ah! ne puis-je voir un seul objet qu'il ne m'entre une épine dans le cœur? Ne puis-je plus ouvrir les yeux? Hélas! ma Cattina, ceci est encore l'ouvrage de Lorenzo. Tous ces pauvres bourgeois ont eu confiance en lui; il n'en est pas un parmi tous ces pères de famille chassés de leur patrie, que mon fils n'ait*²⁷ trahi. Leurs lettres, signées de leurs noms,*²⁸ sont montrées au duc. C'est ainsi qu'il fait tourner à un infâme usage jusqu'à la glorieuse mémoire de ses aïeux. Les républicains s'adressent à lui comme à l'antique rejeton de leur protecteur; sa maison leur est ouverte, les Strozzi eux-mêmes y viennent. Pauvre Philippe! il y aura une triste fin pour tes cheveux gris! Ah! ne puis-je voir une fille sans pudeur, un malheureux privé de sa famille, sans que tout cela ne me crie: Tu es la mère de nos malheurs! Quand serai-je là?

Elle frappe la terre.

CATHERINE: Ma pauvre mère, vos larmes se gagnent.

*Elles s'éloignent. – Le soleil est couché. – Un groupe de bannis se
forme au milieu d'un champ.*

UN DES BANNIS: Où allez-vous?

UN AUTRE: À Pise; et vous?

LE PREMIER: À Rome.

UN AUTRE: Et moi à Venise; en voilà deux qui vont à Ferrare. Que
deviendrons-nous ainsi éloignés les uns des autres?

UN QUATRIÈME: Adieu, voisin, à des temps meilleurs.

Il s'en va.

LE SECOND[51,*29]: Adieu; pour nous, nous pouvons aller ensemble jusqu'à
la croix de la Vierge.

Il sort avec un autre. Arrive Maffio.

LE PREMIER BANNI: C'est toi, Maffio? Par quel hasard es-tu ici?

MAFFIO: Je suis des vôtres. Vous saurez que le duc a enlevé ma sœur. J'ai
tiré l'épée; une espèce de tigre avec des membres de fer s'est jeté à mon
cou et m'a désarmé. Après quoi j'ai reçu l'ordre de sortir de la ville, et
une bourse à moitié pleine de ducats.

LE SECOND BANNI: Et ta sœur, où est-elle?

MAFFIO: On me l'a montrée ce soir sortant du spectacle dans une robe
comme n'en a pas l'impératrice; que Dieu lui pardonne! Une vieille
l'accompagnait, qui a laissé trois de ses dents à la sortie. Jamais je n'ai
donné de ma vie un coup de poing qui m'ait fait ce plaisir-là.

LE TROISIÈME BANNI: Qu'ils crèvent tous dans leur fange crapuleuse, et
nous mourrons contents.

LE QUATRIÈME: Philippe Strozzi nous écrira à Venise; quelque jour nous
serons tout[*30] étonnés de trouver une armée à nos ordres.

LE TROISIÈME: Que Philippe vive longtemps! Tant qu'il y aura un cheveu
sur sa tête, la liberté de l'Italie n'est pas morte.

Une partie du groupe se détache; tous les bannis s'embrassent.

UNE VOIX: À des temps meilleurs.

UNE AUTRE: À des temps meilleurs.

Deux bannis montent sur une plate-forme d'où l'on découvre la ville.

LE PREMIER: Adieu, Florence, peste de l'Italie; adieu, mère stérile, qui n'as
plus de lait pour tes enfants.

LE SECOND: Adieu, Florence la bâtarde, spectre hideux de l'antique Florence; adieu, fange sans nom.

TOUS LES BANNIS: Adieu, Florence! maudites soient les mamelles de tes femmes! maudits soient tes sanglots! maudites les prières de tes églises, le pain de tes blés, l'air de tes rues! Malédiction sur la dernière goutte de ton sang corrompu!

ACTE II

Scène I

Chez les Strozzi.

PHILIPPE, *dans son cabinet:* Dix citoyens bannis dans ce quartier-ci seulement! le vieux Galeazzo et le petit Maffio bannis, sa sœur corrompue, devenue une fille publique en une nuit! Pauvre petite! Quand l'éducation des basses classes sera-t-elle assez forte pour empêcher les petites filles de rire lorsque leurs parents pleurent! La corruption est-elle donc une loi de nature? Ce qu'on appelle la vertu, est-ce donc l'habit du dimanche qu'on met pour aller à la messe? Le reste de la semaine, on est à la croisée, et, tout en tricotant, on regarde les jeunes gens passer. Pauvre humanité! quel nom portes-tu donc? celui de ta race, ou celui de ton baptême? Et nous autres vieux rêveurs, quelle tache originelle avons-nous lavée sur la face humaine depuis quatre ou cinq mille ans que nous jaunissons avec nos livres? Qu'il t'est facile à toi, dans le silence du cabinet, de tracer d'une main légère une ligne mince et pure comme un cheveu sur ce papier blanc! qu'il t'est facile de bâtir des palais et des villes avec ce petit compas et un peu d'encre! Mais l'architecte qui a dans son pupitre des milliers de plans admirables ne peut soulever de terre le premier pavé de son édifice, quand il vient se mettre à l'ouvrage avec son dos voûté et ses idées obstinées. Que le bonheur des hommes ne soit qu'un rêve, cela est pourtant dur; que le mal soit irrévocable, éternel, impossible à changer... non! Pourquoi le philosophe qui travaille pour tous regarde-t-il autour de lui? voilà le tort. Le moindre insecte qui passe devant ses yeux lui cache le soleil. Allons-y donc plus hardiment! la république, il nous faut ce mot-là. Et quand ce ne serait qu'un mot, c'est quelque chose, puisque les peuples se lèvent quand il traverse l'air... Ah! bonjour, Léon.

Entre le prieur de Capoue.

LE PRIEUR: Je viens de la foire de Montolivet.

PHILIPPE: Était-ce beau? Te voilà aussi, Pierre? Assieds-toi*³¹ donc; j'ai à te parler.

Entre Pierre Strozzi.

LE PRIEUR: C'était très beau, et je m'y*³² suis assez amusé, sauf certaine contrariété un peu trop forte que j'ai quelque peine à digérer.

PIERRE: Bah! qu'est-ce*³³ donc?

LE PRIEUR: Figurez-vous que j'étais entré dans une boutique pour prendre un verre de limonade... Mais non, cela est inutile... je suis un sot de m'en souvenir.

PHILIPPE: Que diable as-tu sur le cœur? tu parles comme une âme en peine.

LE PRIEUR: Ce n'est rien, un méchant propos, rien de plus. Il n'y a aucune importance à attacher à tout cela.

PIERRE: Un propos? sur qui? sur toi?

LE PRIEUR: Non pas sur moi précisément. Je me soucierais bien d'un propos sur moi.

PIERRE: Sur qui donc? Allons, parle, si tu veux.

LE PRIEUR: J'ai tort; on ne se souvient pas de ces choses-là quand on sait la différence d'un honnête homme à un Salviati.

PIERRE: Salviati? Qu'a dit cette canaille?

LE PRIEUR: C'est un misérable, tu as raison. Qu'importe ce qu'il peut dire? Un homme sans pudeur, un valet de cour, qui, à ce qu'on raconte, a pour femme la plus grande dévergondée! Allons, voilà qui est fait, je n'y penserai pas davantage.

PIERRE: Penses-y et parle, Léon; c'est-à-dire que cela me démange de lui couper les oreilles. De qui a-t-il médit? De nous? de mon père? Ah! sang du Christ, je ne l'aime guère, ce Salviati. Il faut que je sache cela, entends-tu?

LE PRIEUR: Si tu y tiens, je te le dirai. Il s'est exprimé devant moi, dans une boutique, d'une manière vraiment offensante sur le compte de notre sœur.

PIERRE: Ô mon Dieu! Dans quels termes? Allons, parle donc!

LE PRIEUR: Dans les termes les plus grossiers.

PIERRE: Diable de prêtre que tu es! tu me vois hors de moi d'impatience, et tu cherches tes mots! Dis les choses comme elles sont, parbleu! un mot est un mot; il n'y a pas de bon Dieu qui tienne.

PHILIPPE: Pierre, Pierre! tu manques à ton frère.

LE PRIEUR: Il a dit qu'il coucherait avec elle, voilà son mot, et qu'elle le lui avait promis.

PIERRE: Qu'elle couch... Ah! mort de mort, de mille morts! Quelle heure est-il?

PHILIPPE: Où vas-tu? Allons, es-tu fait de salpêtre? Qu'as-tu à faire de cette épée? tu en as une au côté.

PIERRE: Je n'ai rien à faire; allons dîner, le dîner est servi.

Ils sortent.

Scène II

Le portail d'une église.

Entrent LORENZO *et* VALORI.

VALORI: Comment se fait-il que le duc n'y vienne pas? Ah! monsieur, quelle satisfaction pour un chrétien que ces pompes magnifiques de l'Église romaine! Quel homme pourrait*[34] y être insensible? L'artiste ne trouve-t-il pas là le paradis de son cœur? Le guerrier, le prêtre et le marchand n'y rencontrent-ils pas tout ce qu'ils aiment? Cette admirable harmonie des orgues, ces tentures éclatantes de velours et de tapisserie,*[35] ces tableaux des premiers maîtres, les parfums tièdes et suaves que balancent les encensoirs, et les chants délicieux de ces voix argentines, tout cela peut choquer, par son ensemble mondain, le moine sévère et ennemi du plaisir. Mais rien n'est plus beau, selon moi, qu'une religion qui se fait aimer par de pareils moyens. Pourquoi les prêtres voudraient-ils servir un Dieu jaloux? La religion n'est pas un oiseau de proie; c'est une colombe compatissante qui plane doucement sur tous les rêves et sur tous les amours.

LORENZO: Sans doute; ce que vous dites là est parfaitement vrai, et parfaitement faux, comme tout au monde.

TEBALDEO FRECCIA, *s'approchant de Valori*: Ah! monseigneur, qu'il est doux de voir un homme tel que Votre Éminence parler ainsi de la tolérance et de l'enthousiasme sacré! Pardonnez à un citoyen obscur, qui brûle de ce feu divin, de vous remercier de ce peu de paroles que je viens d'entendre. Trouver sur les lèvres d'un honnête homme ce qu'on a soi-même dans le cœur, c'est le plus grand des bonheurs qu'on puisse désirer.

VALORI: N'êtes-vous pas le petit Freccia?

TEBALDEO: Mes ouvrages ont peu de mérite; je sais mieux aimer les arts que je ne sais les exercer. Mais*[36] ma jeunesse tout entière s'est passée dans les églises. Il me semble que je ne puis admirer ailleurs Raphaël et notre divin Buonarroti.[52] Je demeure alors durant des journées devant leurs ouvrages, dans une extase sans égale. Le chant de l'orgue me révèle leur pensée, et me fait pénétrer dans leur âme; je regarde les personnages de leurs tableaux si saintement agenouillés, et j'écoute, comme si les cantiques du chœur sortaient de leurs bouches entr'ouvertes. Des bouffées d'encens aromatique passent entre eux et moi dans une vapeur légère. Je crois y voir la gloire de l'artiste; c'est aussi une triste et douce fumée, et qui ne serait qu'un parfum stérile, si elle ne montait à Dieu.

VALORI: Vous êtes un vrai cœur d'artiste; venez à mon palais, et ayez quelque chose sous votre manteau quand vous y viendrez. Je veux que vous travailliez pour moi.

TEBALDEO: C'est trop d'honneur que me fait Votre Éminence. Je suis un desservant bien humble de la sainte religion de la peinture.

LORENZO: Pourquoi remettre vos offres de service? Vous avez, il me semble, un cadre dans les mains.

TEBALDEO: Il est vrai; mais je n'ose le montrer à de si grands connaisseurs. C'est une esquisse bien pauvre d'un rêve magnifique.

LORENZO: Vous faites le portrait de vos rêves? Je ferai poser pour vous quelques-uns des miens.

TEBALDEO: Réaliser des rêves, voilà la vie du peintre. Les plus grands ont représenté les leurs dans toute leur force, et sans y rien changer. Leur imagination était un arbre plein de sève; les bourgeons s'y métamorphosaient sans peine en fleurs, et les fleurs en fruits; bientôt ces fruits mûrissaient à un soleil bienfaisant, et, quand ils étaient mûrs, ils se détachaient d'eux-mêmes et tombaient sur la terre, sans perdre un seul grain de leur poussière virginale. Hélas! les rêves des artistes médiocres sont des plantes difficiles à nourrir, et qu'on arrose de larmes bien amères pour les faire bien peu prospérer.

Il montre son tableau.

VALORI: Sans compliment, cela est beau – non pas du premier mérite, il est vrai – pourquoi flatterais-je un homme qui ne se flatte pas lui-même? Mais votre barbe n'est pas encore*³⁷ poussée, jeune homme.

LORENZO: Est-ce un paysage ou un portrait? De quel côté faut-il le regarder, en long ou en large?

TEBALDEO: Votre Seigneurie se rit de moi. C'est la vue du Campo Santo.⁵³

LORENZO: Combien y a-t-il d'ici à l'immortalité?

VALORI: Il est mal à vous de plaisanter cet enfant. Voyez comme ses grands yeux s'attristent à chacune de vos paroles.

TEBALDEO: L'immortalité, c'est la foi. Ceux à qui Dieu a donné des ailes y arrivent en souriant.

VALORI: Tu parles comme un élève de Raphaël.

TEBALDEO: Seigneur, c'était mon maître. Ce que j'ai appris vient de lui.

LORENZO: Viens chez moi, je te ferai peindre la Mazzafirra toute nue.

TEBALDEO: Je ne respecte point mon pinceau, mais je respecte mon art. Je ne puis faire le portrait d'une courtisane.

LORENZO: Ton Dieu s'est bien donné la peine de la faire; tu peux bien te donner celle de la peindre. Veux-tu me faire une vue de Florence?

TEBALDEO: Oui, monseigneur.

LORENZO: Comment t'y prendrais-tu?

TEBALDEO: Je me placerais à l'orient, sur la rive gauche de l'Arno. C'est de cet endroit que la perspective est la plus large et la plus agréable.

LORENZO: Tu peindrais Florence, les places, les maisons et les rues?

TEBALDEO: Oui, monseigneur.

LORENZO: Pourquoi donc ne peux-tu peindre une courtisane, si tu peux peindre un mauvais lieu?[54]

TEBALDEO: On ne m'a point encore appris à parler ainsi de ma mère.

LORENZO: Qu'appelles-tu ta mère?

TEBALDEO: Florence, seigneur.

LORENZO: Alors tu n'es qu'un bâtard, car ta mère n'est qu'une catin.

TEBALDEO: Une blessure sanglante peut engendrer la corruption dans le corps le plus sain. Mais des gouttes précieuses du sang de ma mère sort une plante odorante qui guérit tous les maux. L'art, cette fleur divine, a quelquefois besoin du fumier pour engraisser le sol et le féconder.*[38]

LORENZO: Comment entends-tu ceci?

TEBALDEO: Les nations paisibles et heureuses ont quelquefois brillé d'une clarté pure, mais faible. Il y a plusieurs cordes à la harpe des anges; le zéphyr peut murmurer sur les plus faibles, et tirer de leur accord une harmonie suave et délicieuse; mais la corde d'argent ne s'ébranle qu'au passage du vent du nord. C'est la plus belle et la plus noble; et cependant le toucher d'une rude main lui est favorable. L'enthousiasme est frère de la souffrance.

LORENZO: C'est-à-dire qu'un peuple malheureux fait les grands artistes. Je me ferais*[39] volontiers l'alchimiste de ton alambic; les larmes des peuples y retombent en perles. Par la mort du diable! tu me plais. Les familles peuvent se désoler, les nations mourir de misère, cela échauffe la cervelle de monsieur. Admirable poète! comment arranges-tu tout cela avec ta piété?

TEBALDEO: Je ne ris point du malheur des familles; je dis que la poésie est la plus douce des souffrances, et qu'elle aime ses sœurs. Je plains les peuples malheureux, mais je crois en effet qu'ils font les grands artistes. Les champs de bataille font pousser les moissons, les terres corrompues engendrent le blé céleste.

LORENZO: Ton pourpoint est usé; en veux-tu un à ma livrée?

TEBALDEO: Je n'appartiens à personne. Quand la pensée veut être libre, le corps doit l'être aussi.

LORENZO: J'ai envie de dire à mon valet de chambre de te donner des coups de bâton.

TEBALDEO: Pourquoi, monseigneur?

LORENZO: Parce que cela me passe par la tête. Es-tu boiteux de naissance ou par accident?

TEBALDEO: Je ne suis pas boiteux; que voulez-vous dire par là?

LORENZO: Tu es boiteux ou tu es fou.

TEBALDEO: Pourquoi, monseigneur? Vous vous riez de moi.

LORENZO: Si tu n'étais pas boiteux, comment resterais-tu, à moins d'être fou, dans une ville où, en l'honneur de tes idées de liberté, le premier valet d'un Médicis peut t'assommer *⁴⁰ sans qu'on y trouve à redire?

TEBALDEO: J'aime ma mère Florence; c'est pourquoi je reste chez elle. Je sais qu'un citoyen peut être assassiné en plein jour et en pleine rue, selon le caprice de ceux qui la gouvernent; c'est pourquoi je porte ce stylet à ma ceinture.

LORENZO: Frapperais-tu le duc si le duc te frappait, comme il lui est arrivé souvent de commettre, par partie de plaisir, des meurtres facétieux?

TEBALDEO: Je le tuerais, s'il m'attaquait.

LORENZO: Tu me dis cela, à moi?

TEBALDEO: Pourquoi m'en voudrait-on? je ne fais de mal à personne. Je passe les journées à l'atelier. Le dimanche, je vais à l'Annonciade ou à Sainte-Marie; les moines trouvent que j'ai de la voix; ils me mettent une robe blanche et une calotte rouge, et je fais ma partie dans les chœurs, quelquefois un petit solo: ce sont les seules occasions où je vais en public. Le soir, je vais chez ma maîtresse, et quand la nuit est belle, je la passe sur son balcon. Personne ne me connaît, et je ne connais personne; à qui ma vie ou ma mort peut-elle être utile?

LORENZO: Es-tu républicain? aimes-tu les princes?

TEBALDEO: Je suis artiste; j'aime ma mère et ma maîtresse.

LORENZO: Viens demain à mon palais, je veux te faire faire un tableau d'importance pour le jour de mes noces.

Ils sortent.

Scène III

Chez la marquise Cibo. *⁴¹

LE CARDINAL, *seul*: Oui, je suivrai tes ordres, Farnèse!† Que ton commissaire apostolique s'enferme avec sa probité dans le cercle étroit de son office, je remuerai d'une main ferme la terre glissante sur laquelle il n'ose marcher. Tu attends cela de moi, je l'ai *⁴² compris, et j'agirai sans parler, comme tu as commandé. Tu as deviné qui j'étais, lorsque tu m'as

---

†Le pape Paul III.

placé auprès d'Alexandre sans me revêtir d'aucun titre qui me donnât quelque pouvoir sur lui. C'est d'un autre qu'il se défiera, en m'obéissant à son insu. Qu'il épuise sa force contre des ombres d'hommes gonflés d'une ombre de puissance, je serai l'anneau invisible qui l'attachera, pieds et poings liés, à la chaîne de fer dont Rome et César tiennent les deux bouts. Si mes yeux ne me trompent pas, c'est dans cette maison qu'est le marteau dont je me servirai. Alexandre aime ma belle-sœur; que cet amour l'ait flattée, cela est croyable; ce qui peut en résulter est douteux; mais ce qu'elle en veut faire, c'est là ce qui est certain pour moi. Qui sait jusqu'où pourrait aller l'influence d'une femme exaltée, même sur cet homme grossier, sur cette armure vivante? Un si doux péché pour une si belle cause, cela est tentant, n'est-il pas vrai, Ricciarda? Presser ce cœur de lion sur ton faible cœur tout percé de flèches sanglantes,*[43] comme celui de saint Sébastien;[55] parler, les yeux en pleurs, des malheurs de la patrie, pendant que le tyran adoré passera ses rudes mains dans ta chevelure dénouée; faire jaillir d'un rocher l'étincelle sacrée, cela valait bien le petit sacrifice de l'honneur conjugal, et de quelques autres bagatelles. Florence y gagnerait tant, et ces bons maris n'y perdent rien! Mais il ne fallait pas me prendre pour confesseur.

La voici qui s'avance, son livre de prières à la main. Aujourd'hui donc tout va s'éclaircir – laisse seulement tomber ton secret dans l'oreille du prêtre; le courtisan pourra bien en profiter, mais, en conscience, il n'en dira rien.

Entre la marquise.[*44]

LE CARDINAL, *s'asseyant*: Me voila prêt.

La marquise s'agenouille auprès de lui sur son prie-Dieu.

LA MARQUISE: Bénissez-moi, mon père, parce que j'ai péché.

LE CARDINAL: Avez-vous dit votre *Confiteor*?[56] Nous pouvons commencer, marquise.

LA MARQUISE: Je m'accuse de mouvements de colère, de doutes irréligieux et injurieux pour notre saint-père le pape.

LE CARDINAL: Continuez.

LA MARQUISE: J'ai dit hier, dans une assemblée, à propos de l'évêque de Fano, que la sainte Église catholique était un lieu de débauche.

LE CARDINAL: Continuez.

LA MARQUISE: J'ai écouté des discours contraires à la fidélité que j'ai jurée à mon mari.

LE CARDINAL: Qui vous a tenu ces discours?

LA MARQUISE: J'ai lu une lettre écrite dans la même pensée.

LE CARDINAL: Qui vous a écrit cette lettre?

LA MARQUISE: Je m'accuse de ce que j'ai fait, et non de ce qu'ont fait les autres.

LE CARDINAL: Ma fille, vous devez me répondre, si vous voulez que je puisse vous donner l'absolution en toute sécurité. Avant tout, dites-moi si vous avez répondu à cette lettre.

LA MARQUISE: J'y ai répondu de vive voix, mais non pas *⁴⁵ par écrit.

LE CARDINAL: Qu'avez-vous répondu?

LA MARQUISE: J'ai accordé à la personne qui m'avait écrit la permission de me voir comme elle le demandait.

LE CARDINAL: Comment s'est passée cette entrevue?

LA MARQUISE: Je me suis accusée déjà d'avoir écouté des discours contraires à mon honneur.

LE CARDINAL: Comment y avez-vous répondu?

LA MARQUISE: Comme il convient à une femme qui se respecte.

LE CARDINAL: N'avez-vous point laissé entrevoir qu'on finirait par vous persuader?

LA MARQUISE: Non, mon père.

LE CARDINAL: Avez-vous annoncé à la personne dont il s'agit la résolution de ne plus écouter de semblables discours à l'avenir?

LA MARQUISE: Oui, mon père.

LE CARDINAL: Cette personne vous plaît-elle?

LA MARQUISE: Mon cœur n'en sait rien, j'espère.

LE CARDINAL: Avez-vous averti votre mari?

LA MARQUISE: Non, mon père. Une honnête femme ne doit point troubler son ménage par des récits de cette sorte.

LE CARDINAL: Ne me cachez-vous rien? Ne s'est-il rien passé entre vous et la personne dont il s'agit, que vous hésitiez à me confier?

LA MARQUISE: Rien, mon père.

LE CARDINAL: Pas un regard tendre? pas un baiser pris à la dérobée?

LA MARQUISE: Non, mon père.

LE CARDINAL: Cela est-il sûr, ma fille?

LA MARQUISE: Mon beau-frère, il me semble que je n'ai pas l'habitude de mentir devant Dieu.

LE CARDINAL: Vous avez refusé de me dire le nom que je vous ai demandé tout à l'heure; je ne puis cependant vous donner l'absolution sans le savoir.

LA MARQUISE: Pourquoi cela? Lire une lettre peut être un péché, mais non pas lire une signature. Qu'importe le nom à la chose?

LE CARDINAL: Il importe plus que vous ne pensez.

LA MARQUISE: Malaspina, vous en voulez trop savoir. Refusez-moi l'absolution, si vous voulez; je prendrai pour confesseur le premier prêtre venu, qui me la donnera.

Elle se lève.

LE CARDINAL: Quelle violence, marquise! Est-ce que je ne sais pas que c'est du duc que vous voulez parler?

LA MARQUISE: Du duc! – Eh bien! si vous le savez, pourquoi voulez-vous me le faire dire?

LE CARDINAL: Pourquoi refusez-vous de le dire? Cela m'étonne.

LA MARQUISE: Et qu'en voulez-vous faire, vous, mon confesseur? Est-ce pour le répéter à mon mari que vous tenez si fort à l'entendre? Oui, cela est bien certain; c'est un tort que d'avoir pour confesseur un de ses parents. Le ciel m'est témoin qu'en m'agenouillant devant vous, j'oublie que je suis votre belle-sœur; mais vous prenez soin de me le rappeler. Prenez garde, Cibo, prenez garde à votre salut éternel, tout cardinal que vous êtes.

LE CARDINAL: Revenez donc à cette place, marquise; il n'y a pas tant de mal que vous croyez.

LA MARQUISE: Que voulez-vous dire?

LE CARDINAL: Qu'un confesseur doit tout savoir, parce qu'il peut tout diriger, et qu'un beau-frère ne doit rien dire, à certaines conditions.

LA MARQUISE: Quelles conditions?

LE CARDINAL: Non, non, je me trompe; ce n'était pas ce mot-là que je voulais employer. Je voulais dire que le duc est puissant, qu'une rupture avec lui peut nuire aux plus riches familles; mais qu'un secret d'importance entre des mains expérimentées peut devenir une source de biens abondante.

LA MARQUISE: Une source de biens! – des mains expérimentées! – Je reste là, en vérité, comme une statue. Que couves-tu, prêtre, sous ces paroles ambiguës? Il y a certains assemblages de mots qui passent par instant sur vos lèvres, à vous autres; on ne sait qu'en penser.

LE CARDINAL: Revenez donc vous asseoir là, Ricciarda. Je ne vous ai point encore donné l'absolution.

LA MARQUISE: Parlez toujours; il n'est pas prouvé que j'en veuille.

LE CARDINAL, *se levant*: Prenez garde à vous, marquise! Quand on veut me braver en face, il faut avoir une armure solide et sans défaut; je ne veux point menacer, je n'ai qu'un*⁴⁶ mot à vous dire: prenez un autre confesseur.

Il sort.

LA MARQUISE, *seule*: Cela est inouï. S'en aller en serrant les poings, les yeux enflammés de colère! Parler de mains expérimentées, de direction à donner à certaines choses! Eh! mais qu'y a-t-il donc? Qu'il voulût pénétrer mon secret pour en informer mon mari, je le conçois; mais, si ce n'est pas là son but, que veut-il donc faire de moi? La maîtresse du duc? Tout savoir, dit-il, et tout diriger! – Cela n'est pas possible! – Il y a quelque autre mystère plus sombre et plus inexplicable là-dessous; Cibo ne ferait pas un pareil métier. Non! cela est sûr; je le connais. C'est bon pour un*⁴⁷ Lorenzaccio; mais lui! il faut qu'il ait quelque sourde pensée, plus vaste que cela et plus profonde. Ah! comme les hommes sortent d'eux-mêmes tout à coup après dix ans de silence! Cela est effrayant.

Maintenant, que ferai-je? Est-ce que j'aime Alexandre? Non, je ne l'aime pas, non, assurément; j'ai dit que non dans ma confession, et je n'ai pas menti. Pourquoi Laurent est-il à Massa? Pourquoi le duc me presse-t-il? Pourquoi ai-je répondu que je ne voulais plus le voir? pourquoi? – Ah! pourquoi y a-t-il dans tout cela un aimant, un charme inexplicable qui m'attire?

Elle ouvre sa fenêtre.

Que tu es belle, Florence, mais que tu es triste! Il y a là plus d'une maison où Alexandre est entré la nuit, couvert de son manteau; c'est un libertin, je le sais. – Et pourquoi est-ce que tu te mêles à tout cela, toi, Florence? Qui est-ce donc que j'aime? Est-ce toi?*⁴⁸ Est-ce lui?

AGNOLO, *entrant*: Madame, son altesse vient d'entrer dans la cour.

LA MARQUISE: Cela est singulier; ce Malaspina m'a laissée toute tremblante.

Scène IV

Au palais des Soderini.

MARIE SODERINI, CATHERINE, LORENZO, *assis.*

CATHERINE, *tenant un livre*: Quelle histoire vous lirai-je, ma mère?

MARIE: Ma Cattina se moque de sa pauvre mère. Est-ce que je comprends rien à tes livres latins?

CATHERINE: Celui-ci n'est point en latin, mais il en est traduit. C'est l'histoire romaine.

LORENZO: Je suis très fort sur l'histoire romaine. Il y avait une fois un jeune gentilhomme nommé Tarquin le fils.⁵⁷

CATHERINE: Ah! c'est une histoire de sang.

LORENZO: Pas du tout; c'est un conte de*⁴⁹ fées. Brutus était un fou, un monomane, et rien de plus. Tarquin était un duc plein de sagesse, qui allait voir en pantoufles si les petites filles dormaient bien.

CATHERINE: Dites-vous aussi du mal de Lucrèce?

LORENZO: Elle s'est donné le plaisir du péché et la gloire du trépas. Elle s'est laissé prendre toute vive comme une alouette au piège, et puis elle s'est fourré bien gentiment son petit couteau dans le ventre.

MARIE: Si vous méprisez les femmes, pourquoi affectez-vous de les rabaisser devant votre mère et votre sœur?

LORENZO: Je vous estime, vous et elle. Hors de là, le monde me fait horreur.

MARIE: Sais-tu le rêve que j'ai eu cette nuit, mon enfant?

LORENZO: Quel rêve?

MARIE: Ce n'était point un rêve, car je ne dormais pas. J'étais seule dans cette grande salle; ma lampe était loin de moi, sur cette table auprès de la fenêtre. Je songeais aux jours où j'étais heureuse, aux jours de ton enfance, mon Lorenzino. Je regardais cette nuit obscure, et je me disais: il ne rentrera qu'au jour, lui qui passait autrefois les nuits à travailler. Mes yeux se remplissaient de larmes, et je secouais la tête en les sentant couler. J'ai entendu tout d'un coup marcher lentement dans la galerie; je me suis retournée; un homme vêtu de noir venait à moi, un livre sous le bras – c'était toi, Renzo: «Comme tu reviens de bonne heure!» me suis-je écriée. Mais le spectre s'est assis auprès de la lampe sans me répondre; il a ouvert son livre, et j'ai reconnu mon Lorenzino d'autrefois.

LORENZO: Vous l'avez vu?

MARIE: Comme je te vois.

LORENZO: Quand s'est-il en allé?

MARIE: Quand tu as tiré la cloche ce matin en rentrant.

LORENZO: Mon spectre, à moi! Et il s'en est allé quand je suis rentré?

MARIE: Il s'est levé d'un air mélancolique, et s'est effacé comme une vapeur du matin.

LORENZO: Catherine, Catherine, lis-moi l'histoire de Brutus.[58]

CATHERINE: Qu'avez-vous? vous tremblez de la tête aux pieds.

LORENZO: Ma mère, asseyez-vous ce soir à la place où vous étiez cette nuit, et si mon spectre revient, dites-lui qu'il verra bientôt quelque chose qui l'étonnera.

On frappe.

CATHERINE: C'est mon oncle Bindo et Baptista Venturi.

Entrent Bindo et Venturi.

BINDO, *bas à Marie*: Je viens tenter un dernier effort.

MARIE: Nous vous laissons; puissiez-vous réussir!

Elle sort avec Catherine.

BINDO: Lorenzo, pourquoi ne démens-tu pas l'histoire scandaleuse qui court sur ton compte?

LORENZO: Quelle histoire?

BINDO: On dit que tu t'es évanoui à la vue d'une épée.

LORENZO: Le croyez-vous, mon oncle?

BINDO: Je t'ai vu faire des armes à Rome; mais cela ne m'étonnerait pas que tu devinsses plus vil qu'un chien, au métier que tu fais ici.

LORENZO: L'histoire est vraie, je me suis évanoui. Bonjour, Venturi. À quel taux sont vos marchandises? comment va le commerce?

VENTURI: Seigneur, je suis à la tête d'une fabrique de soie; mais c'est me faire injure que de m'appeler marchand.

LORENZO: C'est vrai. Je voulais dire seulement que vous aviez contracté au collège l'habitude innocente de vendre de la soie.[59]

BINDO: J'ai confié au seigneur Venturi les projets qui occupent en ce moment tant de familles à Florence. C'est un digne ami de la liberté, et j'entends, Lorenzo, que vous le traitiez comme tel. Le temps de plaisanter est passé. Vous nous avez dit quelquefois que cette confiance extrême que le duc vous témoigne n'était qu'un piège de votre part. Cela est-il vrai ou faux? Êtes-vous des nôtres, ou n'en êtes-vous pas? voilà ce qu'il nous faut savoir. Toutes les grandes familles voient bien que le despotisme des Médicis n'est ni juste ni tolérable. De quel droit laisserions-nous s'élever paisiblement cette maison orgueilleuse sur les ruines de nos privilèges? La capitulation n'est point observée. La puissance de l'Allemagne se fait sentir de jour en jour d'une manière plus absolue. Il est temps d'en finir et de rassembler les patriotes. Répondrez-vous à cet appel?

LORENZO: Qu'en dites-vous, seigneur Venturi? Parlez, parlez! Voilà mon oncle qui reprend haleine. Saisissez cette occasion, si vous aimez votre pays.

VENTURI: Seigneur, je pense de même, et je n'ai pas un mot à ajouter.

LORENZO: Pas un mot? pas un beau petit mot bien sonore? Vous ne connaissez pas la véritable éloquence. On tourne une grande période autour d'un beau petit mot, pas trop court ni trop long, et rond comme une toupie. On rejette son bras gauche en arrière de manière à faire faire à son manteau des plis pleins d'une dignité tempérée par la grâce; on lâche sa période qui se déroule comme une corde ronflante, et la petite toupie s'échappe avec un murmure délicieux. On pourrait presque la ramasser dans le creux de la main, comme les enfants des rues.

BINDO: Tu es un insolent! Réponds, ou sors d'ici.

LORENZO: Je suis des vôtres, mon oncle. Ne voyez-vous pas à ma coiffure que je suis républicain dans l'âme? Regardez comme ma barbe est coupée.[60] N'en doutez pas un seul instant; l'amour de la patrie respire dans mes vêtements les plus cachés.

On sonne à la porte d'entrée.
La cour se remplit de pages et de chevaux.

UN PAGE, *en**⁵⁰ *entrant*: Le duc!

Entre Alexandre.

LORENZO: Quel excès de faveur, mon prince! Vous daignez visiter un pauvre serviteur en personne?

LE DUC: Quels sont ces hommes-là? J'ai à te parler.

LORENZO: J'ai l'honneur de présenter à votre altesse mon oncle Bindo Altoviti, qui regrette qu'un long séjour à Naples ne lui ait pas permis de se jeter plus tôt à vos pieds. Cet autre seigneur est l'illustre Baptista Venturi, qui fabrique, il est vrai, de la soie, mais qui n'en vend point. Que la présence inattendue d'un si grand prince dans cette humble maison ne vous trouble pas, mon cher oncle, ni vous non plus, digne Venturi. Ce que vous demandez vous sera accordé, ou vous serez en droit de dire que mes supplications n'ont aucun crédit auprès de mon gracieux souverain.

LE DUC: Que demandez-vous, Bindo?

BINDO: Altesse, je suis désolé que mon neveu...

LORENZO: Le titre d'ambassadeur à Rome n'appartient à personne en ce moment. Mon oncle se flattait de l'obtenir de vos bontés. Il n'est pas dans Florence un seul homme qui puisse soutenir la comparaison avec lui, dès qu'il s'agit du dévouement et du respect qu'on doit aux Médicis.

LE DUC: En vérité, Renzino? Eh bien! mon cher Bindo, voilà qui est dit. Viens demain matin au palais.

BINDO: Altesse, je suis confondu. Comment reconnaître...

LORENZO: Le seigneur Venturi, bien qu'il ne vende point de soie, demande un privilège pour ses fabriques.

LE DUC: Quel privilège?

LORENZO: Vos armoiries sur la porte, avec le brevet. Accordez-le-lui, monseigneur, si vous aimez ceux qui vous aiment.

LE DUC: Voilà qui est bon. Est-ce fini? Allez, messieurs, la paix soit avec vous.

VENTURI: Altesse!... vous me comblez de joie... je ne puis exprimer...

LE DUC, *à ses gardes*: Qu'on laisse passer ces deux personnes.

BINDO, *sortant, bas à Venturi*: C'est un tour infâme.

VENTURI, *de même*: Qu'est-ce que vous ferez?

BINDO, *de même*: Que diable veux-tu que je fasse? Je suis nommé.

VENTURI, *de même*: Cela est terrible.

Ils sortent.

LE DUC: La Cibo est à moi.

LORENZO: J'en suis fâché.

LE DUC: Pourquoi?

LORENZO: Parce que cela fera tort aux autres.

LE DUC: Ma foi, non, elle m'ennuie déjà. Dis-moi donc, mignon, quelle est donc cette belle femme qui arrange ces fleurs sur cette fenêtre? Voilà longtemps que je la vois sans cesse en passant.

LORENZO: Où donc?

LE DUC: Là-bas, en face, dans le palais.

LORENZO: Oh! ce n'est rien.

LE DUC: Rien? Appelles-tu rien ces bras-là? Quelle Vénus, entrailles du diable!

LORENZO: C'est une voisine.

LE DUC: Je veux parler à cette voisine-là. Eh! parbleu, si je ne me trompe, c'est Catherine Ginori.

LORENZO: Non.

LE DUC: Je la reconnais très bien; c'est ta tante. Peste! j'avais oublié cette figure-là. Amène-la donc souper.

LORENZO: Cela serait très difficile. C'est une vertu.

LE DUC: Allons donc! Est-ce qu'il y en a pour nous autres?

LORENZO: Je le*51 lui demanderai, si vous voulez. Mais je vous avertis que c'est une pédante; elle parle latin.

LE DUC: Bon! elle ne fait pas l'amour en latin. Viens donc par ici; nous la verrons mieux de cette galerie.

LORENZO: Une autre fois, mignon – à l'heure qu'il est je n'ai pas de temps à perdre – il faut que j'aille chez le Strozzi.

LE DUC: Quoi! chez ce vieux fou?

LORENZO: Oui, chez ce vieux misérable, chez cet infâme. Il paraît qu'il ne peut se guérir de cette singulière lubie d'ouvrir sa bourse à toutes ces viles créatures qu'on nomme bannis, et que ces meurt-de-faim se réunissent chez lui tous les jours, avant de mettre leurs souliers et de prendre leurs bâtons. Maintenant, mon projet est d'aller au plus vite manger le dîner de ce vieux gibier de potence, et de lui renouveler l'assurance de ma cordiale amitié. J'aurai ce soir quelque bonne histoire à vous conter, quelque charmante petite fredaine qui pourra faire lever de bonne heure demain matin quelques-unes de toutes ces canailles.

LE DUC: Que je suis heureux de t'avoir, mignon! J'avoue que je ne comprends pas comment ils te reçoivent.

LORENZO: Bon! Si vous saviez comme cela est aisé de mentir impudemment au nez d'un butor! Cela prouve bien que vous n'avez jamais essayé. À propos, ne m'avez-vous pas dit que vous vouliez donner votre portrait, je ne sais plus à qui? J'ai un peintre à vous amener; c'est un protégé.

LE DUC: Bon, bon, mais pense à la tante. C'est pour elle que je suis venu te voir; le diable m'emporte, tu as une tante qui me revient.

LORENZO: Et la Cibo?

LE DUC: Je te dis de parler de moi à ta tante.

Ils sortent.

Scène V

Une salle du palais des Strozzi.

PHILIPPE STROZZI, LE PRIEUR, LOUISE, *occupée à travailler*; LORENZO, *couché sur un sopha.*

PHILIPPE: Dieu veuille qu'il n'en soit rien! Que de haines inextinguibles, implacables, n'ont pas commencé autrement! Un propos! la fumée d'un repas jasant sur les lèvres épaisses d'un débauché! voilà les guerres de famille, voilà comme les couteaux se tirent. On est insulté, et on tue; on a tué, et on est tué. Bientôt les haines s'enracinent; on berce les fils dans les cercueils de leurs aïeux, et des générations entières sortent de terre l'épée à la main.

LE PRIEUR: J'ai peut-être eu tort de me souvenir de ce méchant propos et de ce maudit voyage à Montolivet; mais le moyen d'endurer ces Salviati?

PHILIPPE: Ah! Léon, Léon, je te le demande; qu'y aurait-il de changé pour Louise et pour nous-mêmes, si tu n'avais rien dit à mes enfants? La vertu d'une Strozzi ne peut-elle oublier un mot d'un Salviati? L'habitant d'un palais de marbre doit-il savoir les obscénités que la populace écrit sur ses murs? Qu'importe le propos d'un Julien? Ma fille en trouvera-t-elle moins un honnête mari? ses enfants la respecteront-ils moins? M'en souviendrai-je, moi, son père, en lui donnant le baiser du soir? Où en sommes-nous, si l'insolence du premier venu tire du fourreau des épées comme les nôtres? Maintenant tout est perdu; voilà Pierre furieux de tout ce que tu nous as conté. Il s'est mis en campagne; il est allé chez les Pazzi. Dieu sait ce qui peut arriver! Qu'il rencontre Salviati, voilà le sang répandu, le mien, mon sang sur le pavé de Florence! Ah! pourquoi suis-je père?

LE PRIEUR: Si l'on[*52] m'eût rapporté un propos sur ma sœur, quel qu'il fût, j'aurais tourné le dos, et tout aurait été fini là. Mais celui-là m'était adressé; il était si grossier, que je me suis figuré que le rustre ne savait de qui il parlait – mais il le savait bien.

PHILIPPE: Oui, ils le savent, les infâmes! ils savent bien où ils frappent! Le vieux tronc d'arbre est d'un bois trop solide; ils ne viendraient pas l'entamer. Mais ils connaissent la fibre délicate qui tressaille dans ses entrailles, lorsqu'on attaque son plus faible bourgeon. Ma Louise! ah!

qu'est-ce donc que la raison? Les mains me tremblent à cette idée. Juste Dieu! la raison, est-ce donc la vieillesse?

LE PRIEUR: Pierre est trop violent.

PHILIPPE: Pauvre Pierre! comme le rouge lui est monté au front! comme il a frémi en t'écoutant raconter l'insulte faite à sa sœur! C'est moi qui suis un fou, car je t'ai laissé dire. Pierre se promenait par la chambre à grands pas, inquiet, furieux, la tête perdue; il allait et venait,*⁵³ comme moi maintenant. Je le regardais en silence; c'est un si beau spectacle qu'un sang pur montant à un front sans reproche! Ô ma patrie! pensais-je, en voilà un, et c'est mon aîné. Ah! Léon, j'ai beau faire, je suis un Strozzi.

LE PRIEUR: Il n'y a peut-être pas tant de danger que vous le pensez. – C'est un grand hasard s'il rencontre Salviati ce soir. – Demain, nous verrons tous les choses plus sagement.

PHILIPPE: N'en doute pas; Pierre le tuera, ou il se fera tuer.

Il ouvre la fenêtre.

Où sont-ils maintenant? Voila la nuit; la ville se couvre de profondes ténèbres. Ces rues sombres me font horreur – le sang coule quelque part, j'en suis sûr.

LE PRIEUR: Calmez-vous.

PHILIPPE: À la manière dont mon Pierre est sorti, je suis sûr qu'on ne le reverra*⁵⁴ que vengé ou mort. Je l'ai vu décrocher son épée en fronçant le sourcil; il se mordait les lèvres, et les muscles de ses bras étaient tendus comme des arcs. Oui, oui, maintenant il meurt ou il est vengé, cela n'est pas douteux.

LE PRIEUR: Remettez-vous, fermez cette fenêtre.

PHILIPPE: Eh bien, Florence, apprends-la donc à tes pavés, la couleur de mon noble sang! il y a quarante de tes fils qui l'ont dans les veines. Et moi, le chef de cette famille immense, plus d'une fois encore ma tête blanche se penchera du haut de ces fenêtres, dans les angoisses paternelles! plus d'une fois ce sang, que tu bois peut-être à cette heure avec indifférence, séchera au soleil de tes places. Mais ne ris pas ce soir du vieux Strozzi, qui a peur pour son enfant. Sois avare de sa famille, car il viendra un jour où tu la compteras, où tu te mettras avec lui à la fenêtre, et où le cœur te battra aussi lorsque tu entendras le bruit de nos épées.

LOUISE: Mon père! mon père! vous me faites peur.

LE PRIEUR, *bas à Louise*: N'est-ce pas Thomas qui rôde sous ces lanternes? Il m'a semblé le reconnaître à sa petite taille; le voilà parti.

PHILIPPE: Pauvre ville, où les pères attendent ainsi le retour de leurs enfants! Pauvre patrie! pauvre patrie! Il y en a bien d'autres à cette heure qui ont pris leurs manteaux et leurs épées[55] pour s'enfoncer dans cette nuit obscure – et ceux qui les attendent ne sont point inquiets – ils savent qu'ils mourront demain de misère, s'ils ne meurent de froid cette nuit. Et nous, dans ces palais somptueux, nous attendons qu'on nous insulte pour tirer nos épées! Le propos d'un ivrogne nous transporte de colère, et disperse dans ces sombres rues nos fils et nos amis! Mais les malheurs publics ne secouent pas la poussière de nos armes. On croit Philippe Strozzi un honnête homme, parce qu'il fait le bien sans empêcher le mal. Et maintenant, moi, père, que ne donnerais-je pas pour qu'il y eût au monde un être capable de me rendre mon fils et de punir juridiquement l'insulte faite à ma fille![61] Mais pourquoi empêcherait-on le mal qui m'arrive, quand je n'ai pas empêché celui qui arrive aux autres, moi qui en avais le pouvoir? Je me suis courbé sur des livres, et j'ai rêvé pour ma patrie ce que j'admirais dans l'antiquité. Les murs criaient vengeance autour de moi, et je me bouchais les oreilles pour m'enfoncer dans mes méditations – il a fallu que la tyrannie vînt me frapper au visage pour me faire dire: Agissons![62] – et ma vengeance a des cheveux gris.

Entrent Pierre avec Thomas[56] *et François Pazzi.*

PIERRE: C'est fait; Salviati est mort.

Il embrasse sa sœur.

LOUISE: Quelle horreur! tu es couvert de sang.

PIERRE: Nous l'avons attendu au coin de la rue des Archers; François a arrêté son cheval; Thomas l'a frappé à la jambe, et moi...

LOUISE: Tais-toi! tais-toi! tu me fais frémir. Tes yeux sortent de leurs orbites – tes mains sont hideuses – tout ton corps tremble, et tu es pâle comme la mort.

LORENZO, *se levant*: Tu es beau, Pierre, tu es grand comme la vengeance.

PIERRE: Qui dit cela? Te voilà ici, toi, Lorenzaccio!

Il s'approche de son père.

Quand donc fermerez-vous votre porte à ce misérable? ne savez-vous donc pas ce que c'est, sans compter l'histoire de son duel avec Maurice?

PHILIPPE: C'est bon, je sais tout cela. Si Lorenzo est ici, c'est que j'ai de bonnes raisons pour l'y recevoir.[63] Nous en parlerons en temps et lieu.

PIERRE, *entre ses dents*: Hum! des raisons pour recevoir cette canaille! Je pourrais bien en trouver, un de ces matins, une très bonne aussi pour le faire sauter par les fenêtres. Dites ce que vous voudrez, j'étouffe dans cette chambre de voir une pareille lèpre se traîner sur nos fauteuils.

PHILIPPE: Allons, paix! tu es un écervelé. Dieu veuille que ton coup de ce soir n'ait pas de mauvaises suites pour nous! Il faut commencer par te cacher.

PIERRE: Me cacher! Et au nom de tous les saints, pourquoi me cacherais-je?

LORENZO, *à Thomas*: En sorte que vous l'avez frappé à l'épaule? – Dites-moi donc un peu...

Il l'entraîne dans l'embrasure d'une fenêtre;
tous deux s'entretiennent à voix basse.

PIERRE: Non, mon père, je ne me cacherai pas. L'insulte a été publique, il nous l'a faite au milieu d'une place. Moi, je l'ai assommé au milieu d'une rue, et il me convient demain matin de le raconter à toute la ville. Depuis quand se cache-t-on pour avoir vengé son honneur? Je me promènerais volontiers l'épée nue, et sans en essuyer une goutte de sang.

PHILIPPE: Viens par ici, il faut que je te parle. Tu n'es pas blessé, mon enfant? tu n'as rien reçu dans tout cela?

Ils sortent.

Scène VI

Au palais du duc.

LE DUC, *à demi nu,* TEBALDEO, *faisant son portrait,*
GIOMO *joue de la guitare.*

GIOMO, *chantant.*

Quand je mourrai, mon échanson,
Porte mon cœur à ma maîtresse.
Qu'elle envoie au diable la messe,
La prêtraille et les oraisons.
Les pleurs ne sont que de l'eau claire.
Dis-lui qu'elle éventre un tonneau;
Qu'on entonne un chœur sur ma bière,
J'y répondrai du fond de mon tombeau.

LE DUC: Je savais bien que j'avais quelque chose à te demander. Dis-moi, Hongrois, que t'avait donc fait ce garçon que je t'ai vu bâtonner tantôt d'une si joyeuse manière?

GIOMO: Ma foi, je ne saurais le dire, ni lui non plus.

LE DUC: Pourquoi? Est-ce qu'il est mort?

GIOMO: C'est un gamin d'une maison voisine; tout à l'heure, en passant, il m'a semblé qu'on l'enterrait.

LE DUC: Quand mon Giomo frappe, il frappe ferme.

GIOMO: Cela vous plaît à dire; je vous ai vu tuer un homme d'un coup plus d'une fois.

LE DUC: Tu crois! J'etais donc gris? Quand je suis en pointe de gaieté, tous mes moindres coups sont mortels. (*À Tebaldeo.*)*⁵⁷ Qu'as-tu donc, petit? est-ce que la main te tremble? tu louches terriblement.

TEBALDEO: Rien, Monseigneur, plaise à votre altesse.

Entre Lorenzo.

LORENZO: Cela avance-t-il? Êtes-vous content de mon protégé?

Il prend la cotte de mailles du duc sur le sopha.

Vous avez là une jolie cotte de mailles, mignon! Mais cela doit être bien chaud.

LE DUC: En vérité, si elle me gênait, je n'en porterais pas. Mais c'est du fil d'acier; la lime la plus aiguë n'en pourrait ronger une maille, et en même temps c'est léger comme de la soie. Il n'y a peut-être pas la pareille dans toute l'Europe; aussi je ne la quitte guère, jamais, pour mieux dire.

LORENZO: C'est très léger, mais très solide. Croyez-vous cela à l'épreuve du stylet?

LE DUC: Assurément.

LORENZO: Au fait, j'y réfléchis à présent, vous la portez toujours sous votre pourpoint. L'autre jour, à la chasse, j'étais en croupe derrière vous, et en vous tenant à bras-le-corps, je la sentais très bien.⁶⁴ C'est une prudente habitude.

LE DUC: Ce n'est pas que je me défie de personne; comme tu dis, c'est une habitude – pure habitude de soldat.

LORENZO: Votre habit est magnifique. Quel parfum que ces gants! Pourquoi donc posez-vous à moitié nu? Cette cotte de mailles aurait fait son effet dans votre portrait; vous avez eu tort de la quitter.

LE DUC: C'est le peintre qui l'a voulu. Cela vaut toujours mieux, d'ailleurs, de poser le col*⁵⁸ découvert; regarde les antiques.

LORENZO: Où diable est ma guitare? Il faut que je fasse un second dessus à Giomo.

Il sort.

TEBALDEO: Altesse, je n'en ferai pas davantage aujourd'hui.

GIOMO, *à la fenêtre*: Que fait donc Lorenzo? Le voilà en contemplation devant le puits qui est au milieu du jardin; ce n'est pas là, il me semble, qu'il devrait chercher sa guitare.

LE DUC: Donne-moi mes habits. Où est donc ma cotte de mailles?

GIOMO: Je ne la trouve pas, j'ai beau chercher, elle s'est envolée.

LE DUC: Renzino la tenait il n'y a pas cinq minutes; il l'aura jetée dans un coin en s'en allant, selon sa louable coutume de paresseux.

GIOMO: Cela est incroyable; pas plus de cotte de mailles que sur ma main.

LE DUC: Allons, tu rêves! cela est impossible.

GIOMO: Voyez vous-même, Altesse; la chambre n'est pas si grande.

LE DUC: Renzo la tenait là, sur ce sopha.

Rentre Lorenzo.

Qu'as-tu donc fait de ma cotte? nous ne pouvons plus la trouver.

LORENZO: Je l'ai remise où elle était. Attendez – non, je l'ai posée sur ce fauteuil – non, c'était sur le lit – je n'en sais rien, mais j'ai trouvé ma guitare.

Il chante en s'accompagnant.

Bonjour, madame l'abbesse...

GIOMO: Dans le puits du jardin, apparemment? car vous étiez penché dessus tout à l'heure d'un air tout à fait absorbé.

LORENZO: Cracher dans un puits pour faire des ronds est mon plus grand bonheur.[65] Après boire et dormir, je n'ai pas d'autre occupation.

Il continue à jouer.

Bonjour, bonjour, abbesse de mon cœur...

LE DUC: Cela est inouï que cette cotte se trouve perdue! Je crois que je ne l'ai pas ôtée deux fois dans ma vie, si ce n'est pour me coucher.

LORENZO: Laissez donc, laissez donc. N'allez-vous pas faire un valet de chambre d'un fils de pape?[66] Vos gens la trouveront.

LE DUC: Que le diable t'emporte! c'est toi qui l'as égarée.

LORENZO: Si j'étais duc de Florence, je m'inquiéterais d'autre chose que de mes cottes. À propos, j'ai parlé de vous à la*[59] chère tante. Tout est au mieux; venez donc*[60] un peu ici que je vous parle à l'oreille.

GIOMO, *bas au duc*: Cela est singulier, au moins; la cotte de mailles est enlevée.

LE DUC: On la retrouvera.

Il s'assoit à côté de Lorenzo.

GIOMO, *à part*: Quitter la compagnie pour aller cracher dans le puits, cela n'est pas naturel. Je voudrais retrouver cette cotte de mailles, pour m'ôter de la tête une vieille idée qui se rouille de temps en temps. Bah! un Lorenzaccio! La cotte est sous quelque fauteuil.

Scène VII

Devant le palais.

Entre SALVIATI, *couvert de sang et boitant;*
deux hommes le soutiennent.

SALVIATI, *criant*: Alexandre de Médicis! ouvre ta fenêtre, et regarde un peu comme on traite tes serviteurs!

ALEXANDRE, *à la fenetre*: Qui est là dans la boue? Qui se traîne aux murailles de mon palais avec ces cris épouvantables?

SALVIATI: Les Strozzi m'ont assassiné; je vais mourir à ta porte.

LE DUC: Lesquels des Strozzi, et pourquoi?

SALVIATI: Parce que j'ai dit que leur sœur était amoureuse de toi, mon noble duc. Les Strozzi ont trouvé leur sœur insultée, parce que j'ai dit que tu lui plaisais; trois d'entre eux m'ont assassiné. J'ai reconnu Pierre et Thomas; je ne connais pas le troisième.

ALEXANDRE: Fais-toi monter ici. Par Hercule! les meurtriers passeront la nuit en prison, et on les pendra demain matin.

Salviati entre dans le palais.

Acte III

Scène I

La chambre à coucher de Lorenzo.

LORENZO, SCORONCONCOLO, *faisant des armes.*

SCORONCONCOLO: Maître, as-tu assez du jeu?

LORENZO: Non, crie plus fort. Tiens, pare celle-ci! tiens, meurs! tiens, misérable!

SCORONCONCOLO: À l'assassin! on me tue! on me coupe la gorge!

LORENZO: Meurs! meurs! meurs! Frappe donc du pied.

SCORONCONCOLO: À moi, mes archers! au secours! on me tue! Lorenzo de l'enfer!

LORENZO: Meurs, infâme! Je te saignerai, pourceau, je te saignerai! Au cœur, au cœur! il est éventré. – Crie donc, frappe donc, tue donc! Ouvre-lui les entrailles! Coupons-le par morceaux, et mangeons, mangeons! J'en ai jusqu'au coude. Fouille dans la gorge, roule-le, roule! Mordons, mordons, et mangeons!

Il tombe épuisé.

SCORONCONCOLO, *s'essuyant le front*: Tu as inventé un rude jeu, maître, et tu y vas en vrai tigre; mille millions de tonnerres!*[61] tu rugis comme une caverne pleine de panthères et de lions.

LORENZO: Ô jour de sang, jour de mes noces! Ô soleil! soleil! il y a assez longtemps que tu es sec comme le plomb; tu te meurs de soif, soleil! son sang t'enivrera. Ô ma vengeance! qu'il y a longtemps que tes ongles poussent! Ô dents d'Ugolin![67] il vous faut le crâne, le crâne!

SCORONCONCOLO: Es-tu en délire? As-tu la fièvre?*[62]

LORENZO: Lâche, lâche – ruffian – le petit maigre, les pères, les filles – des adieux, des adieux sans fin – les rives de l'Arno pleines d'adieux! – Les gamins l'écrivent sur les murs. – Ris, vieillard, ris dans ton bonnet blanc[68] – tu ne vois pas que mes ongles poussent? – Ah! le crâne, le crâne![69]

Il s'évanouit.

SCORONCONCOLO: Maître, tu as un ennemi.

Il lui jette de l'eau à la figure.

Allons, maître, ce n'est pas la peine de tant te démener. On a des sentiments élevés ou on n'en a pas; je n'oublierai jamais que tu m'as fait avoir une certaine grâce sans laquelle je serais loin. Maître, si tu as un ennemi, dis-le, et je t'en débarrasserai sans qu'il y paraisse autrement.

LORENZO: Ce n'est rien; je te dis que mon seul plaisir est de faire peur à mes voisins.

SCORONCONCOLO: Depuis que nous trépignons dans cette chambre, et que nous y mettons tout à l'envers, ils doivent être bien accoutumés à notre tapage. Je crois que tu pourrais égorger trente hommes dans ce corridor, et les rouler sur ton plancher, sans qu'on s'aperçoive dans la maison qu'il s'y passe du nouveau. Si tu veux faire peur aux voisins, tu t'y prends mal. Ils ont eu peur la première fois, c'est vrai, mais maintenant ils se contentent d'enrager, et ne s'en mettent pas en peine jusqu'au point de quitter leurs fauteuils ou d'ouvrir leurs fenêtres.

LORENZO: Tu crois?

SCORONCONCOLO: Tu as un ennemi, maître. Ne t'ai-je pas vu frapper du pied la terre, et maudire le jour de ta naissance? N'ai-je pas des oreilles? et, au milieu de tes*[63] fureurs, n'ai-je pas entendu résonner distinctement un petit mot bien net: la vengeance? Tiens, maître, crois-moi, tu maigris – tu n'as plus le mot pour rire comme devant – crois-moi, il n'y a rien de si mauvaise digestion qu'une bonne haine. Est-ce que sur deux hommes au soleil il n'y en a pas toujours un dont l'ombre gêne l'autre? Ton médecin est dans ma gaine; laisse-moi te guérir.

Il tire son épée.

LORENZO: Ce médecin-là t'a-t-il jamais guéri, toi?

SCORONCONCOLO: Quatre ou cinq fois. Il y avait un jour à Padoue une petite demoiselle qui me disait...

LORENZO: Montre-moi cette épée. Ah! garçon, c'est une brave lame.

SCORONCONCOLO: Essaie-la, et tu verras.

LORENZO: Tu as deviné mon mal, j'ai un ennemi. Mais pour lui je ne me servirai pas d'une épée qui ait servi pour d'autres.*[64] Celle qui le tuera n'aura ici-bas qu'un baptême; elle gardera son nom.

SCORONCONCOLO: Quel est le nom de l'homme?

LORENZO: Qu'importe? m'es-tu dévoué?

SCORONCONCOLO: Pour toi, je remettrais le Christ en croix.

LORENZO: Je te le dis en confidence, – je ferai le coup dans cette chambre; et c'est précisément pour que mes chers voisins ne s'en étonnent pas que je les accoutume à ce bruit de tous les jours.*[65] Écoute bien, et ne te trompe pas. Si je l'abats du premier coup, ne t'avise pas de le toucher. Mais je ne suis pas plus gros qu'une puce, et c'est un sanglier. S'il se défend, je compte sur toi pour lui tenir les mains; rien de plus, entends-tu? c'est à moi qu'il appartient. Je t'avertirai en temps et lieu.

SCORONCONCOLO: Amen.

Scène II

Au palais Strozzi.

Entrent PHILIPPE *et* PIERRE.

PIERRE: Quand je pense à cela, j'ai envie de me couper la main droite. Avoir manqué cette canaille! Un coup si juste, et l'avoir manqué! À qui n'était-ce pas rendre service que de faire dire aux gens: Il y a un Salviati de moins dans les rues? Mais le drôle a fait comme les araignées – il s'est laissé tomber en repliant ses pattes crochues, et il a fait le mort de peur d'être achevé.

PHILIPPE: Que t'importe qu'il vive? ta vengeance n'en est que plus complète.*⁶⁶ On le dit blessé de telle manière qu'il s'en souviendra toute sa vie.

PIERRE: Oui, je le sais bien, voilà comme vous voyez les choses. Tenez, mon père, vous êtes bon patriote, mais encore meilleur père de famille; ne vous mêlez pas de tout cela.

PHILIPPE: Qu'as-tu encore en tête? Ne saurais-tu vivre un quart d'heure sans penser à mal?

PIERRE: Non, par l'enfer! je ne saurais vivre un quart d'heure tranquille dans cet air empoisonné. Le ciel me pèse sur la tête comme une voûte de prison, et il me semble que je respire dans les rues des quolibets et des hoquets d'ivrognes. Adieu, j'ai affaire à présent.

PHILIPPE: Où vas-tu?

PIERRE: Pourquoi voulez-vous le savoir? Je vais chez les Pazzi.

PHILIPPE: Attends-moi donc, car j'y vais aussi.

PIERRE: Pas à présent, mon père, ce n'est pas un bon moment pour vous.

PHILIPPE: Parle-moi franchement.

PIERRE: Cela est entre nous. Nous sommes là une cinquantaine, les Ruccellaï et d'autres, qui ne portons pas le bâtard dans nos entrailles.

PHILIPPE: Ainsi donc?

PIERRE: Ainsi donc les avalanches se font quelquefois au moyen d'un caillou gros comme le bout du doigt.

PHILIPPE: Mais vous n'avez rien d'arrêté? pas de plan, pas de mesures prises? Ô enfants, enfants! jouer avec la vie et la mort! Des questions qui ont remué le monde! des idées qui ont blanchi des milliers de têtes, et qui les ont fait rouler comme des grains de sable sur les pieds du bourreau! des projets que la Providence elle-même regarde en silence et avec terreur, et qu'elle laisse achever à l'homme, sans oser y toucher! Vous parlez de tout cela en faisant des armes et en buvant un verre de vin d'Espagne, comme s'il s'agissait d'un cheval ou d'une mascarade!

Savez-vous ce que c'est qu'une république, que l'artisan au fond de son atelier, que le laboureur dans son champ, que le citoyen sur la place, que la vie entière d'un royaume? le bonheur des hommes, Dieu de justice! Ô enfants, enfants! savez-vous compter sur vos doigts?

PIERRE: Un bon coup de lancette guérit tous les maux.

PHILIPPE: Guérir! guérir! Savez-vous que le plus petit coup de lancette doit être donné par le médecin?[70] Savez-vous qu'il faut une expérience longue comme la vie, et une science grande comme le monde, pour tirer du bras d'un malade une goutte de sang? N'étais-je pas offensé aussi, la nuit dernière, lorsque tu avais mis ton épée nue sous ton manteau? Ne suis-je pas le père de ma Louise, comme tu es son frère? N'était-ce pas une juste vengeance? Et cependant sais-tu ce qu'elle m'a coûté? Ah! les pères savent cela, mais non les enfants. Si tu es père un jour, nous en parlerons.

PIERRE: Vous qui savez aimer, vous devriez savoir haïr.

PHILIPPE: Qu'ont donc fait à Dieu ces Pazzi? Ils invitent leurs amis à venir conspirer, comme on invite à jouer aux dés, et leurs*[67] amis, en entrant dans leur cour, glissent dans le sang de leurs grands-pères.[71, *68] Quelle soif ont donc leurs épées? Que voulez-vous donc, que voulez-vous?

PIERRE: Et pourquoi vous démentir vous-même? Ne vous ai-je pas entendu cent fois dire ce que nous disons? Ne savons-nous pas ce qui vous occupe, quand vos domestiques voient à leur lever vos fenêtres éclairées des flambeaux de la veille? Ceux qui passent les nuits sans dormir ne meurent pas silencieux.

PHILIPPE: Où en viendrez-vous? réponds-moi.

PIERRE: Les Médicis sont une peste. Celui qui est mordu par un serpent n'a que faire d'un médecin; il n'a qu'à se brûler la plaie.

PHILIPPE: Et quand vous aurez renversé ce qui est, que voulez-vous mettre à la place?

PIERRE: Nous sommes toujours sûrs de ne pas trouver pire.

PHILIPPE: Je vous le dis, comptez sur vos doigts.

PIERRE: Les têtes d'une hydre[72] sont faciles à compter.

PHILIPPE: Et vous voulez agir? cela est décidé?

PIERRE: Nous voulons couper les jarrets aux meurtriers de Florence.

PHILIPPE: Cela est irrévocable? vous voulez agir?

PIERRE: Adieu, mon père, laissez-moi aller seul.

PHILIPPE: Depuis quand le vieil aigle reste-t-il dans le nid, quand ses aiglons vont à la curée? Ô mes enfants! ma brave et belle jeunesse! vous qui avez la force que j'ai perdue, vous qui êtes aujourd'hui ce qu'était le jeune Philippe, laissez-le avoir vieilli pour vous! Emmène-moi, mon fils, je vois que vous allez agir. Je ne vous ferai pas de longs discours, je ne dirai que quelques mots; il peut y avoir quelque chose de bon dans cette tête grise – deux mots, et ce sera fait. Je ne radote pas encore, je ne vous serai pas à charge; ne pars pas sans moi, mon enfant, attends que je prenne mon manteau.

PIERRE: Venez, mon noble père; nous baiserons le bas de votre robe. Vous êtes notre patriarche, venez voir marcher au soleil les rêves de votre vie. La liberté est mûre; venez, vieux jardinier de Florence, voir sortir de terre la plante que vous aimez.

Ils sortent.

Scène III

Une rue.

UN OFFICIER ALLEMAND *et des soldats,*
THOMAS STROZZI, *au milieu d'eux.*

L'OFFICIER: Si nous ne le trouvons pas chez lui, nous le trouverons chez les Pazzi.

THOMAS: Va ton train, et ne sois pas en peine; tu sauras ce qu'il en coûte.

L'OFFICIER: Pas de menace; j'exécute les ordres du duc, et n'ai rien à souffrir de personne.

THOMAS: Imbécile! qui arrête un Strozzi sur la parole d'un Médicis!

Il se forme un groupe autour d'eux.

UN BOURGEOIS: Pourquoi arrêtez-vous ce seigneur? Nous le connaissons bien, c'est le fils de Philippe.

UN AUTRE: Lâchez-le, nous répondons pour lui.

LE PREMIER: Oui, oui, nous répondons pour les Strozzi. Laisse-le aller, ou prends garde à tes oreilles.

L'OFFICIER: Hors de là, canaille! laissez passer la justice du duc, si vous n'aimez pas les coups de hallebardes.*⁶⁹

Pierre et Philippe arrivent.

PIERRE: Qu'y a-t-il? quel est ce tapage? Que fais-tu là, Thomas?

LE BOURGEOIS: Empêche-le, Philippe, empêche-le d'emmener*⁷⁰ ton fils en prison.

PHILIPPE: En prison? et sur quel ordre?

PIERRE: En prison? Sais-tu à qui tu as affaire?

L'OFFICIER: Qu'on saisisse cet homme.

Les soldats arrêtent Pierre.

PIERRE: Lâchez-moi, misérables, ou je vous éventre comme des pourceaux!

PHILIPPE: Sur quel ordre agissez-vous, monsieur?

L'OFFICIER, *montrant l'ordre du duc*: Voilà mon mandat. J'ai ordre d'arrêter Pierre et Thomas Strozzi.

Les soldats repoussent le peuple, qui leur jette des cailloux.

PIERRE: De quoi nous accuse-t-on? qu'avons-nous fait? Aidez-moi, mes amis, rossons cette canaille.

Il tire son épée.
Un autre détachement de soldats arrive.

L'OFFICIER: Venez ici, prêtez-moi main-forte.

Pierre est désarmé.

En marche! et le premier qui approche de trop près, un coup de pique dans le ventre! Cela leur apprendra à se mêler de leurs affaires.

PIERRE: On n'a pas le droit de m'arrêter sans un ordre des Huit. Je me soucie bien des ordres d'Alexandre! Où est l'ordre des Huit?

L'OFFICIER: C'est devant eux que nous vous menons.

PIERRE: Si c'est devant eux, je n'ai rien à dire. De quoi suis-je accusé?

UN HOMME DU PEUPLE: Comment, Philippe, tu laisses emmener tes enfants au tribunal des Huit?

PIERRE: Répondez donc, de quoi suis-je accusé?

L'OFFICIER: Cela ne me regarde pas.

Les soldats sortent avec Pierre et Thomas.[73]

PIERRE, *en sortant*: N'ayez aucune inquiétude, mon père; les Huit me renverront souper à la maison, et le bâtard en sera pour ses frais de justice.

PHILIPPE, *seul, s'asseyant sur un banc*: J'ai beaucoup d'enfants, mais pas pour longtemps, si cela va si vite. Où en sommes-nous donc si une vengeance aussi juste que le ciel que voilà est clair, est punie comme un crime! Eh quoi! les deux aînés d'une famille vieille comme la ville, emprisonnés comme des voleurs de grand chemin! la plus grossière insulte châtiée, un Salviati frappé, seulement frappé, et des hallebardes en jeu! Sors donc du fourreau, mon épée. Si le saint appareil des exécutions judiciaires devient la cuirasse des ruffians et des ivrognes, que la hache et le poignard, cette arme des assassins, protègent l'homme de bien. Ô Christ! La justice devenue une entremetteuse! L'honneur des Strozzi souffleté en place publique, et un tribunal répondant des quolibets d'un rustre! Un Salviati jetant à la plus noble famille de Florence son gant taché de vin et de sang, et, lorsqu'on le châtie, tirant pour se défendre le coupe-tête du bourreau! Lumière du soleil! j'ai parlé, il n'y a pas un quart d'heure, contre les idées de révolte, et voilà le pain qu'on me donne à manger, avec mes paroles de paix sur les lèvres! Allons, mes bras, remuez! et toi, vieux corps courbé par l'âge et par l'étude, redresse-toi pour l'action![74]

Entre Lorenzo.

LORENZO: Demandes-tu l'aumône, Philippe, assis au coin de cette rue?

PHILIPPE: Je demande l'aumône à la justice des hommes; je suis un mendiant affamé de justice, et mon honneur est en haillons.

LORENZO: Quel changement va donc s'opérer dans le monde, et quelle robe nouvelle va revêtir la nature, si le masque de la colère s'est posé sur le visage auguste et paisible du vieux Philippe? Ô mon père, quelles sont ces plaintes? pour qui répands-tu sur la terre les joyaux les plus précieux qu'il y ait sous le soleil, les larmes d'un homme sans peur et sans reproche?

PHILIPPE: Il faut nous délivrer des Médicis, Lorenzo. Tu es un Médicis toi-même, mais seulement par ton nom. Si je t'ai bien connu, si la hideuse comédie que tu joues m'a trouvé impassible et fidèle spectateur, que l'homme sorte de l'histrion! Si tu as jamais été quelque chose d'honnête, sois-le aujourd'hui. Pierre et Thomas sont en prison.

LORENZO: Oui, oui, je sais cela.

PHILIPPE: Est-ce là ta réponse? Est-ce là ton visage, homme sans épée?

LORENZO: Que veux-tu? dis-le, et tu auras alors ma réponse.

PHILIPPE: Agir! Comment, je n'en sais rien. Quel moyen employer, quel levier mettre sous cette citadelle de mort, pour la soulever et la pousser dans le fleuve, quoi faire, que résoudre, quels hommes aller trouver, je ne puis le savoir encore, mais agir, agir, agir! Ô Lorenzo, le temps est venu. N'es-tu pas diffamé, traité de chien et de sans-cœur? Si je t'ai tenu en dépit de tout ma porte ouverte, ma main ouverte, mon cœur ouvert, parle, et que je voie si je me suis trompé. Ne m'as-tu pas parlé d'un homme qui s'appelle aussi Lorenzo, et qui se cache derrière le Lorenzo que voilà? Cet homme n'aime-t-il pas sa patrie, n'est-il pas dévoué à ses amis? Tu le disais, et je l'ai cru. Parle, parle, le temps est venu.

LORENZO: Si je ne suis pas tel que vous le désirez, que le soleil me tombe sur la tête!

PHILIPPE: Ami, rire d'un vieillard désespéré, cela porte malheur. Si tu dis vrai, à l'action! J'ai de toi des promesses qui engageraient Dieu lui-même, et c'est sur ces promesses que je t'ai reçu. Le rôle que tu joues est un rôle de boue et de lèpre, tel que l'enfant prodigue ne l'aurait pas joué dans un jour de démence – et cependant je t'ai reçu. Quand les pierres criaient à ton passage, quand chacun de tes pas faisait jaillir des mares de sang humain, je t'ai appelé du nom sacré d'ami, je me suis fait sourd pour te croire, aveugle pour t'aimer; j'ai laissé l'ombre de ta mauvaise réputation passer sur mon honneur, et mes enfants ont douté de moi en trouvant sur ma main la trace hideuse du contact de la tienne. Sois honnête, car je l'ai été; agis, car tu es jeune, et je suis vieux.

LORENZO: Pierre et Thomas sont en prison; est-ce là tout?

PHILIPPE: Ô ciel et terre! oui, c'est là tout – presque rien, deux enfants de mes entrailles qui vont s'asseoir au banc des voleurs – deux têtes que j'ai baisées autant de fois que j'ai de cheveux gris, et que je vais trouver demain matin clouées sur la porte de la forteresse – oui, c'est là tout, rien de plus, en vérité.

LORENZO: Ne me parle pas sur ce ton. Je suis rongé d'une tristesse auprès de laquelle la nuit la plus sombre est une lumière éblouissante.

Il s'assied près de Philippe.[*71]

PHILIPPE: Que je laisse mourir mes enfants, cela est impossible, vois-tu! On m'arracherait les bras et les jambes, que, comme le serpent, les morceaux mutilés de Philippe se rejoindraient encore et se lèveraient pour la vengeance.[75] Je connais si bien tout cela! Les Huit! un tribunal d'hommes de marbre! une forêt de spectres, sur laquelle passe de temps en temps le vent lugubre du doute qui les agite pendant une minute, pour se résoudre en un mot sans appel. Un mot, un mot, ô conscience! Ces hommes-là mangent, ils dorment, ils ont des femmes et des filles! Ah! qu'ils tuent, qu'ils[*72] égorgent, mais pas mes enfants, pas mes enfants!

LORENZO: Pierre est un homme; il parlera, et il sera mis en liberté.

PHILIPPE: Ô mon Pierre, mon premier né!

LORENZO: Rentrez chez vous, tenez-vous tranquille – ou faites mieux, quittez Florence. Je vous réponds de tout, si vous quittez Florence.

PHILIPPE: Moi, un banni! moi dans un lit d'auberge à mon heure dernière! Ô Dieu! et[*73] tout cela pour une parole d'un Salviati!

LORENZO: Sachez-le, Salviati voulait séduire votre fille, mais non pas pour lui seul. Alexandre a un pied dans le lit de cet homme; il y exerce le droit du seigneur[76] sur la prostitution.

PHILIPPE: Et nous n'agirions[*74] pas! Ô Lorenzo, Lorenzo! tu es un homme ferme, toi; parle-moi, je suis faible, et mon cœur est trop intéressé dans tout cela. Je m'épuise, vois-tu, j'ai trop réfléchi ici-bas, j'ai trop tourné sur moi-même, comme un cheval de pressoir – je ne vaux plus rien pour la bataille. Dis-moi ce que tu penses, je le ferai.

LORENZO: Rentrez chez vous, mon bon monsieur.

PHILIPPE: Voilà qui est certain, je vais aller chez les Pazzi. Là sont cinquante jeunes gens, tous déterminés. Ils ont juré d'agir; je leur parlerai noblement, comme un Strozzi et comme un père, et ils m'entendront. Ce soir, j'inviterai à souper les quarante membres de ma famille; je leur raconterai ce qui m'arrive. Nous verrons, nous verrons! rien n'est encore fait. Que les Médicis prennent garde à eux! Adieu, je vais chez les Pazzi; aussi bien, j'y allais avec Pierre, quand on l'a arrêté.

LORENZO: Il y a plusieurs démons, Philippe. Celui qui te tente en ce moment n'est pas le moins à craindre de tous.

PHILIPPE: Que veux-tu dire?

LORENZO: Prends-y garde, c'est un démon plus beau que Gabriel. La liberté, la patrie, le bonheur des hommes, tous ces mots résonnent à son approche comme les cordes d'une lyre; c'est le bruit des écailles d'argent de ses ailes flamboyantes. Les larmes de ses yeux fécondent la terre, et il tient à la main la palme des martyrs. Ses paroles épurent l'air autour de ses lèvres; son vol est si rapide que nul ne peut dire où il va. Prends-y garde! Une fois dans ma vie, je l'ai vu traverser les cieux. J'étais courbé sur mes livres – le toucher de sa main a fait frémir mes cheveux comme une plume légère. Que je l'aie écouté ou non, n'en parlons pas.

PHILIPPE: Je ne te comprends qu'avec peine, et je ne sais pourquoi j'ai peur de te comprendre.

LORENZO: N'avez-vous dans la tête que cela – délivrer vos fils? Mettez la main sur la conscience. – Quelque autre pensée plus vaste, plus terrible, ne vous entraîne-t-elle pas, comme un chariot étourdissant, au milieu de cette jeunesse?

PHILIPPE: Eh bien! oui, que l'injustice faite à ma famille soit le signal de la liberté. Pour moi, et pour tous, j'irai!

LORENZO: Prends garde à toi, Philippe, tu as pensé au bonheur de l'humanité.

PHILIPPE: Que veut dire ceci? Es-tu dedans comme au*75 dehors une vapeur infecte? Toi qui m'as parlé d'une liqueur précieuse dont tu étais le flacon, est-ce là ce que tu renfermes?

LORENZO: Je suis en effet précieux pour vous, car je tuerai Alexandre.

PHILIPPE: Toi?

LORENZO: Moi, demain ou après-demain. Rentrez chez vous, tâchez de délivrer vos enfants – si vous ne le pouvez pas, laissez-leur subir une légère punition – je sais pertinemment qu'il n'y a pas d'autres dangers pour eux, et je vous répète que, d'ici à quelques jours, il n'y aura pas plus d'Alexandre de Médicis à Florence, qu'il n'y a de soleil à minuit.

PHILIPPE: Quand cela serait vrai, pourquoi aurais-je tort de penser à la Liberté? Ne viendra-t-elle pas quand tu auras fait ton coup, si tu le fais?

LORENZO: Philippe, Philippe, prends garde à toi. Tu as soixante ans de vertu sur ta tête grise; c'est un enjeu trop cher pour le jouer aux dés.

PHILIPPE: Si tu caches sous ces sombres paroles quelque chose que je puisse entendre, parle; tu m'irrites singulièrement.

LORENZO: Tel que tu me vois, Philippe, j'ai été honnête. J'ai cru à la vertu, à la grandeur humaine, comme un martyr croit à son Dieu. J'ai versé plus de larmes sur la pauvre Italie, que Niobé sur ses filles.[77]

PHILIPPE: Eh bien, Lorenzo?

LORENZO: Ma jeunesse a été pure comme l'or. Pendant vingt ans de silence, la foudre s'est amoncelée dans ma poitrine; et il faut que je sois réellement une étincelle du tonnerre, car tout à coup, une certaine nuit que j'étais assis dans les ruines du Colisée antique, je ne sais pourquoi je me levai; je tendis vers le ciel mes bras trempés de rosée, et je jurai qu'un des tyrans de la*[76] patrie mourrait de ma main. J'étais un étudiant paisible, je*[77] ne m'occupais alors que des arts et des sciences, et il m'est impossible de dire comment cet étrange serment s'est fait en moi. Peut-être est-ce là ce qu'on éprouve quand on devient amoureux.

PHILIPPE: J'ai toujours eu confiance en toi, et cependant je crois rêver.

LORENZO: Et moi aussi. J'étais heureux alors, j'avais le cœur et les mains tranquilles; mon nom m'appelait au trône, et je n'avais qu'à laisser le soleil se lever et se coucher pour voir fleurir autour de moi toutes les espérances humaines. Les hommes ne m'avaient fait ni bien ni mal, mais j'étais bon, et, pour mon malheur éternel, j'ai voulu être grand. Il faut que je l'avoue, si la Providence m'a poussé à la résolution de tuer un tyran, quel qu'il fût, l'orgueil m'y a poussé aussi. Que te dirais je de plus? Tous les Césars du monde me faisaient penser à Brutus.[78]

PHILIPPE: L'orgueil de la vertu est un noble orgueil. Pourquoi t'en défendrais-tu?

LORENZO: Tu ne sauras jamais, à moins d'être fou, de quelle nature est la pensée qui m'a travaillé. Pour comprendre l'exaltation fiévreuse qui a enfanté en moi le Lorenzo qui te parle, il faudrait que mon cerveau et mes entrailles fussent à nu sous un scalpel. Une statue qui descendrait de son piédestal pour marcher parmi les hommes sur la place publique, serait peut-être semblable à ce que j'ai été le jour où j'ai commencé à vivre avec cette idée: il faut que je sois un Brutus.

PHILIPPE: Tu m'étonnes de plus en plus.

LORENZO: J'ai voulu d'abord tuer Clément VII. Je n'ai pas*[78] pu le faire, parce qu'on m'a banni de Rome avant le temps.[79] J'ai recommencé mon ouvrage avec Alexandre. Je voulais agir seul, sans le secours d'aucun homme. Je travaillais pour l'humanité; mais mon orgueil restait solitaire au milieu de tous mes rêves philanthropiques. Il fallait donc entamer par la ruse un combat singulier avec mon ennemi. Je ne voulais pas soulever les masses, ni conquérir la gloire bavarde d'un paralytique comme Cicéron.[80] Je voulais arriver à l'homme, me prendre corps à corps avec la tyrannie vivante, la tuer, porter*[79] mon épée sanglante sur la tribune, et laisser la fumée du sang d'Alexandre monter au nez des harangueurs, pour réchauffer leur cervelle ampoulée.

PHILIPPE: Quelle tête de fer as-tu, ami! quelle tête de fer!

LORENZO: La tâche que je m'imposais était rude avec Alexandre. Florence était, comme aujourd'hui, noyée de vin et de sang. L'empereur et le pape avaient fait un duc d'un garçon boucher. Pour plaire à mon cousin, il fallait arriver à lui, porté par les larmes des familles; pour devenir son ami, et acquérir sa confiance, il fallait baiser sur ses lèvres épaisses tous les restes de ses orgies.[81] J'étais pur comme un lis, et cependant je n'ai pas reculé devant cette tâche. Ce que je suis devenu à cause de cela, n'en parlons pas. Tu dois comprendre que j'ai souffert, et il y a des blessures dont on ne lève pas l'appareil impunément. Je suis devenu vicieux, lâche, un objet de honte et d'opprobre – qu'importe? ce n'est pas de cela qu'il s'agit.

PHILIPPE: Tu baisses la tête, tes yeux sont humides.

LORENZO: Non, je ne rougis point; les masques de plâtre n'ont point de rougeur au service de la honte. J'ai fait ce que j'ai fait. Tu sauras seulement que j'ai réussi dans mon entreprise. Alexandre viendra bientôt dans un certain lieu d'où il ne sortira pas debout. Je suis au terme de ma peine, et sois certain, Philippe, que le buffle sauvage, quand le bouvier l'abat sur l'herbe, n'est pas entouré de plus de filets, de plus de nœuds coulants, que je n'en ai tissus*[80] autour de mon bâtard. Ce cœur, jusques auquel une armée ne serait pas parvenue en un an, il est maintenant à nu sous ma main; je n'ai qu'à laisser tomber mon stylet pour qu'il y entre. Tout sera fait. Maintenant, sais-tu ce qui m'arrive, et ce dont je veux t'avertir?

PHILIPPE: Tu es notre Brutus, si tu dis vrai.[82]

LORENZO: Je me suis cru un Brutus, mon pauvre Philippe; je me suis souvenu du bâton d'or couvert d'écorce. Maintenant je connais les hommes, et je te conseille de ne pas t'en mêler.

PHILIPPE: Pourquoi?

LORENZO: Ah! vous avez vécu tout seul, Philippe. Pareil à un fanal éclatant, vous êtes resté immobile au bord de l'océan des hommes, et vous avez regardé dans les eaux la réflexion de votre propre lumière. Du fond de votre solitude, vous trouviez l'océan magnifique sous le dais splendide des cieux. Vous ne comptiez pas chaque flot, vous ne jetiez pas la sonde; vous étiez plein de confiance dans l'ouvrage de Dieu. Mais moi, pendant ce temps-là, j'ai plongé – je me suis enfoncé dans cette mer houleuse de la vie – j'en ai parcouru toutes les profondeurs, couvert de ma cloche de verre[83] – tandis que vous admiriez la surface, j'ai vu les débris des naufrages, les ossements et les Léviathans.[84]

PHILIPPE: Ta tristesse me fend le cœur.

LORENZO: C'est parce que je vous vois tel que j'ai été, et sur le point de faire ce que j'ai fait, que je vous parle ainsi. Je ne méprise point les hommes; le tort des livres et des historiens est de nous les montrer différents de ce qu'ils sont. La vie est comme une cité – on peut y rester cinquante ou soixante ans sans voir autre chose que des promenades et des palais – mais il ne faut pas entrer dans les tripots, ni s'arrêter, en rentrant chez soi, aux fenêtres des mauvais quartiers. Voilà mon avis, Philippe. – S'il s'agit de sauver tes enfants, je te dis de rester tranquille; c'est le meilleur moyen pour qu'on te les renvoie après une petite semonce. – S'il s'agit de tenter quelque chose pour les hommes, je te conseille de te couper les bras, car tu ne seras pas longtemps à t'apercevoir qu'il n'y a que toi qui en aies.

PHILIPPE: Je conçois que le rôle que tu joues t'ait donné de pareilles idées. Si je te comprends bien, tu as pris, dans un but sublime, une route hideuse, et tu crois que tout ressemble à ce que tu as vu.

LORENZO: Je me suis réveillé de mes rêves, rien de plus. Je te dis le danger d'en faire. Je connais la vie, et c'est une vilaine cuisine, sois-en persuadé, ne mets pas la main là-dedans, si tu respectes quelque chose.

PHILIPPE: Arrête! ne brise pas comme un roseau mon bâton de vieillesse. Je crois à tout ce que tu appelles des rêves; je crois à la vertu, à la pudeur et à la liberté.

LORENZO: Et me voilà dans la rue, moi, Lorenzaccio? et les enfants ne me jettent pas de la boue? Les lits des filles sont encore chauds de ma sœur, et les pères ne prennent pas, quand je passe, leurs couteaux et leurs balais pour m'assommer? Au fond de ces dix mille maisons que voilà, la septième génération parlera encore de la nuit où j'y suis entré, et pas une ne vomit à ma vue un valet de charrue qui me fende en deux comme une bûche pourrie? L'air que vous respirez, Philippe, je le respire; mon manteau de soie bariolé traîne paresseusement sur le sable fin des promenades; pas une goutte de poison ne tombe dans mon chocolat[85] – que dis-je? ô Philippe! les mères pauvres soulèvent honteusement le voile de leurs filles quand je m'arrête au seuil de leurs portes; elles me laissent voir leur beauté avec un sourire plus vil que le baiser de Judas[86] – tandis que moi, pinçant le menton de la petite, je serre les poings de rage en remuant dans ma poche quatre ou cinq méchantes pièces d'or.

PHILIPPE: Que le tentateur ne méprise pas le faible; pourquoi tenter lorsque l'on doute?

LORENZO: Suis-je un Satan? Lumière du ciel! je m'en souviens encore; j'aurais pleuré avec la première fille que j'ai séduite, si elle ne s'était mise à rire. Quand j'ai commencé à jouer mon rôle de Brutus moderne, je marchais dans mes habits neufs de la grande confrérie du vice, comme un enfant de dix ans dans l'armure d'un géant de la fable. Je croyais que la corruption était un stigmate, et que les monstres seuls le portaient au front. J'avais commencé à dire tout haut que mes vingt années de vertu étaient un masque étouffant – ô Philippe! j'entrai alors dans la vie, et je vis qu'à mon approche tout le monde en faisait autant que moi; tous les masques tombaient devant mon regard; l'Humanité souleva sa robe, et me montra, comme à un adepte digne d'elle, sa monstrueuse nudité. J'ai vu les hommes tels qu'ils sont, et je me suis dit: Pour qui est-ce donc que je travaille? Lorsque je parcourais les rues de Florence, avec mon fantôme à mes côtés, je regardais autour de moi, je cherchais les visages qui me donnaient du cœur, et je me demandais: Quand j'aurai fait mon coup, celui-là en profitera-t-il? – J'ai vu les républicains dans leurs cabinets, je suis entré dans les boutiques, j'ai écouté et j'ai guetté. J'ai recueilli les discours des gens du peuple, j'ai vu l'effet que produisait sur eux la tyrannie; j'ai bu, dans les banquets patriotiques, le vin qui engendre la métaphore et la prosopopée, j'ai avalé entre deux baisers les larmes les plus vertueuses; j'attendais toujours que l'humanité me laissât voir sur sa face quelque chose d'honnête. J'observais... comme un amant observe sa fiancée, en attendant le jour des noces!...

PHILIPPE: Si tu n'as vu que le mal, je te plains, mais je ne puis te croire. Le mal existe, mais non pas sans le bien, comme l'ombre existe, mais non sans la lumière.

LORENZO: Tu ne veux voir en moi qu'un mépriseur d'hommes; c'est me faire injure. Je sais parfaitement qu'il y en a de bons, mais à quoi servent-ils? que font-ils? comment agissent-ils? Qu'importe que la conscience soit vivante, si le bras est mort? Il y a de certains côtés par où tout devient bon: un chien est un ami fidèle; on peut trouver en lui le meilleur des serviteurs, comme on peut voir aussi qu'il se roule sur les cadavres, et que la langue avec laquelle il lèche son maître sent la charogne d'une lieue. Tout ce que j'ai à voir, moi, c'est que je suis perdu, et que les hommes n'en profiteront pas plus qu'ils ne me comprendront.

PHILIPPE: Pauvre enfant, tu me navres le cœur! Mais si tu es honnête, quand tu auras délivré ta patrie, tu le redeviendras. Cela réjouit mon vieux cœur, Lorenzo, de penser que tu es honnête; alors tu jetteras ce déguisement hideux qui te défigure, et tu redeviendras d'un métal aussi pur que les statues de bronze d'Harmodius*[81] et d'Aristogiton.[87]

LORENZO: Philippe, Philippe, j'ai été honnête. La main qui a soulevé une fois le voile de la vérité ne peut plus le laisser retomber; elle reste immobile jusqu'à la mort, tenant toujours ce voile terrible, et l'élevant de plus en plus au-dessus de la tête de l'homme, jusqu'à ce que l'Ange du sommeil éternel lui bouche les yeux.

PHILIPPE: Toutes les maladies se guérissent, et le vice est aussi une maladie.*[82]

LORENZO: Il est trop tard – je me suis fait à mon métier. Le vice a été pour moi un vêtement, maintenant il est collé à ma peau. Je suis vraiment un ruffian, et quand je plaisante sur mes pareils, je me sens sérieux comme la Mort au milieu de ma gaieté. Brutus a fait le fou pour tuer Tarquin, et ce qui m'étonne en lui, c'est qu'il n'y ait pas laissé sa raison.[88] Profite de moi, Philippe, voilà ce que j'ai à te dire – ne travaille pas pour ta patrie.

PHILIPPE: Si je te croyais, il me semble que le ciel s'obscurcirait pour toujours, et que ma vieillesse serait condamnée à marcher à tâtons. Que tu aies pris une route dangereuse, cela peut être; pourquoi ne pourrais-je en prendre une autre qui me mènerait au même point? Mon intention est d'en appeler au peuple, et d'agir ouvertement.

LORENZO: Prends garde à toi, Philippe, celui qui te le dit sait pourquoi il le dit. Prends le chemin que tu voudras, tu auras toujours affaire aux hommes.

PHILIPPE: Je crois à l'honnêteté des républicains.

LORENZO: Je te fais une gageure. Je vais tuer Alexandre; une fois mon coup fait, si les républicains se comportent comme ils le doivent, il leur sera facile d'établir une république, la plus belle qui ait jamais fleuri sur la terre. Qu'ils aient pour eux le peuple, et tout est dit. – Je te gage que ni eux ni le peuple ne feront rien. Tout ce que je te demande, c'est de ne pas t'en mêler; parle, si tu le veux, mais prends garde à tes paroles, et encore plus à tes actions. Laisse-moi faire mon coup – tu as les mains pures, et moi, je n'ai rien à perdre.

PHILIPPE: Fais-le, et tu verras.

LORENZO: Soit – mais souviens-toi de ceci. Vois-tu, dans cette petite maison, cette famille assemblée autour d'une table? ne dirait-on pas des hommes? Ils ont un corps, et une âme dans ce corps. Cependant, s'il me prenait envie d'entrer chez eux, tout seul, comme me voilà, et de poignarder leur fils aîné au milieu d'eux, il n'y aurait pas un couteau de levé sur moi.

PHILIPPE: Tu me fais horreur. Comment le cœur peut-il rester grand, avec des mains comme les tiennes?

LORENZO: Viens, rentrons à ton palais, et tâchons de délivrer tes enfants.

PHILIPPE: Mais pourquoi tueras-tu le duc, si tu as des idées pareilles?

LORENZO: Pourquoi? tu le demandes?

PHILIPPE: Si tu crois que c'est un meurtre inutile à ta patrie, pourquoi[*83] le commets-tu?

LORENZO: Tu me demandes cela en face? Regarde-moi un peu. J'ai été beau, tranquille et vertueux.

PHILIPPE: Quel abîme! quel abîme tu m'ouvres!

LORENZO: Tu me demandes pourquoi je tue Alexandre? Veux-tu donc que je m'empoisonne, ou que je saute dans l'Arno? veux-tu donc que je sois un spectre, et qu'en frappant sur ce squelette... (*Il frappe sa poitrine.*)

il n'en sorte aucun son? Si je suis l'ombre de moi-même, veux-tu donc que je rompe*[84] le seul fil qui rattache aujourd'hui mon cœur à quelques fibres de mon cœur d'autrefois? Songes-tu que ce meurtre, c'est tout ce qui me reste de ma vertu? Songes-tu que je glisse depuis deux ans sur un rocher*[85] taillé à pic, et que ce meurtre est le seul brin d'herbe où j'aie pu cramponner mes ongles? Crois-tu donc que je n'aie plus d'orgueil, parce que je n'ai plus de honte, et veux-tu que je laisse mourir en silence l'énigme de ma vie? Oui, cela est certain, si je pouvais revenir à la vertu, si mon apprentissage du*[86] vice pouvait s'évanouir, j'épargnerais peut-être ce conducteur de bœufs – mais j'aime le vin, le jeu et les filles, comprends-tu cela? Si tu honores en moi quelque chose, toi qui me parles, c'est mon meurtre que tu honores, peut-être justement parce que tu ne le ferais pas. Voilà assez longtemps, vois-tu, que les républicains me couvrent de boue et d'infamie; voilà assez longtemps que les oreilles me tintent, et que l'exécration des hommes empoisonne le pain que je mâche. J'en ai assez de me voir conspué par des lâches sans nom, qui m'accablent d'injures pour se dispenser de m'assommer, comme ils le devraient. J'en ai assez d'entendre brailler en plein vent le bavardage humain; il faut que le monde sache un peu qui je suis, et qui il est. Dieu merci, c'est peut-être demain que je tue Alexandre; dans deux jours j'aurai fini. Ceux qui tournent autour de moi avec des yeux louches, comme autour d'une curiosité monstrueuse apportée d'Amérique, pourront satisfaire leur gosier, et vider leur sac à paroles. Que les hommes me comprennent ou non, qu'ils agissent ou n'agissent pas, j'aurai dit aussi*[87] ce que j'ai à dire; je leur ferai tailler leurs plumes,*[88] si je ne leur fais pas nettoyer leurs piques, et l'Humanité gardera sur sa joue le soufflet de mon épée marqué en traits de sang. Qu'ils m'appellent comme ils voudront, Brutus ou Érostrate,[89] il ne me plaît pas qu'ils m'oublient. Ma vie entière est au bout de ma dague, et que la Providence retourne ou non la tête en m'entendant frapper, je jette la nature humaine à pile ou face sur la tombe d'Alexandre – dans deux jours, les hommes comparaîtront devant le tribunal de ma volonté.

PHILIPPE: Tout cela m'étonne, et il y a dans tout ce que tu m'as dit des choses qui me font peine, et d'autres qui me font plaisir. Mais Pierre et Thomas sont en prison, et je ne saurais là-dessus m'en fier à personne qu'à moi-même. C'est en vain que ma colère voudrait ronger son frein; mes entrailles sont émues trop vivement. Tu peux avoir raison, mais il faut que j'agisse; je vais rassembler mes parents.

LORENZO: Comme tu voudras, mais prends garde à toi. Garde-moi le secret, même avec tes amis, c'est tout ce que je te demande.*[89]

Ils sortent.

Scène IV

Au palais Soderini.

Entre CATHERINE, *lisant un billet*: «Lorenzo a dû vous parler de moi, mais qui pourrait vous parler dignement d'un amour pareil au mien? Que ma plume vous apprenne ce que ma bouche ne peut vous dire, et ce que mon cœur voudrait signer de son sang.

«Alexandre DE MÉDICIS.»

Si mon nom n'était pas sur l'adresse, je croirais que le messager s'est trompé, et ce que je lis me fait douter de mes yeux.

Entre Marie.

Ô ma mère chérie! voyez ce qu'on m'écrit; expliquez-moi, si vous pouvez, ce mystère.

MARIE: Malheureuse! malheureuse! il t'aime! Où t'a-t-il vue? où lui as-tu parlé?

CATHERINE: Nulle part; un messager m'a apporté cela comme je sortais de l'église.

MARIE: Lorenzo, dit-il, a dû te parler de lui! Ah! Catherine, avoir un fils pareil! Oui, faire de la sœur de sa mère la maîtresse du duc, non pas même la maîtresse, ô ma fille! Quels noms portent ces créatures! je ne puis le dire – oui, il manquait cela à Lorenzo. Viens, je veux lui porter cette lettre ouverte, et savoir, devant Dieu, comment il répondra.

CATHERINE: Je croyais que le duc aimait... pardon, ma mère... mais je croyais que le duc aimait la comtesse[90] Cibo...*[90] on me l'avait dit...

MARIE: Cela est vrai, il l'a aimée, s'il peut aimer.

CATHERINE: Il ne l'aime plus? Ah! comment peut-on offrir sans honte un cœur pareil! Venez, ma mère, venez chez Lorenzo.

MARIE: Donne-moi ton bras. Je ne sais ce que j'éprouve depuis quelques jours, j'ai eu la fièvre toutes les nuits – il est vrai que, depuis trois mois, elle ne me quitte guère. J'ai trop souffert, ma pauvre Catherine; pourquoi m'as-tu lu cette lettre? je ne puis plus rien supporter. Je ne suis plus jeune, et cependant il me semble que je le redeviendrais à certaines conditions; mais tout ce que je vois m'entraîne vers la tombe. Allons, soutiens-moi, pauvre enfant, je ne te donnerai pas longtemps cette peine.

Elles sortent.

Scène V

Chez la marquise.

LA MARQUISE, *parée, devant un miroir*: Quand je pense que cela est, cela me fait l'effet d'une nouvelle qu'on m'apprendrait tout à coup. Quel précipice que la vie! Comment! il est déjà neuf heures, et c'est le duc que j'attends dans cette toilette! N'importe, advienne que*⁹¹ pourra, je veux essayer mon pouvoir.

Entre le cardinal.

LE CARDINAL: Quelle parure, marquise! voilà des fleurs qui embaument.

LA MARQUISE: Je ne puis vous recevoir, cardinal – j'attends une amie – vous m'excuserez.

LE CARDINAL: Je vous laisse, je vous laisse. Ce boudoir dont j'aperçois la porte entr'ouverte là-bas, c'est un petit paradis. Irai-je vous y attendre?

LA MARQUISE: Je suis pressée, pardonnez-moi – non – pas dans mon boudoir – où vous voudrez.

LE CARDINAL: Je reviendrai dans un moment plus favorable.

Il sort.

LA MARQUISE: Pourquoi toujours le visage de ce prêtre? Quels cercles décrit donc autour de moi ce vautour à tête chauve, pour que je le trouve sans cesse derrière moi quand je me retourne? Est-ce que l'heure de ma mort serait proche?

Entre un page qui lui parle à l'oreille.

C'est bon, j'y vais. Ah! ce métier de servante, tu n'y es pas fait, pauvre cœur orgueilleux.

Elle sort.

Scène VI

Le boudoir de la marquise.

LA MARQUISE, LE DUC.

LA MARQUISE: C'est ma façon de penser – je t'aimerais ainsi.

LE DUC: Des mots, des mots, et rien de plus.

LA MARQUISE: Vous autres hommes, cela est si peu pour vous! Sacrifier le repos de ses jours, la sainte chasteté de l'honneur, quelquefois ses enfants même, – ne vivre que pour un seul être au monde – se donner, enfin, se donner, puisque cela s'appelle ainsi! Mais cela n'en vaut pas la peine! à quoi bon écouter une femme? une femme qui parle d'autre chose que de chiffons et de libertinage, cela ne se voit pas!

LE DUC: Vous rêvez tout éveillée.

LA MARQUISE: Oui, par le ciel! oui, j'ai fait un rêve – hélas! les rois seuls n'en font jamais – toutes les chimères de leurs caprices se transforment en réalités, et leurs cauchemars eux-mêmes se changent en marbre. Alexandre! Alexandre! quel mot que celui-là: Je peux si je veux! – Ah! Dieu lui-même n'en sait pas plus! – Devant ce mot, les mains des peuples se joignent dans une prière craintive, et le pâle troupeau des hommes retient son haleine pour écouter.

LE DUC: N'en parlons plus, ma chère, cela est fatigant.

LA MARQUISE: Être un roi, sais-tu ce que c'est? Avoir au bout de son bras cent mille mains! Être le rayon du *[92] soleil qui sèche les larmes des hommes! Être le bonheur et le malheur! Ah! quel frisson mortel cela donne! Comme il tremblerait, ce vieux du Vatican, si tu ouvrais tes ailes, toi, mon aiglon! César est si loin! la garnison t'est si dévouée! Et, d'ailleurs, on égorge une armée, mais *[93] l'on n'égorge pas un peuple. Le jour où tu auras pour toi la nation tout entière, où tu seras la tête d'un corps libre, où tu diras: «Comme le doge de Venise épouse l'Adriatique, ainsi je mets mon anneau d'or au doigt de ma belle Florence, et ses enfants sont mes enfants...» Ah! sais-tu ce que c'est qu'un peuple qui prend son bienfaiteur dans ses bras? *[94] Sais-tu ce que c'est que d'être montré par un père à son enfant?

LE DUC: Je me soucie de l'impôt; pourvu qu'on le paye, que m'importe?

LA MARQUISE: Mais enfin, on t'assassinera. – Les pavés sortiront de terre et t'écraseront. Ah! la Postérité! N'as-tu jamais vu ce spectre-là au chevet de ton lit? Ne t'es-tu jamais demandé ce que penseront de toi ceux qui sont dans le ventre des vivants? Et tu vis, toi – il est encore temps! Tu n'as qu'un mot à dire. Te souviens-tu du Père de la Patrie? Va, cela est facile d'être un grand roi, quand on est roi. Déclare Florence indépendante, réclame l'exécution du traité avec l'empire,[91] tire ton épée, et montre-la – ils te diront de la remettre au fourreau, que ses éclairs leur font mal aux yeux. Songe donc comme tu es jeune! Rien n'est décidé sur ton compte. – Il y a dans le cœur des peuples de larges indulgences pour les princes, et la reconnaissance publique est un profond fleuve d'oubli pour leurs fautes passées. On t'a mal conseillé, on t'a trompé – mais il est encore temps – tu n'as qu'à dire – tant que tu es vivant, la page n'est pas tournée dans le livre de Dieu.

LE DUC: Assez, ma chère, assez.

LA MARQUISE: Ah! quand elle le sera! quand un misérable jardinier, payé à la journée, viendra arroser à contre-cœur quelques chétives marguerites autour du tombeau d'Alexandre – quand les pauvres respireront gaiement l'air du ciel, et n'y verront plus planer le sombre météore de ta puissance – quand ils parleront de toi en secouant la tête – quand ils compteront autour de ta tombe les tombes de leurs parents – es-tu sûr de dormir tranquille dans ton dernier sommeil?[92] – Toi qui ne vas pas à la messe, et qui ne tiens qu'à l'impôt, es-tu sûr que l'Éternité soit sourde, et qu'il n'y ait pas un écho de la vie dans le séjour hideux des trépassés? Sais-tu où vont les larmes des peuples, quand le vent les emporte?

LE DUC: Tu as une jolie jambe.

LA MARQUISE: Écoute-moi. Tu es étourdi, je le sais, mais tu n'es pas méchant; non, sur Dieu, tu ne l'es pas, tu ne peux pas l'être. Voyons, fais-toi violence – réfléchis un instant, un seul instant, à ce que je te dis. N'y a-t-il rien dans tout cela? Suis-je décidément une folle?

LE DUC: Tout cela me passe bien par la tête, mais qu'est-ce que je fais donc de si mal? Je vaux bien mes voisins; je vaux, ma foi, mieux que le pape. Tu me fais penser aux Strozzi avec tous tes discours – et tu sais que je les déteste. Tu veux que je me révolte contre César – César est mon beau-père, ma chère amie.[93] Tu te figures que les Florentins ne m'aiment pas; je suis sûr qu'ils m'aiment, moi. Eh! parbleu, quand tu aurais raison, de qui veux-tu que j'aie peur?

LA MARQUISE: Tu n'as pas peur de ton peuple – mais tu as peur de l'empereur. Tu as tué ou déshonoré des centaines de citoyens, et tu crois avoir tout fait quand tu mets une cotte de mailles sous ton habit.

LE DUC: Paix! point de ceci.

LA MARQUISE: Ah! je m'emporte; je dis ce que je ne veux pas dire. Mon ami, qui ne sait pas que tu es brave? Tu es brave comme tu es beau. Ce que tu as fait de mal, c'est ta jeunesse, c'est ta tête – que sais-je, moi? c'est le sang qui coule violemment dans ces veines brûlantes, c'est ce soleil étouffant qui nous pèse. – Je t'en supplie, que je ne sois pas perdue sans ressource; que mon nom, que mon pauvre amour pour toi ne soit pas inscrit sur une liste infâme. Je suis une femme, c'est vrai, et si la beauté est tout pour les femmes, bien d'autres valent mieux que moi. Mais n'as-tu rien, dis-moi – dis-moi donc, toi! voyons! n'as-tu donc rien, rien là?

Elle lui frappe le cœur.

LE DUC: Quel démon! Assieds-toi[95] donc là, ma petite.

LA MARQUISE: Eh bien! oui, je veux bien l'avouer, oui, j'ai de l'ambition, non pas pour moi – mais toi! toi, et ma chère Florence! – Ô Dieu! tu m'es témoin de ce que je souffre!

LE DUC: Tu souffres? qu'est-ce que tu as?

LA MARQUISE: Non, je ne souffre pas. Écoute! écoute! Je vois que tu t'ennuies auprès de moi. Tu comptes les moments,[94] tu détournes la tête – ne t'en va pas encore – c'est peut-être la dernière fois que je te vois. Écoute! je te dis que Florence t'appelle sa peste nouvelle, et qu'il n'y a pas une chaumière où ton portrait ne soit collé sur les murailles, avec un coup de couteau dans le cœur. Que je sois folle, que tu me haïsses demain, que m'importe? tu sauras cela.

LE DUC: Malheur à toi, si tu joues avec ma colère!

LA MARQUISE: Oui, malheur à moi! malheur à moi!

LE DUC: Une autre fois – demain matin, si tu veux – nous pourrons nous revoir, et parler de cela. Ne te fâche pas, si je te quitte à présent, il faut que j'aille à la chasse.

LA MARQUISE: Oui, malheur à moi! malheur à moi!

LE DUC: Pourquoi? Tu as l'air sombre comme l'enfer. Pourquoi diable aussi te mêles-tu de politique? Allons, allons, ton petit rôle de femme, et de vraie femme, te va si bien. Tu es trop dévote; cela se formera. Aide-moi donc à remettre mon habit; je suis tout débraillé.

LA MARQUISE: Adieu, Alexandre.

Le duc l'embrasse. – Entre le cardinal.

LE CARDINAL: Ah! – Pardon, Altesse, je croyais ma sœur toute seule. Je suis un maladroit; c'est à moi d'en porter la peine. Je vous supplie de m'excuser.

LE DUC: Comment l'entendez-vous? Allons donc, Malaspina, voilà qui sent le prêtre. Est-ce que vous devez voir ces choses-là? Venez donc, venez donc; que diable est-ce que cela vous fait?

Ils sortent ensemble.

LA MARQUISE, *seule, tenant le portrait de son mari*: Où es-tu maintenant, Laurent? Il est midi passé. Tu te promènes sur la terrasse, devant les grands marronniers. Autour de toi paissent tes génisses grasses; tes garçons de ferme dînent à l'ombre. La pelouse soulève son manteau blanchâtre aux rayons du soleil; les arbres, entretenus par tes soins, murmurent religieusement sur la tête blanche de leur vieux maître, tandis que l'écho de nos longues arcades répète avec respect le bruit de ton pas tranquille. Ô mon Laurent! j'ai perdu le trésor de ton honneur, j'ai voué au ridicule et au doute les dernières années de ta noble vie. Tu ne presseras plus sur ta cuirasse un cœur digne du tien; ce sera une main tremblante qui t'apportera ton repas du soir quand tu rentreras de la chasse.

Scène VII

Chez les Strozzi.

LES QUARANTE STROZZI, *à souper.*

PHILIPPE: Mes enfants, mettons-nous à table.

LES CONVIVES: Pourquoi reste-t-il deux sièges vides?

PHILIPPE: Pierre et Thomas sont en prison.

LES CONVIVES: Pourquoi?

PHILIPPE: Parce que Salviati a insulté ma fille, que voilà, à la foire de Montolivet, publiquement, et devant son frère Léon. Pierre et Thomas ont tué Salviati,[95] et Alexandre de Médicis les a fait arrêter pour venger la mort de son ruffian.

LES CONVIVES: Meurent les Médicis!

PHILIPPE: J'ai rassemblé ma famille pour lui raconter mes chagrins, et la prier de me secourir. Soupons, et sortons ensuite l'épée à la main, pour redemander mes deux fils, si vous avez du cœur.

LES CONVIVES: C'est dit; nous voulons bien.

PHILIPPE: Il est temps que cela finisse, voyez-vous! On nous tuerait nos enfants et on déshonorerait nos filles. Il est temps que Florence apprenne à ces bâtards ce que c'est que le droit de vie et de mort. Les Huit n'ont pas le droit de condamner mes enfants; et moi, je n'y survivrais pas.[*96]

LES CONVIVES: N'aie pas peur, Philippe, nous sommes là.

PHILIPPE: Je suis le chef de la famille; comment souffrirais-je qu'on m'insultât? Nous sommes tout autant que les Médicis, les Ruccellaï tout autant, les Aldobrandini et vingt autres. Pourquoi ceux-là pourraient-ils faire égorger nos enfants plutôt que nous les leurs? Qu'on allume un tonneau de poudre dans les caves de la citadelle, et voilà la garnison allemande en déroute. Que reste-t-il à ces Médicis? Là est leur force; hors de là, ils ne sont rien. Sommes-nous des hommes? Est-ce à dire qu'on abattra d'un coup de hache les nobles[*97] familles de Florence, et qu'on arrachera de la terre natale des racines aussi vieilles qu'elle? C'est par nous qu'on commence, c'est à nous de tenir ferme. Notre premier cri d'alarme, comme le coup de sifflet de l'oiseleur, va rabattre sur Florence une armée tout entière d'aigles chassés du nid. Ils ne sont pas loin; ils tournoient autour de la ville, les yeux fixés sur ses clochers. Nous y planterons les drapeaux noirs[*98] de la peste; ils accourront à ce signal de mort. Ce sont les couleurs de la colère céleste. Ce soir, allons d'abord délivrer nos fils; demain nous irons tous ensemble, l'épée nue, à la porte de toutes les grandes familles. Il y a à Florence quatre-vingts palais, et de chacun d'eux sortira une troupe pareille à la nôtre, quand la Liberté y frappera.

LES CONVIVES: Vive la liberté!

PHILIPPE: Je prends Dieu à témoin que c'est la violence qui me force à tirer l'épée, que je suis resté durant soixante ans bon et paisible citoyen, que je n'ai jamais fait de mal à qui que ce soit au monde, et que la moitié de ma fortune a été employée à secourir les malheureux.

LES CONVIVES: C'est vrai.

PHILIPPE: C'est une juste vengeance qui me pousse à la révolte, et je me fais rebelle parce que Dieu m'a fait père. Je ne suis poussé par aucun motif d'ambition, ni d'intérêt, ni d'orgueil. Ma cause est loyale, honorable et sacrée. Emplissez vos coupes et levez-vous. Notre vengeance est une hostie que nous pouvons briser sans crainte, et partager*⁹⁹ devant Dieu. Je bois à la mort des Médicis!⁹⁶

LES CONVIVES *se lèvent et boivent*: À la mort des Médicis!

LOUISE, *posant son verre*: Ah! je vais mourir.

PHILIPPE: Qu'as-tu, ma fille, mon enfant bien-aimée? qu'as-tu, mon Dieu! que t'arrive-t-il? Mon Dieu, mon Dieu, comme tu pâlis! Parle, qu'as-tu? parle à ton père. Au secours! au secours! Un médecin! Vite, vite, il n'est plus temps.

LOUISE: Je vais mourir, je vais mourir.

*Elle meurt.*⁹⁷

PHILIPPE: Elle s'en va, mes amis, elle s'en va! Un médecin! ma fille est empoisonnée!

Il tombe à genoux près de Louise.

UN CONVIVE: Coupez son corset! faites-lui boire de l'eau tiède; si c'est du poison, il faut de l'eau tiède.

Les domestiques accourent.

UN AUTRE CONVIVE: Frappez-lui dans les mains, ouvrez les fenêtres, et frappez-lui dans les mains.

UN AUTRE: Ce n'est peut-être qu'un étourdissement; elle aura bu avec trop de précipitation.

UN AUTRE: Pauvre enfant! comme ses traits sont calmes! Elle ne peut pas être morte ainsi tout d'un coup.

PHILIPPE: Mon enfant! es-tu morte, es-tu morte, Louise, ma fille bien-aimée?

LE PREMIER CONVIVE: Voilà le médecin qui accourt.

Un médecin entre.

LE SECOND CONVIVE: Dépêchez-vous, monsieur; dites-nous si c'est du poison.

PHILIPPE: C'est un étourdissement, n'est-ce pas?

LE MÉDECIN: Pauvre jeune fille! elle est morte.

Un profond silence règne dans la salle;
Philippe est toujours à genoux auprès de Louise et lui tient les mains.

UN DES CONVIVES: C'est du poison des Médicis. Ne laissons pas Philippe dans l'état où il est. Cette immobilité est effrayante.

UN AUTRE: Je suis sûr de ne pas me tromper. Il y avait autour de la table un domestique qui a appartenu à la femme de Salviati.[98]

UN AUTRE: C'est lui qui a fait le coup, sans aucun doute. Sortons, et arrêtons-le.

Ils sortent.

LE PREMIER CONVIVE: Philippe ne veut pas répondre à ce qu'on lui dit; il est frappé de la foudre.

UN AUTRE: C'est horrible! C'est un meurtre inouï!

UN AUTRE: Cela crie vengeance au ciel! Sortons, et allons égorger Alexandre.

UN AUTRE: Oui, sortons; mort à Alexandre! C'est lui qui a tout ordonné. Insensés que nous sommes! ce n'est pas d'hier que date sa haine contre nous. Nous agissons trop tard.

UN AUTRE: Salviati n'en voulait pas à cette pauvre Louise pour son propre compte; c'est pour le duc qu'il travaillait. Allons, partons, quand on devrait nous tuer jusqu'au dernier.

PHILIPPE *se lève*: Mes amis, vous enterrerez ma pauvre fille, n'est-ce pas? (*Il met son manteau.*) dans mon jardin, derrière les figuiers. Adieu, mes bons amis; adieu, portez-vous bien.

UN CONVIVE: Où vas-tu, Philippe?

PHILIPPE: J'en ai assez, voyez-vous; j'en ai autant que j'en puis porter. J'ai mes deux fils en prison, et voilà ma fille morte. J'en ai assez, je m'en vais d'ici.

UN CONVIVE: Tu t'en vas? tu t'en vas sans vengeance?

PHILIPPE: Oui, oui. Ensevelissez seulement ma pauvre fille, mais ne l'enterrez pas, c'est à moi de l'enterrer. Je le ferai à ma façon, chez de pauvres moines que je connais, et qui viendront la chercher demain. À quoi sert-il de la regarder? elle est morte; ainsi cela est inutile. Adieu, mes amis, rentrez chez vous, portez-vous bien.

UN CONVIVE: Ne le laissez pas sortir, il a perdu la raison.

UN AUTRE: Quelle horreur! je me sens prêt à m'évanouir dans cette salle.

Il sort.

PHILIPPE: Ne me faites pas violence, ne m'enfermez pas dans une chambre où est le cadavre de ma fille – laissez-moi m'en aller.

UN CONVIVE: Venge-toi, Philippe, laisse-nous te venger. Que ta Louise soit notre Lucrèce![99] Nous ferons boire à Alexandre le reste de son verre.

UN AUTRE: La nouvelle Lucrèce! Nous allons jurer sur son corps de mourir pour la liberté! Rentre chez toi, Philippe, pense à ton pays; ne rétracte pas tes paroles.

PHILIPPE: Liberté, vengeance, voyez-vous, tout cela est beau. J'ai deux fils en prison, et voilà ma fille morte. Si je reste ici, tout va mourir autour de moi; l'important, c'est que je m'en aille, et que vous vous teniez tranquilles. Quand ma porte et mes fenêtres seront fermées, on ne pensera plus aux Strozzi; si elles restent ouvertes, je m'en vais vous voir tomber tous les uns après les autres. Je suis vieux, voyez-vous, il est temps que je ferme ma boutique. Adieu, mes amis, restez tranquilles; si je n'y suis plus, on ne vous fera rien. Je m'en vais de ce pas à Venise.[100]

UN CONVIVE: Il fait un orage épouvantable; reste ici cette nuit.

PHILIPPE: N'enterrez pas ma pauvre enfant; mes vieux moines viendront demain, et ils l'emporteront. Dieu de justice! Dieu de justice! que t'ai-je fait?

Il sort en courant.

Acte IV

Scène I

Au palais du duc.

Entrent LE DUC *et* LORENZO.

LE DUC: J'aurais voulu être là; il devait y avoir plus d'une face en colère. Mais je ne conçois pas qui a pu empoisonner cette Louise.

LORENZO: Ni moi non plus, à moins que ce ne soit vous.

LE DUC: Philippe doit être furieux! On dit qu'il est parti pour Venise. Dieu merci, me voilà délivré de ce vieillard insupportable. Quant à la chère famille, elle aura la bonté de se tenir tranquille. Sais-tu qu'ils ont failli faire une petite révolution dans leur quartier? On m'a tué deux Allemands.

LORENZO: Ce qui me fâche le plus, c'est que cet honnête Salviati a une jambe coupée. Avez-vous retrouvé votre cotte de mailles?

LE DUC: Non, en vérité; j'en suis plus mécontent que je ne puis le dire.

LORENZO: Méfiez-vous de Giomo; c'est lui qui vous l'a volée. Que portez-vous à la place?

LE DUC: Rien. Je ne puis en supporter une autre; il n'y en a pas d'aussi légère que celle-là.

LORENZO: Cela est fâcheux pour vous.

LE DUC: Tu ne me parles pas de ta tante.

LORENZO: C'est par oubli, car elle vous adore; ses yeux ont perdu le repos depuis que l'astre de votre amour s'est levé dans son pauvre cœur. De grâce, seigneur, ayez quelque pitié pour elle; dites quand vous voulez la recevoir, et à quelle heure il lui sera loisible de vous sacrifier le peu de vertu qu'elle a.

LE DUC: Parles-tu sérieusement?

LORENZO: Aussi sérieusement que la Mort elle-même. Je voudrais voir qu'une tante à moi ne couchât pas avec vous.

LE DUC: Où pourrais-je*¹⁰⁰ la voir?

LORENZO: Dans ma chambre, seigneur. Je ferai mettre des rideaux blancs à mon lit et un pot de réséda sur ma table; après quoi je coucherai par écrit sur votre calepin que ma tante sera en chemise à minuit précis, afin que vous ne l'oubliiez pas après souper.

LE DUC: Je n'ai*¹⁰¹ garde. Peste! Catherine est un morceau de roi. Eh!

dis-moi, habile garçon, tu es vraiment sûr qu'elle viendra? Comment t'y es-tu pris?

LORENZO: Je vous dirai cela.

LE DUC: Je m'en vais voir un cheval que je viens d'acheter; adieu et à ce soir. Viens me prendre après souper; nous irons ensemble à ta maison. Quant à la Cibo, j'en ai par-dessus les oreilles; hier encore, il a fallu l'avoir sur le dos pendant toute la chasse.[101] Bonsoir, mignon.

Il sort.

LORENZO, *seul*: Ainsi c'est convenu. Ce soir je l'emmène chez moi, et demain les républicains verront ce qu'ils ont à faire, car le duc de Florence sera mort. Il faut que j'avertisse Scoronconcolo. Dépêche-toi, soleil, si tu es curieux des nouvelles que cette nuit te dira demain.

Il sort.

Scène II

Une rue.

PIERRE *et* THOMAS STROZZI, *sortant de prison.*

PIERRE: J'étais bien sûr que les Huit me renverraient absous, et toi aussi. Viens, frappons à notre porte, et allons embrasser notre père. Cela est singulier, les volets sont fermés!

LE PORTIER, *ouvrant*: Hélas! seigneur, vous savez les nouvelles.

PIERRE: Quelles nouvelles? Tu as l'air d'un spectre qui sort d'un tombeau, à la porte de ce palais désert.

LE PORTIER: Est-il possible que vous ne sachiez rien?

Deux moines arrivent.

THOMAS: Et que pourrions-nous savoir? Nous sortons de prison. Parle, qu'est-il arrivé?

LE PORTIER: Hélas! mes pauvres seigneurs! cela est horrible à dire.

LES MOINES, *s'approchant*: Est-ce ici le palais des Strozzi?

LE PORTIER: Oui; que demandez-vous?

LES MOINES: Nous venons chercher le corps de Louise Strozzi. Voilà l'autorisation de Philippe, afin que vous nous laissiez l'emporter.

PIERRE: Comment dites-vous? Quel corps demandez-vous?

LES MOINES: Éloignez-vous, mon enfant, vous portez sur votre visage la ressemblance de Philippe; il n'y a rien de bon à apprendre ici pour vous.

THOMAS: Comment? elle est morte? morte? ô Dieu du ciel!

Il s'assoit à l'écart.

PIERRE: Je suis plus ferme que vous ne pensez. Qui a tué ma sœur? car on ne meurt pas à son âge dans l'espace d'une nuit, sans une cause extraordinaire.*¹⁰² Qui l'a tuée, que je le tue? Répondez-moi, ou vous êtes mort vous-même.

LE PORTIER: Hélas! hélas! qui peut le dire? Personne n'en sait rien.

PIERRE: Où est mon père? Viens, Thomas, point de larmes. Par le ciel! mon cœur se serre comme s'il allait s'ossifier dans mes entrailles, et rester un rocher pour l'éternité.

LES MOINES: Si vous êtes le fils de Philippe, venez avec nous. Nous vous conduirons à lui; il est depuis hier à notre couvent.

PIERRE: Et je ne saurai pas qui a tué ma sœur? Écoutez-moi, prêtres; si vous êtes l'image de Dieu, vous pouvez recevoir un serment. Par tout ce qu'il y a d'instruments de supplice sous le ciel, par les tortures de l'enfer... Non, je ne veux pas dire un mot. Dépêchons-nous, que je voie mon père. Ô Dieu! ô Dieu! faites que ce que je soupçonne soit la vérité, afin que je les broie sous mes pieds comme des grains de sable. Venez, venez, avant que je perde la force. Ne me dites pas un mot; il s'agit là d'une vengeance, voyez-vous, telle que la colère céleste n'en a pas rêvé.

Ils sortent.

Scène III

Une rue.

LORENZO, SCORONCONCOLO.

LORENZO: Rentre chez toi, et ne manque pas de venir à minuit; tu t'enfermeras dans mon cabinet jusqu'à ce qu'on vienne t'avertir.

SCORONCONCOLO: Oui, Monseigneur.

Il sort.

LORENZO, *seul*: De quel tigre a rêvé ma mère enceinte de moi? Quand je pense que j'ai aimé les fleurs, les prairies et les sonnets de Pétrarque, le spectre de ma jeunesse se lève devant moi en frissonnant. Ô Dieu! pourquoi ce seul mot: «À ce soir,» fait-il pénétrer jusque dans mes os cette joie brûlante comme un fer rouge? De quelles entrailles fauves, de quels velus embrassements suis-je donc sorti? Que m'avait fait cet homme? Quand je pose ma main là, sur mon cœur,*¹⁰³ et que je réfléchis, – qui donc m'entendra dire demain: «Je l'ai tué,» sans me répondre: «Pourquoi l'as-tu tué?» Cela est étrange. Il a fait du mal aux autres, mais il m'a fait du bien, du moins à sa manière. Si j'étais resté tranquille au fond de mes solitudes de Cafaggiuolo,[102] il ne serait pas venu m'y chercher et moi je suis venu le chercher à Florence. Pourquoi cela? Le spectre de mon père me conduisait-il, comme Oreste, vers un nouvel Égiste?[103] M'avait-il offensé alors? Cela est étrange, et cependant pour cette action j'ai tout quitté. La seule pensée de ce meurtre a fait tomber en poussière les rêves de ma vie; je n'ai plus été qu'une ruine, dès que ce meurtre, comme un corbeau sinistre, s'est posé sur ma route et m'a appelé à lui. Que veut dire cela? Tout à l'heure, en passant sur la place, j'ai entendu deux hommes parler d'une comète.[104] Sont-ce bien les battements d'un cœur humain que je sens là, sous les os de ma poitrine? Ah! pourquoi cette idée me vient-elle si souvent depuis quelque temps? – Suis-je le bras de Dieu? Y a-t-il une nuée au-dessus de ma tête? Quand j'entrerai dans cette chambre, et que je voudrai tirer mon épée du fourreau, j'ai peur de tirer l'épée flamboyante de l'archange, et de tomber en cendres sur ma proie.

Il sort.

Scène IV

Chez le marquis Cibo.[*104]

Entrent LE CARDINAL *et* LA MARQUISE.

LA MARQUISE: Comme vous voudrez, Malaspina.

LE CARDINAL: Oui, comme je voudrai. Pensez-y à deux fois, marquise, avant de vous jouer à moi. Êtes-vous une femme comme les autres, et faut-il qu'on ait une chaîne d'or au cou et un mandat à la main, pour que vous compreniez qui on est? Attendez-vous qu'un valet crie à tue-tête en ouvrant une porte devant moi, pour savoir quelle est ma puissance? Apprenez-le: ce ne sont pas les titres qui font l'homme – je ne suis ni envoyé du pape ni capitaine de Charles-Quint – je suis plus que cela.

LA MARQUISE: Oui, je le sais. César a vendu son ombre au diable; cette ombre impériale se promène, affublée d'une robe rouge, sous le nom de Cibo.

LE CARDINAL: Vous êtes la maîtresse d'Alexandre, songez à cela; et votre secret est entre mes mains.

LA MARQUISE: Faites-en ce qu'il vous plaira; nous verrons l'usage qu'un confesseur sait faire de sa conscience.

LE CARDINAL: Vous vous trompez; ce n'est pas par votre confession que je l'ai appris. Je l'ai vu de mes propres yeux, je vous ai vue embrasser le duc. Vous me l'auriez avoué au confessionnal que je pourrais encore en parler sans péché, puisque je l'ai vu hors du confessionnal.

LA MARQUISE: Eh bien, après?

LE CARDINAL: Pourquoi le duc vous quittait-il d'un pas si nonchalant, et en soupirant comme un écolier quand la cloche sonne? Vous l'avez rassasié de votre patriotisme, qui, comme une fade boisson, se mêle à tous les mets de votre table. Quels livres avez-vous lus, et quelle sotte duègne était donc votre gouvernante, pour que vous ne sachiez pas que la maîtresse d'un roi parle ordinairement d'autre chose que de patriotisme?

LA MARQUISE: J'avoue que l'on ne m'a jamais appris bien nettement de quoi devait parler la maîtresse d'un roi; j'ai négligé de m'instruire sur ce point, comme aussi, peut-être, de manger du riz pour m'engraisser, à la mode turque.

LE CARDINAL: Il ne faut pas une grande science pour garder un amant un peu plus de trois jours.

LA MARQUISE: Qu'un prêtre eût appris cette science à une femme, cela eût été fort simple. Que ne m'avez-vous conseillée?

LE CARDINAL: Voulez-vous que je vous conseille? Prenez votre manteau, et allez vous glisser dans l'alcôve du duc. S'il s'attend à des phrases en vous voyant, prouvez-lui que vous savez n'en pas faire à toutes les heures; soyez pareille à une somnambule, et faites en sorte que s'il s'endort sur ce cœur républicain, ce ne soit pas d'ennui. Êtes-vous vierge? n'y a-t-il plus de vin de Chypre? n'avez-vous pas au fond de la mémoire quelque joyeuse chanson? n'avez-vous pas lu l'Arétin?[105]

LA MARQUISE: Ô ciel! j'ai entendu murmurer des mots comme ceux-là à de hideuses vieilles qui grelottent sur le Marché-Neuf. Si vous n'êtes pas un prêtre, êtes-vous un homme? êtes-vous sûr que le ciel est vide, pour faire ainsi rougir votre pourpre elle-même?

LE CARDINAL: Il n'y a rien de si vertueux que l'oreille d'une femme dépravée.[106] Feignez ou non de me comprendre, mais souvenez-vous que mon frère est votre mari.

LA MARQUISE: Quel intérêt vous avez à me torturer ainsi, voilà ce que je ne puis comprendre que vaguement. Vous me faites horreur – que voulez-vous de moi?

LE CARDINAL: Il y a des secrets qu'une femme ne doit pas savoir, mais qu'elle peut faire prospérer en en sachant les éléments.

LA MARQUISE: Quel fil mystérieux de vos sombres pensées voudriez-vous me faire tenir? Si vos désirs sont aussi effrayants que vos menaces, parlez; montrez-moi du moins le cheveu qui suspend l'épée sur ma tête.[107]

LE CARDINAL: Je ne puis parler qu'en termes couverts, par la raison que je ne suis pas sûr de vous. Qu'il vous suffise de savoir que, si vous eussiez été une autre femme, vous seriez une reine à l'heure qu'il est. Puisque vous m'appelez l'ombre de César, vous auriez vu qu'elle est assez grande pour intercepter le soleil de Florence. Savez-vous où peut conduire un sourire féminin? Savez-vous où vont les fortunes dont les racines poussent dans les alcôves? Alexandre est fils du pape, apprenez-le; et quand le pape était à Bologne...[108] Mais je me laisse entraîner trop loin.

LA MARQUISE: Prenez garde de vous confesser à votre tour. Si vous êtes le frère de mon mari, je suis la*[105] maîtresse d'Alexandre.

LE CARDINAL: Vous l'avez été, marquise, et bien d'autres aussi.

LA MARQUISE: Je l'ai été – oui, Dieu merci, je l'ai été!

LE CARDINAL: J'étais sûr que vous commenceriez par vos rêves; il faudra cependant que vous en veniez quelque jour aux miens. Écoutez-moi, nous nous querellons assez mal à propos; mais, en vérité, vous prenez tout au sérieux. Réconciliez-vous avec Alexandre, et puisque je vous ai blessée tout à l'heure en vous disant comment, je n'ai que faire de le répéter. Laissez-vous conduire; dans un an, dans deux ans, vous me remercierez. J'ai travaillé longtemps pour être ce que je suis, et je sais où l'on peut aller. Si j'étais sûr de vous, je vous dirais des choses que Dieu lui-même ne saura jamais.

LA MARQUISE: N'espérez rien, et soyez assuré de mon mépris.

Elle veut sortir.

LE CARDINAL: Un instant! Pas si vite! N'entendez-vous pas le bruit d'un cheval? Mon frère ne doit-il pas revenir*[106] aujourd'hui ou demain? Me connaissez-vous pour un homme qui a deux paroles? Allez au palais ce soir, ou vous êtes perdue.

LA MARQUISE: Mais enfin, que vous soyez ambitieux, que tous les moyens vous soient bons, je le conçois; mais parlerez-vous plus clairement? Voyons, Malaspina, je ne veux pas désespérer tout à fait de ma perversion. Si vous pouvez me convaincre, faites-le – parlez-moi franchement. Quel est votre but?

LE CARDINAL: Vous ne désespérez pas de vous laisser convaincre, n'est-il pas vrai? Me prenez-vous pour un enfant, et croyez-vous qu'il suffise de me frotter les lèvres de miel pour me les desserrer? Agissez d'abord, je parlerai après. Le jour ou, comme femme, vous aurez pris l'empire nécessaire, non pas sur l'esprit d'Alexandre, duc de Florence, mais sur le cœur d'Alexandre votre amant, je vous apprendrai le reste, et vous saurez ce que j'attends.

LA MARQUISE: Ainsi donc, quand j'aurai lu l'Arétin pour me donner une première expérience, j'aurai à lire, pour en acquérir une seconde, le livre secret de vos pensées? Voulez-vous que je vous dise, moi, ce que vous n'osez pas me dire? Vous servez le pape, jusqu'à ce que l'empereur trouve que vous êtes meilleur valet que le pape lui-même. Vous espérez qu'un jour César vous devra bien réellement, bien complètement, l'esclavage de l'Italie, et ce jour-là – oh! ce jour-là, n'est-il pas vrai, celui qui est le roi de la moitié du monde pourrait bien vous donner en récompense le chétif héritage des cieux. Pour gouverner Florence en gouvernant le duc, vous vous feriez femme tout à l'heure, si vous pouviez. Quand la pauvre Ricciarda Cibo aura fait faire deux ou trois coups d'État à Alexandre, on aura bientôt ajouté que Ricciarda Cibo mène le duc, mais qu'elle est menée par son beau-frère; et, comme vous dites, qui sait jusqu'où les larmes des peuples, devenues un océan, pourraient lancer votre barque? Est-ce à peu près cela? Mon imagination ne peut aller aussi loin que la vôtre, sans doute; mais je crois que c'est à peu près cela.

LE CARDINAL: Allez ce soir chez le duc, ou vous êtes perdue.

LA MARQUISE: Perdue? et comment?

LE CARDINAL: Ton mari saura tout!

LA MARQUISE: Faites-le, faites-le, je me tuerai.

LE CARDINAL: Menace de femme! Écoutez-moi.*¹⁰⁷ Que vous m'ayez compris bien ou mal, allez ce soir chez le duc.

LA MARQUISE: Non.

LE CARDINAL: Voilà votre mari qui entre dans la cour. Par tout ce qu'il y a de sacré au monde, je lui raconte tout, si vous dites «non» encore une fois.

LA MARQUISE: Non, non, non!

Entre le marquis.

Laurent,*¹⁰⁸ pendant que vous étiez à Massa, je me suis livrée à Alexandre, je me suis livrée, sachant qui il était, et quel rôle misérable j'allais jouer. Mais voilà un prêtre qui veut m'en faire jouer un plus vil encore; il me propose des horreurs pour m'assurer le titre de maîtresse du duc, et le tourner à son profit.¹⁰⁹

Elle se jette à genoux.

LE MARQUIS: Êtes-vous folle? Que veut-elle dire, Malaspina? – Eh bien! vous voilà comme une statue. Ceci est-il une comédie, cardinal? Eh bien donc! que faut-il que j'en pense?

LE CARDINAL: Ah! corps du Christ!

Il sort.

LE MARQUIS: Elle est évanouie. Holà! qu'on apporte du vinaigre!*¹⁰⁹

Scène V

La chambre de Lorenzo.

LORENZO, DEUX DOMESTIQUES.

LORENZO: Quand vous aurez placé ces fleurs sur la table et celles-ci au pied du lit, vous ferez un bon feu, mais de manière à ce que cette nuit la flamme ne flambe pas, et que les charbons échauffent sans éclairer. Vous me donnerez la clef, et vous irez vous coucher.

Entre Catherine.

CATHERINE: Notre mère est malade; ne viens-tu pas la voir, Renzo?

LORENZO: Ma mère est malade?

CATHERINE: Hélas! je ne puis te cacher la vérité. J'ai reçu hier un billet du duc, dans lequel il me disait que tu avais dû me parler d'amour pour lui; cette lecture a fait bien du mal à Marie.

LORENZO: Cependant je ne t'avais pas parlé de cela. N'as-tu pas pu lui dire que je n'étais pour rien là-dedans?

CATHERINE: Je le lui ai dit. Pourquoi ta chambre est-elle aujourd'hui si belle et en si bon état? Je ne croyais pas que l'esprit d'ordre fût ton majordome.

LORENZO: Le duc t'a donc écrit? Cela est singulier que je ne l'aie point su. Et, dis-moi, que penses-tu de sa lettre?

CATHERINE: Ce que j'en pense?

LORENZO: Oui, de la déclaration d'Alexandre. Qu'en pense ce petit cœur innocent?

CATHERINE: Que veux-tu que j'en pense?

LORENZO: N'as-tu pas été flattée? un amour qui fait l'envie de tant de femmes! un titre si beau à conquérir, la maîtresse de...[110] Va-t'en, Catherine, va dire à ma mère que je te suis. Sors d'ici. Laisse-moi!

Catherine sort.

Par le ciel! quel homme de cire suis-je donc? Le Vice, comme la robe de Déjanire,[111] s'est-il si profondément incorporé à mes fibres, que je ne puisse plus répondre de ma langue, et que l'air qui sort de mes lèvres se fasse ruffian malgré moi? J'allais corrompre Catherine. – Je crois que je corromprais ma mère, si mon cerveau le prenait à tâche; car Dieu sait quelle corde et quel arc les dieux ont tendus dans ma tête, et quelle force ont les flèches qui en partent! Si tous les hommes sont des parcelles d'un foyer immense, assurément l'être inconnu qui m'a pétri a laissé tomber un tison au lieu d'une étincelle, dans ce corps faible et chancelant. Je puis délibérer et choisir, mais non revenir sur mes pas quand j'ai choisi. Ô Dieu! les jeunes gens à la mode ne se font-ils pas une gloire d'être vicieux, et les enfants qui sortent du collège ont-ils quelque chose de plus pressé que de se pervertir? Quel bourbier doit donc être l'espèce humaine, qui se rue ainsi dans les tavernes avec des lèvres affamées de débauche, quand, moi, qui n'ai voulu prendre qu'un masque pareil à leurs visages, et qui ai été aux mauvais lieux avec une résolution inébranlable de rester pur sous mes vêtements souillés, je ne puis ni me retrouver moi-même ni laver mes mains, même avec du sang! Pauvre Catherine! tu mourrais cependant comme Louise Strozzi, ou tu te laisserais tomber comme tant d'autres dans l'éternel abîme, si je n'étais pas là. Ô Alexandre! je ne suis pas dévot, mais je voudrais, en vérité, que tu fisses ta prière avant de venir ce soir dans cette chambre.[112] Catherine n'est-elle pas vertueuse, irréprochable? Combien faudrait-il pourtant de paroles pour faire de cette colombe ignorante la proie de ce gladiateur aux poils roux? Quand je pense que j'ai failli parler! Que de filles maudites par leurs pères rôdent au coin des bornes, ou regardent leur tête rasée dans le miroir cassé d'une cellule,[113] qui ont valu autant que Catherine, et qui ont écouté un ruffian moins habile que moi! Eh bien! j'ai commis bien des crimes, et si ma vie est jamais dans la balance d'un juge quelconque, il y aura d'un côté une montagne de sanglots; mais il y aura peut-être de l'autre une goutte de lait pur tombée du sein de Catherine, et qui aura nourri d'honnêtes enfants.

Il sort.

Scène VI

Une vallée, un couvent dans le fond.

Entrent PHILIPPE STROZZI *et deux moines.*
Des novices portent le cercueil de Louise; ils le posent dans un tombeau.

PHILIPPE: Avant de la mettre dans son dernier lit, laissez-moi l'embrasser. Lorsqu'elle était couchée, c'est ainsi que je me penchais sur elle pour lui donner le baiser du soir. Ses yeux mélancoliques étaient ainsi fermés à demi, mais ils se rouvraient au premier rayon du soleil, comme deux fleurs d'azur; elle se levait doucement le sourire sur les lèvres, et elle venait rendre à son vieux père son baiser de la veille. Sa figure céleste rendait délicieux un moment bien triste, le réveil d'un homme fatigué de la vie. Un jour de plus, pensais-je en voyant l'aurore, un sillon de plus dans mon champ! Mais alors j'apercevais ma fille, la vie m'apparaissait sous la forme de sa beauté, et la clarté du jour était la bienvenue.[114]

On ferme le tombeau.

PIERRE STROZZI, *derrière la scène*: Par ici, venez, par ici.*¹¹⁰

PHILIPPE: Tu ne te lèveras plus de ta couche; tu ne poseras pas tes pieds nus sur ce gazon pour revenir trouver ton père. Ô ma Louise! il n'y a que Dieu qui ait su qui tu étais, et moi, moi, moi!

PIERRE, *entrant*: Ils sont cent à Sestino, qui arrivent du Piémont. Venez, Philippe, le temps des larmes est passé.

PHILIPPE: Enfant, sais-tu ce que c'est que le temps des larmes?

PIERRE: Les bannis se sont rassemblés à Sestino; il est temps de penser à la vengeance. Marchons franchement sur Florence avec notre petite armée. Si nous pouvons arriver à propos pendant la nuit, et surprendre les postes de la citadelle, tout est dit. Par le ciel! j'élèverai à ma sœur un autre mausolée que celui-là.

PHILIPPE: Non pas moi; allez sans moi, mes amis.

PIERRE: Nous ne pouvons nous passer de vous; sachez-le, les confédérés comptent sur votre nom. François Iᵉʳ lui-même attend de vous un mouvement en faveur de la liberté. Il vous écrit comme au chef des républicains florentins; voilà sa lettre.

PHILIPPE *ouvre la lettre*: Dis à celui qui t'a apporté cette lettre qu'il réponde ceci au roi de France: «Le jour où Philippe portera les armes contre son pays, il sera devenu fou.»

PIERRE: Quelle est cette nouvelle sentence?

PHILIPPE: Celle qui me convient.

PIERRE: Ainsi vous perdez la cause des bannis, pour le plaisir de faire une phrase? Prenez garde, mon père, il ne s'agit pas là d'un passage de Pline;¹¹⁵ réfléchissez avant de dire non.

PHILIPPE: Il y a soixante ans que je sais ce que je devais répondre à la lettre du roi de France.

PIERRE: Cela passe toute idée! vous me forceriez à vous dire de certaines choses. – Venez avec nous, mon père, je vous en supplie. Lorsque j'allais chez les Pazzi, ne m'avez-vous pas dit: Emmène-moi? – Cela était-il différent alors?

PHILIPPE: Très différent. Un père offensé qui sort de sa maison l'épée à la main, avec ses amis, pour aller réclamer justice, est très différent d'un rebelle qui porte les armes contre son pays, en rase campagne et au mépris des lois.

PIERRE: Il s'agissait bien de réclamer justice! il s'agissait d'assommer Alexandre. Qu'est-ce qu'il y a de changé aujourd'hui? Vous n'aimez pas votre pays, ou sans cela vous profiteriez d'une occasion comme celle-ci.

PHILIPPE: Une occasion, mon Dieu! Cela, une occasion!

Il frappe le tombeau.

PIERRE: Laissez-vous fléchir.

PHILIPPE: Je n'ai pas une douleur ambitieuse; laisse-moi seul, j'en ai assez dit.

PIERRE: Vieillard obstiné! inexorable faiseur de sentences! vous serez cause de notre perte.

PHILIPPE: Tais-toi, insolent! sors d'ici!

PIERRE: Je ne puis dire ce qui se passe en moi. Allez où il vous plaira, nous agirons sans vous cette fois. Eh! mort de Dieu! il ne sera pas dit que tout soit perdu faute d'un traducteur de latin![116]

Il sort.

PHILIPPE: Ton jour est venu, Philippe! tout cela signifie que ton jour est venu.*[111]

Scène VII

Le bord de l'Arno; un quai. On voit une longue suite de palais.

Entre LORENZO: Voilà le soleil qui se couche; je n'ai pas de temps à perdre, et cependant tout ressemble ici à du temps perdu.

Il frappe à une porte.

Holà! seigneur Alamanno! holà!

ALAMANNO, *sur sa terrasse*: Qui est là? que me voulez-vous?

LORENZO: Je viens vous avertir que le duc doit être tué cette nuit. Prenez vos mesures pour demain avec vos amis, si vous aimez la liberté.

ALAMANNO: Par qui doit être tué Alexandre?

LORENZO: Par Lorenzo de Médicis.

ALAMANNO: C'est toi, Renzinaccio? Eh! entre donc souper avec de bons vivants qui sont dans mon salon.

LORENZO: Je n'ai pas le temps; préparez-vous à agir demain.

ALAMANNO: Tu veux tuer le duc, toi? Allons donc! tu as un coup de vin dans la tête.

Il rentre chez lui.[112]

LORENZO, *seul*: Peut-être que j'ai tort de leur dire que c'est moi qui tuerai Alexandre, car tout le monde refuse de me croire.

Il frappe à une autre porte.

Holà! seigneur Pazzi! holà!

PAZZI, *sur sa terrasse*: Qui m'appelle?

LORENZO: Je viens vous dire que le duc sera tué cette nuit. Tâchez d'agir demain pour la liberté de Florence.

PAZZI: Qui doit tuer le duc?

LORENZO: Peu importe, agissez toujours, vous et vos amis. Je ne puis vous dire le nom de l'homme.

PAZZI: Tu es fou, drôle, va-t'en au diable.

Il rentre.[*113*]

LORENZO, *seul*: Il est clair que si je ne dis pas que c'est moi, on me croira encore bien moins.

Il frappe à une porte.

Holà! seigneur Corsini!

LE PROVÉDITEUR, *sur sa terrasse*: Qu'est-ce donc?

LORENZO: Le duc Alexandre sera tué cette nuit.

LE PROVÉDITEUR: Vraiment, Lorenzo! Si tu es gris, va plaisanter ailleurs. Tu m'as blessé bien mal à propos un cheval, au bal des Nasi; que le diable te confonde!

Il rentre.[*114*]

LORENZO: Pauvre Florence! pauvre Florence!

Il sort.

Scène VIII

Une plaine.

Entrent PIERRE STROZZI *et* DEUX BANNIS.

PIERRE: Mon père ne veut pas venir. Il m'a été impossible de lui faire entendre raison.

PREMIER BANNI: Je n'annoncerai pas cela à mes camarades. Il y a de quoi les mettre en déroute.

PIERRE: Pourquoi? Montez à cheval ce soir, et allez bride abattue à Sestino; j'y serai demain matin. Dites que Philippe a refusé, mais que Pierre ne refuse pas.

PREMIER BANNI: Les confédérés veulent le nom de Philippe; nous ne ferons rien sans cela.

PIERRE: Le nom de famille de Philippe est le même que le mien. Dites que Strozzi viendra, cela suffit.

PREMIER BANNI: On me demandera lequel des Strozzi, et si je ne réponds pas «Philippe», rien ne se fera.

PIERRE: Imbécile! fais ce qu'on te dit, et ne réponds que pour toi-même. Comment sais-tu d'avance que rien ne se fera?

PREMIER BANNI: Seigneur, il ne faut pas maltraiter les gens.

PIERRE: Allons, monte à cheval, et va à Sestino.

PREMIER BANNI: Ma foi, monsieur, mon cheval est fatigué; j'ai fait douze lieues dans la nuit. Je n'ai pas envie de le seller à cette heure.

PIERRE: Tu n'es qu'un sot.

À l'autre banni.

Allez-y, vous; vous vous y prendrez mieux.

DEUXIÈME BANNI: Le camarade n'a pas tort pour ce qui regarde Philippe; il est certain que son nom ferait bien pour la cause.

PIERRE: Lâches! Manants sans cœur! Ce qui fait bien pour la cause, ce sont vos femmes et vos enfants qui meurent de faim, entendez-vous? Le nom de Philippe leur remplira la bouche, mais il ne leur remplira pas le ventre. Quels pourceaux êtes-vous?

DEUXIÈME BANNI: Il est impossible de s'entendre avec un homme aussi grossier. Allons-nous-en, camarade.

PIERRE: Va au diable, canaille! et dis à tes confédérés que, s'ils ne veulent pas de moi, le roi de France en veut, lui! et qu'ils prennent garde qu'on ne me donne la main haute sur vous tous!

DEUXIÈME BANNI, *à l'autre*: Viens, camarade, allons souper; je suis, comme toi, excédé de fatigue.

Ils sortent.

Scène IX

Une place; il est nuit.

Entre LORENZO: Je lui dirai que c'est un motif de pudeur, et j'emporterai la lumière – cela se fait tous les jours – une nouvelle mariée, par exemple, exige cela de son mari pour entrer dans la chambre nuptiale, et Catherine passe pour très vertueuse. – Pauvre fille! qui l'est sous le soleil, si elle ne l'est pas? – Que ma mère mourût de tout cela, voilà ce qui pourrait arriver.

Ainsi donc, voilà qui est fait. Patience! une heure est une heure, et l'horloge vient de sonner. Si vous y tenez cependant – mais non, pourquoi? – Emporte le flambeau si tu veux; la première fois qu'une femme se donne, cela est tout simple. – Entrez donc, chauffez-vous donc un peu. – Oh! mon Dieu, oui, pur caprice de jeune fille; et quel motif de croire à ce meurtre? – Cela pourra les étonner, même Philippe. Te voilà, toi, face livide?

La lune paraît.

Si les républicains étaient des hommes, quelle révolution demain dans la ville! Mais Pierre est un ambitieux; les Ruccellaï seuls valent quelque chose. – Ah! les mots, les mots, les éternelles paroles![117] S'il y a quelqu'un là-haut, il doit bien rire de nous tous; cela est très comique, très comique, vraiment. – Ô bavardage humain! ô grand tueur de corps morts! grand défonceur de portes ouvertes! ô hommes sans bras! Non! non! je n'emporterai pas la lumière. – J'irai droit au cœur; il se verra tuer... Sang du Christ! on se mettra demain aux fenêtres. Pourvu qu'il n'ait pas imaginé quelque cuirasse nouvelle, quelque cotte de mailles. Maudite invention! Lutter avec Dieu et le diable, ce[*115] n'est rien; mais lutter avec des bouts de ferraille croisés les uns sur les autres par la main sale d'un armurier! – Je passerai le second pour entrer; il posera son épée là – ou là – oui, sur le canapé. – Quant à l'affaire du baudrier à rouler autour de la garde, cela est aisé. S'il pouvait lui prendre fantaisie de se coucher, voilà où serait le vrai moyen. Couché, assis, ou debout? assis plutôt. Je commencerai par sortir; Scoronconcolo est enfermé dans le cabinet. Alors nous venons, nous venons – je ne voudrais pourtant pas qu'il tournât le dos. J'irai à lui tout droit. Allons, la paix, la paix! l'heure va venir. – Il faut que j'aille dans quelque cabaret; je ne m'aperçois pas que je prends du froid, et je viderai un flacon.[*116] – Non; je ne veux pas boire. Où diable vais-je donc? les cabarets sont fermés.

Est-elle bonne fille? – Oui, vraiment. – En chemise? – Oh! non, non, je ne le pense pas. – Pauvre Catherine! – Que ma mère mourût de tout cela, ce serait triste. – Et quand je lui aurais dit mon projet, qu'aurais-je pu y faire? au lieu de la consoler, cela lui aurait fait dire: Crime! Crime! jusqu'à son dernier soupir!

Je ne sais pourquoi je marche, je tombe de lassitude.

Il s'assoit sur un banc.[118, *117]

Pauvre Philippe! une fille belle comme le jour. Une seule fois je me suis assis près d'elle sous le marronnier; ces petites mains blanches, comme cela travaillait! Que de journées j'ai passées, moi, assis sous les arbres! Ah! quelle tranquillité! quel horizon à Cafaggiuolo! Jeannette était jolie, la petite fille du concierge, en faisant sécher sa lessive. Comme elle chassait les chèvres qui venaient marcher sur son linge étendu sur le gazon! la chèvre blanche revenait toujours, avec ses grandes pattes menues.[119]

Une horloge sonne.

Ah! ah! il faut que j'aille là-bas. – Bonsoir, mignon; eh! trinque donc avec Giomo. – Bon vin! Cela serait plaisant qu'il lui vînt à l'idée de me dire: Ta chambre est-elle retirée? entendra-t-on quelque chose du voisinage?

Cela serait plaisant; ah! on y a pourvu. Oui, cela serait drôle qu'il lui vînt cette idée.

Je me trompe d'heure; ce n'est que la demie. Quelle est donc cette lumière sous le portique de l'église? on taille, on remue des pierres. Il paraît que ces hommes sont courageux avec les pierres. Comme ils coupent! comme ils enfoncent! Ils font un crucifix; avec quel courage ils le clouent! Je voudrais voir que leur cadavre de marbre les prît tout d'un coup à la gorge. Eh bien, eh bien, quoi donc? j'ai des envies de danser qui sont incroyables. Je crois, si je m'y laissais aller, que je sauterais comme un moineau sur tous ces gros platras et sur toutes ces poutres. Eh, mignon, eh, mignon! mettez vos gants neufs, un plus bel habit que cela, tra la la! faites-vous beau, la mariée est belle. Mais, je vous le dis à l'oreille, prenez garde à son petit couteau.

Il sort en courant.

Scène X

Chez le duc.

LE DUC, *à souper,* GIOMO. *– Entre le cardinal* CIBO.

LE CARDINAL: Altesse, prenez garde à Lorenzo.

LE DUC: Vous voilà, cardinal! asseyez-vous donc, et prenez donc un verre.

LE CARDINAL: Prenez garde à Lorenzo, Duc. Il a été demander ce soir à l'évêque de Marzi la permission d'avoir des chevaux de poste cette nuit.

LE DUC: Cela ne se peut pas.

LE CARDINAL: Je le tiens de l'évêque lui-même.

LE DUC: Allons donc! je vous dis que j'ai de bonnes raisons pour savoir que cela ne se peut pas.

LE CARDINAL: Me faire croire est peut-être impossible; je remplis mon devoir en vous avertissant.

LE DUC: Quand cela serait vrai, que voyez-vous d'effrayant à cela? Il va peut-être à Cafaggiuolo.

LE CARDINAL: Ce qu'il y a d'effrayant, Monseigneur, c'est qu'en passant sur la place pour venir ici, je l'ai vu de mes yeux sauter sur des poutres et des pierres comme un fou. Je l'ai appelé, et, je suis forcé d'en convenir, son regard m'a fait peur. Soyez certain qu'il mûrit dans sa tête quelque projet pour cette nuit.

LE DUC: Et pourquoi ces projets me seraient-ils dangereux?

LE CARDINAL: Faut-il tout dire, même quand on parle d'un favori? Apprenez qu'il a dit ce soir à deux personnes de ma connaissance, publiquement, sur leur terrasse, qu'il vous tuerait cette nuit.

LE DUC: Buvez donc un verre de vin, Cardinal. Est-ce que vous ne savez pas que Renzo est ordinairement gris au coucher du soleil?

Entre sire Maurice.

SIRE MAURICE: Altesse, défiez-vous de Lorenzo. Il a dit à trois de mes amis, ce soir, qu'il voulait vous tuer cette nuit.

LE DUC: Et vous aussi, brave Maurice, vous croyez aux fables? Je vous croyais plus homme que cela.

SIRE MAURICE: Votre Altesse sait si je m'effraye sans raison. Ce que je dis, je puis le prouver.

LE DUC: Asseyez-vous donc, et trinquez avec le cardinal. – Vous ne trouverez pas mauvais que j'aille à mes affaires.

Entre Lorenzo.

Eh bien, mignon, est-il déjà temps?*118

LORENZO: Il est minuit tout à l'heure.

LE DUC: Qu'on me donne mon pourpoint de zibeline.

LORENZO: Dépêchons-nous; votre belle est peut-être déjà au rendez-vous.

LE DUC: Quels gants faut-il prendre? ceux de guerre, ou ceux d'amour?

LORENZO: Ceux d'amour, Altesse.

LE DUC: Soit, je veux être un vert-galant.

Ils sortent.

SIRE MAURICE: Que dites-vous de cela, Cardinal?

LE CARDINAL: Que la volonté de Dieu se fait malgré les hommes.

Ils sortent.

Scène XI

La chambre de Lorenzc.

Entrent LE DUC et LORENZO.

LE DUC: Je suis transi, – il fait vraiment froid.120

Il ôte son épée.

Eh bien, mignon, qu'est-ce que tu fais donc?

LORENZO: Je roule votre baudrier autour de votre épée, et je la mets sous votre chevet. Il est bon d'avoir toujours une arme sous la main.

Il entortille le baudrier de manière à empêcher
l'épée de sortir du fourreau.

LE DUC: Tu sais que je n'aime pas les bavardes, et il m'est revenu que la Catherine était une belle parleuse. Pour éviter les conversations, je vais me mettre au lit. – À propos, pourquoi donc as-tu fait demander des chevaux de poste à l'évêque de Marzi?

LORENZO: Pour aller voir mon frère, qui est très malade, à ce qu'il m'écrit.

LE DUC: Va donc chercher ta tante.

LORENZO: Dans un instant.

Il sort.

LE DUC, *seul*: Faire la cour à une femme qui vous répond «oui» lorsqu'on lui demande «oui ou non», cela m'a toujours paru très sot, et tout à fait digne d'un Français. Aujourd'hui surtout que j'ai soupé comme trois moines, je serais incapable de dire seulement: «Mon cœur, ou mes chères entrailles», à l'infante d'Espagne. Je veux faire semblant de dormir; ce sera peut-être cavalier, mais ce sera commode.

Il se couche. – Lorenzo rentre l'épée à la main.

LORENZO: Dormez-vous, seigneur?

Il le frappe.

LE DUC: C'est toi, Renzo?[121]

LORENZO: Seigneur, n'en doutez pas.

Il le frappe de nouveau. Entre Scoronconcolo.

SCORONCONCOLO: Est-ce fait?

LORENZO: Regarde, il m'a mordu au doigt.[122] Je garderai jusqu'à la mort cette bague sanglante, inestimable diamant.

SCORONCONCOLO: Ah! mon Dieu! c'est le duc de Florence!

LORENZO, *s'asseyant sur le bord de*[*119] la fenêtre*: Que la nuit est belle! Que l'air du ciel est pur! Respire, respire, cœur navré de joie!

SCORONCONCOLO: Viens, Maître, nous en avons trop fait; sauvons-nous.

LORENZO: Que le vent du soir est doux et embaumé! Comme les fleurs des prairies s'entr'ouvrent! Ô nature magnifique, ô éternel repos!

SCORONCONCOLO: Le vent va glacer sur votre visage la sueur qui en découle. Venez, Seigneur.

LORENZO: Ah! Dieu de bonté! quel moment!

SCORONCONCOLO, *à part*: Son âme se dilate singulièrement. Quant à moi, je prendrai les devants.

Il veut sortir.

LORENZO: Attends! Tire ces rideaux. Maintenant, donne-moi la clef de
cette chambre.

SCORONCONCOLO: Pourvu que les voisins n'aient rien entendu!

LORENZO: Ne te souviens-tu pas qu'ils sont habitués à notre tapage? Viens,
partons.

Ils sortent.

Acte V

Scène I

Au palais du duc.

Entrent VALORI, SIRE MAURICE *et* GUICCIARDINI.
Une foule de courtisans circulent dans la salle et dans les environs.

SIRE MAURICE: Giomo n'est pas revenu encore de son message; cela devient de plus en plus inquiétant.

GUICCIARDINI: Le voilà qui entre dans la salle.

Entre Giomo.

SIRE MAURICE: Eh bien! qu'as-tu appris?

GIOMO: Rien du tout.

Il sort.

GUICCIARDINI: Il ne veut pas répondre. Le cardinal Cibo est enfermé dans le cabinet du duc; c'est à lui seul que les nouvelles arrivent.

Entre un autre messager.

Eh bien! le duc est-il retrouvé? sait-on ce qu'il est devenu?

LE MESSAGER: Je ne sais pas.

Il entre dans le cabinet.

VALORI: Quel événement épouvantable, Messieurs, que cette disparition! point de nouvelles du duc! Ne disiez-vous pas, sire Maurice, que vous l'avez vu hier? Il ne paraissait pas malade?

Rentre Giomo.

GIOMO, *à sire Maurice*: Je puis vous le dire à l'oreille – le duc est assassiné.

SIRE MAURICE: Assassiné! par qui? où l'avez-vous trouvé?

GIOMO: Où vous nous aviez dit – dans la chambre de Lorenzo.

SIRE MAURICE: Ah! sang du diable! le cardinal le sait-il?

GIOMO: Oui, Excellence.

SIRE MAURICE: Que décide-t-il? Qu'y a-t-il à faire? Déjà le peuple se porte en foule vers le palais. Toute cette hideuse affaire a transpiré – nous sommes morts si elle se confirme – on nous massacrera.

Des valets portant des tonneaux pleins de vin et de comestibles passent dans le fond.

GUICCIARDINI: Que signifie cela? Va-t-on faire des distributions au peuple?

Entre un seigneur de la cour.

LE SEIGNEUR: Le duc est-il visible, Messieurs? Voilà un cousin à moi, nouvellement arrivé d'Allemagne, que je désire présenter à son Altesse; soyez assez bons pour le voir d'un œil favorable.

GUICCIARDINI: Répondez-lui, seigneur Valori; je ne sais que lui dire.

VALORI: La salle se remplit à tout instant de ces complimenteurs du matin. Ils attendent tranquillement qu'on les admette.

SIRE MAURICE, *à Giomo:* On l'a enterré là?

GIOMO: Ma foi, oui, dans la sacristie. Que voulez-vous? Si le peuple apprenait cette mort-là, elle pourrait en causer bien d'autres. Lorsqu'il en sera temps, on lui fera des obsèques publiques. En attendant, nous l'avons emporté dans un tapis.

VALORI: Qu'allons-nous devenir?

PLUSIEURS SEIGNEURS *s'approchent:* Nous sera-t-il bientôt permis de présenter nos devoirs à son Altesse? Qu'en pensez-vous, Messieurs?

Entre LE CARDINAL CIBO: Oui, Messieurs, vous pourrez entrer dans une heure ou deux. Le duc a passé la nuit à une mascarade, et il repose en[*120] ce moment.

Des valets suspendent des dominos aux croisées.

LES COURTISANS: Retirons-nous; le duc est encore couché. Il a passé la nuit au bal.

Les courtisans se retirent. – Entrent les Huit.

NICCOLINI: Eh bien, Cardinal, qu'y a-t-il de décidé?

LE CARDINAL.

Primo avulso, non deficit alter
Aureus, et simili frondescit virga metallo.[123]

Il sort.

NICCOLINI: Voilà qui est admirable; mais qu'y a-t-il de fait? Le duc est mort; il faut en élire un autre, et cela le plus vite possible. Si nous n'avons pas un duc ce soir ou demain, c'en est fait de nous. Le peuple est en ce moment comme l'eau qui va bouillir.

VETTORI: Je propose Octavien de Médicis.

CAPPONI: Pourquoi? il n'est pas le premier par les droits du sang.[124]

ACCIAIUOLI: Si nous prenions le cardinal?

SIRE MAURICE: Plaisantez-vous?

RUCCELLAÏ: Pourquoi, en effet, ne prendriez-vous pas le cardinal, vous qui le laissez, au mépris de toutes les lois, se déclarer seul juge en cette affaire?

VETTORI: C'est un homme capable de la bien diriger.

RUCCELLAÏ: Qu'il se fasse donner l'ordre du pape.

VETTORI: C'est ce qu'il a fait; le pape a envoyé l'autorisation par un courrier que le cardinal a fait partir dans la nuit.

RUCCELLAÏ: Vous voulez dire par un oiseau, sans doute; car un courrier commence par prendre le temps d'aller, avant d'avoir celui de revenir. Nous traite-t-on comme des enfants?

CANIGIANI, *s'approchant*: Messieurs, si vous m'en croyez, voilà ce que nous ferons: nous élirons duc de Florence mon fils naturel Julien.[125]

RUCCELLAÏ: Bravo! un enfant de cinq ans! N'a-t-il pas cinq ans, Canigiani?

GUICCIARDINI, *bas*: Ne voyez-vous pas le personnage? c'est le cardinal qui lui met dans la tête cette sotte proposition. Cibo serait régent, et l'enfant mangerait des gâteaux.

RUCCELLAÏ: Cela est honteux; je sors de cette salle, si on y tient de pareils discours.

Entre CORSI: Messieurs, le cardinal vient d'écrire à Côme de Médicis.

LES HUIT: Sans nous consulter?

CORSI: Le cardinal a écrit pareillement à Pise, à Arezzo, et à Pistoie, aux commandants militaires. Jacques de Médicis sera demain ici avec le plus de monde possible; Alexandre Vitelli est déjà dans la forteresse avec la garnison entière. Quant à Lorenzo, il est parti trois courriers pour le joindre.

RUCCELLAÏ: Qu'il se fasse duc tout de suite, votre cardinal, cela sera plus tôt fait.

CORSI: Il m'est ordonné de vous prier de mettre aux voix l'élection de Côme de Médicis, sous le titre provisoire de gouverneur de la république florentine.

GIOMO, *à des valets qui traversent la salle*: Répandez du sable autour de la porte, et n'épargnez pas le vin plus que le reste.

RUCCELLAÏ: Pauvre peuple! quel badaud on fait de toi!

SIRE MAURICE: Allons, Messieurs, aux voix. Voici vos billets.

VETTORI: Côme est en effet le premier en droit après Alexandre; c'est son plus proche parent.

ACCIAIUOLI: Quel homme est-ce? je le connais fort peu.

CORSI: C'est le meilleur prince du monde.

GUICCIARDINI: Hé, hé, pas tout à fait cela. Si vous disiez le plus diffus et le plus poli des princes, ce serait plus vrai.

SIRE MAURICE: Vos voix, Seigneurs.

RUCCELLAÏ: Je m'oppose à ce vote formellement, et au nom de tous les citoyens.

VETTORI: Pourquoi?

RUCCELLAÏ: Il ne faut plus à la république ni princes, ni ducs, ni seigneurs
– voici mon vote.

Il montre son billet blanc.

VETTORI: Votre voix n'est qu'une voix. Nous nous passerons de vous.

RUCCELLAÏ: Adieu donc; je m'en lave les mains.

GUICCIARDINI, *courant après lui*: Eh! mon Dieu, Palla, vous êtes trop violent.

RUCCELLAÏ: Laissez-moi! J'ai soixante-deux ans passés; ainsi vous ne
pouvez pas me faire grand mal désormais.

Il sort.

NICCOLINI: Vos voix, Messieurs!

Il déplie les billets jetés dans un bonnet.

Il y a unanimité. Le courrier est-il parti pour Trebbio?

CORSI: Oui, Excellence. Côme sera ici dans la matinée de demain, à moins
qu'il ne refuse.

VETTORI: Pourquoi refuserait-il?

NICCOLINI: Ah! mon Dieu! s'il allait refuser, que deviendrions-nous?
Quinze lieues à faire d'ici à Trebbio pour trouver Côme, et autant pour
revenir, ce serait une journée de perdue. Nous aurions dû choisir
quelqu'un qui fût plus près de nous.

VETTORI: Que voulez-vous? – notre vote est fait, et il est probable qu'il
acceptera. – Tout cela est étourdissant.

Ils sortent.

Scène II

À Venise.

PHILIPPE STROZZI, *dans son cabinet*: J'en étais sûr. – Pierre est en correspondance avec le roi de France – le voilà à la tête d'une espèce d'armée,
et prêt à mettre le bourg à feu et à sang. C'est donc là ce qu'aura fait ce
pauvre nom de Strozzi, qu'on a respecté si longtemps! – il aura produit
un rebelle et deux ou trois massacres. – Ô ma Louise! tu dors en paix
sous le gazon – l'oubli du monde entier est autour de toi, comme en toi,
au fond de la triste vallée où je t'ai laissée.

On frappe à la porte.

Entrez.

Entre Lorenzo.

LORENZO: Philippe, je t'apporte le plus beau joyau de ta couronne.

PHILIPPE: Qu'est-ce que tu jettes là? une clef?

LORENZO: Cette clef ouvre ma chambre, et dans ma chambre est Alexandre de Médicis, mort de la main que voilà.

PHILIPPE: Vraiment! vraiment! – cela est incroyable.

LORENZO: Crois-le si tu veux. – Tu le sauras par d'autres que par moi.

PHILIPPE, *prenant la clef*: Alexandre est mort! – cela est-il possible?

LORENZO: Que dirais-tu, si les républicains t'offraient d'être duc à sa place?

PHILIPPE: Je refuserais, mon ami.

LORENZO: Vraiment! vraiment! – cela est incroyable.

PHILIPPE: Pourquoi? – cela est tout simple pour moi.

LORENZO: Comme pour moi de tuer Alexandre. – Pourquoi ne veux-tu pas me croire?

PHILIPPE: Ô notre nouveau Brutus! je te crois et je t'embrasse. – La liberté est donc sauvée! – Oui, je te crois, tu es tel que tu me l'as dit. Donne-moi ta main. – Le duc est mort! – ah! il n'y a pas de haine dans ma joie – il n'y a que l'amour le plus pur, le plus sacré pour la patrie, j'en prends Dieu à témoin.

LORENZO: Allons, calme-toi. – Il n'y a rien de sauvé que moi, qui ai les reins brisés par les chevaux de l'évêque de Marzi.

PHILIPPE: N'as-tu pas averti nos amis? N'ont-ils pas l'épée à la main à l'heure qu'il est?

LORENZO: Je les ai avertis; j'ai frappé à toutes les portes républicaines avec la constance d'un frère quêteur – je leur ai dit de frotter leurs épées, qu'Alexandre serait mort quand ils s'éveilleraient. – Je pense qu'à l'heure qu'il est ils se sont éveillés plus d'une fois, et rendormis à l'avenant. – Mais, en vérité, je ne pense pas autre chose.

PHILIPPE: As-tu averti les Pazzi? – L'as-tu dit à Corsini?

LORENZO: À tout le monde – je l'aurais dit, je crois, à la lune, tant j'étais sûr de n'être pas écouté.

PHILIPPE: Comment l'entends-tu?

LORENZO: J'entends qu'ils ont haussé les épaules, et qu'ils sont retournés à leurs dîners, à leurs cornets[126] et à leurs femmes.

PHILIPPE: Tu ne leur as donc pas expliqué l'affaire?

LORENZO: Que diantre voulez-vous que j'explique? – Croyez-vous que j'eusse une heure à perdre avec chacun d'eux? Je leur ai dit – préparez-vous – et j'ai fait mon coup.

PHILIPPE: Et tu crois que les Pazzi ne font rien? – qu'en sais-tu? – Tu n'as pas de nouvelles depuis ton départ, et il y a plusieurs jours que tu es en route.

LORENZO: Je crois que les Pazzi font quelque chose; je crois qu'ils font des armes dans leur antichambre, en buvant du vin du Midi de temps à autre, quand ils ont le gosier sec.

PHILIPPE: Tu soutiens ta gageure; ne m'as-tu pas voulu parier ce que tu me dis là? Sois tranquille, j'ai meilleure espérance.

LORENZO: Je suis tranquille, plus que je ne puis dire.

PHILIPPE: Pourquoi n'es-tu pas sorti la tête du duc à la main? Le peuple t'aurait suivi comme son sauveur et son chef.

LORENZO: J'ai laissé le cerf aux chiens – qu'ils fassent eux-mêmes la curée.

PHILIPPE: Tu aurais déifié les hommes, si tu ne les méprisais.

LORENZO: Je ne les méprise point, je les connais. Je suis très persuadé qu'il y en a très peu de très méchants, beaucoup de lâches, et un grand nombre d'indifférents. Il y en a aussi de féroces, comme les habitants de Pistoie, qui ont trouvé dans cette affaire une petite occasion d'égorger tous leurs chanceliers en plein midi, au milieu des rues.[127] J'ai appris cela il n'y a pas une heure.

PHILIPPE: Je suis plein de joie et d'espoir; le cœur me bat malgré moi.

LORENZO: Tant mieux pour vous.

PHILIPPE: Puisque tu n'en sais rien, pourquoi en parles-tu ainsi? Assurément tous les hommes ne sont pas capables de grandes choses, mais tous sont sensibles aux grandes choses; nies-tu l'histoire du monde entier? Il faut sans doute une étincelle pour allumer une forêt, mais l'étincelle peut sortir d'un caillou, et la forêt prend feu. C'est ainsi que l'éclair d'une seule épée peut illuminer tout un siècle.

LORENZO: Je ne nie pas l'histoire, mais je n'y étais pas.

PHILIPPE: Laisse-moi t'appeler Brutus! Si je suis un rêveur, laisse-moi ce rêve-là. Ô mes amis, mes compatriotes! vous pouvez faire un beau lit de mort au vieux Strozzi, si vous voulez!

LORENZO: Pourquoi ouvrez-vous la fenêtre?

PHILIPPE: Ne vois-tu pas sur cette route un courrier qui arrive à franc étrier! Mon Brutus! Mon grand Lorenzo! la liberté est dans le ciel! je la sens, je la respire.

LORENZO: Philippe! Philippe! point de cela – fermez votre fenêtre – toutes ces paroles me font mal.

PHILIPPE: Il me semble qu'il y a un attroupement dans la rue; un crieur lit une proclamation. Holà, Jean! allez acheter le papier de ce crieur.

LORENZO: Ô Dieu! ô Dieu!

PHILIPPE: Tu deviens pâle comme un mort. Qu'as-tu donc?

LORENZO: N'as-tu rien entendu?

Un domestique entre apportant la proclamation.

PHILIPPE: Non; lis donc un peu ce papier, qu'on criait dans la rue.

LORENZO, *lisant*: «À tout homme, noble ou roturier, qui tuera Lorenzo de Médicis, traître à la patrie et assassin de son maître, en quelque lieu et de quelque manière que ce soit, sur toute la surface de l'Italie, il est promis par le conseil des Huit à Florence: 1° quatre mille florins d'or sans aucune retenue; 2° une rente de cent florins d'or par an, pour lui durant sa vie, et ses héritiers en ligne directe après sa mort; 3° la permission d'exercer toutes les magistratures, de posséder tous les bénéfices et privilèges de l'État, malgré sa naissance s'il est roturier; 4° grâce perpétuelle*[121] pour toutes ses fautes, passées et futures, ordinaires et extraordinaires.»

Signé de la main des Huit.

Eh bien, Philippe, vous ne vouliez pas croire tout à l'heure que j'avais tué Alexandre? Vous voyez bien que je l'ai tué.

PHILIPPE: Silence! quelqu'un monte l'escalier. Cache-toi dans cette chambre.

Ils sortent.

Scène III

Florence. – Une rue.

Entrent DEUX GENTILSHOMMES.

PREMIER GENTILHOMME: N'est-ce pas le marquis Cibo*[122] qui passe là? Il me semble qu'il donne le bras à sa femme.

Le marquis et la marquise passent.

DEUXIÈME GENTILHOMME: Il paraît que ce bon marquis n'est pas d'une nature vindicative. Qui ne sait pas à Florence que sa femme a été la maîtresse du feu duc?

PREMIER GENTILHOMME: Ils paraissent bien raccommodés. J'ai cru les voir se serrer la main.

DEUXIÈME GENTILHOMME: La perle des maris, en vérité! Avaler ainsi une couleuvre aussi longue que l'Arno, cela s'appelle avoir l'estomac bon.

PREMIER GENTILHOMME: Je sais que cela fait parler – cependant je ne te conseillerais pas d'aller lui en parler à lui-même; il est de la première force à toutes les armes, et les faiseurs de calembours craignent l'odeur de son jardin.[128]

DEUXIÈME GENTILHOMME: Si c'est un original, il n'y a rien à dire.

Ils sortent.

Scène IV

Une auberge.

Entrent PIERRE STROZZI *et* UN MESSAGER.

PIERRE: Ce sont ses propres paroles?

LE MESSAGER: Oui, Excellence, les paroles du roi lui-même.

PIERRE: C'est bon.

Le messager sort.

Le roi de France protégeant la liberté de l'Italie, c'est justement comme un voleur protégeant contre un autre voleur une jolie femme en voyage. Il la défend jusqu'à ce qu'il la viole. Quoi qu'il en soit, une route s'ouvre devant moi, sur laquelle il y a plus de bons grains que de poussière. Maudit soit ce Lorenzaccio, qui s'avise de devenir quelque chose! Ma vengeance m'a glissé entre les doigts comme un oiseau effarouché; je ne puis plus rien imaginer ici qui soit digne de moi. Allons faire une attaque vigoureuse au bourg, et puis laissons là ces fem-melettes qui ne pensent qu'au nom de mon père, et qui me toisent toute la journée pour chercher par où je lui ressemble. Je suis né pour autre chose que pour faire un chef de bandits.

Il sort.

Scène V

Une place. – Florence.

L'ORFÈVRE *et* LE MARCHAND DE SOIE, *assis.*

LE MARCHAND: Observez bien ce que je dis, faites attention à mes paroles. Le feu duc Alexandre a été tué l'an 1536, qui est bien l'année où nous sommes – suivez-moi toujours. – Il a donc été tué l'an 1536, voilà qui est fait. Il avait vingt-six ans; remarquez-vous cela? Mais ce n'est encore rien; il avait donc vingt-six ans, bon. Il est mort le 6 du mois; ah! ah! saviez-vous ceci? n'est-ce pas justement le 6 qu'il est mort? Écoutez maintenant. Il est mort à six heures de la nuit. Qu'en pensez-vous, père Mondella? voilà de l'extraordinaire, ou je ne m'y connais pas. Il est donc mort à six heures de la nuit. Paix! ne dites rien encore. Il avait six blessures. Eh bien! cela vous frappe-t-il à présent? Il avait six blessures, à six heures de la nuit, le 6 du mois, à l'âge de vingt-six ans, l'an 1536. Maintenant, un seul mot – Il avait régné six ans.[129]

L'ORFÈVRE: Quel galimatias me faites-vous là, voisin?

LE MARCHAND: Comment! comment! vous êtes donc absolument incapable de calculer? vous ne voyez pas ce qui résulte de ces combinaisons surnaturelles que j'ai l'honneur de vous expliquer?

L'ORFÈVRE: Non, en vérité, je ne vois pas ce qui en résulte.

LE MARCHAND: Vous ne le voyez pas? Est-ce possible, voisin, que vous ne le voyiez pas?

L'ORFÈVRE: Je ne vois pas qu'il en résulte la moindre des choses. – À quoi cela peut-il nous être utile?

LE MARCHAND: Il en résulte que six Six ont concouru à la mort d'Alexandre. Chut! ne répétez pas ceci comme venant de moi. Vous savez que je passe pour un homme sage et circonspect; ne me faites point de tort, au nom de tous les saints! La chose est plus grave qu'on ne pense, je vous le dis comme à un ami.

L'ORFÈVRE: Allez vous promener! je suis un homme vieux, mais pas encore une vieille femme. Le Côme arrive aujourd'hui, voilà ce qui résulte le plus clairement de notre affaire; il nous est poussé un beau dévideur de paroles dans votre nuit de six Six. Ah! mort de ma vie! cela ne fait-il pas honte? Mes ouvriers, voisin, les derniers de mes ouvriers, frappaient avec leurs instruments sur leurs*[123] tables, en voyant passer les Huit, et ils leur criaient: «Si vous ne savez ni ne pouvez agir, appelez-nous, qui agirons.»

LE MARCHAND: Il n'y a pas que les vôtres qui aient crié; c'est un vacarme de paroles dans la ville, comme je n'en ai jamais entendu, même par ouï-dire.

L'ORFÈVRE: Les*[124] uns courent après les soldats, les autres après le vin qu'on distribue, et ils s'en remplissent la bouche et la cervelle, afin de perdre le peu de sens commun et de bonnes paroles qui pourraient leur rester.

LE MARCHAND: Il y en a qui voulaient rétablir le Conseil, et élire librement un gonfalonier, comme jadis.

L'ORFÈVRE: Il y en a qui voulaient, comme vous dites, mais il n'y en a pas qui aient agi. Tout vieux que je suis, j'ai été au Marché-Neuf, moi, et j'ai reçu dans la jambe un bon coup de hallebarde.*[125] Pas une âme n'est venue à mon secours. Les étudiants seuls se sont montrés.

LE MARCHAND: Je le crois bien. Savez-vous ce qu'on dit, voisin? On dit que le provéditeur, Roberto Corsini, est allé hier soir à l'assemblée des républicains, au palais Salviati.

L'ORFÈVRE: Rien n'est plus vrai. Il a offert de livrer la forteresse aux amis de la liberté, avec les provisions, les clefs, et tout le reste.

LE MARCHAND: Et il l'a fait, voisin? est-ce qu'il l'a fait? c'est une trahison de haute justice.

L'ORFÈVRE: Ah bien oui! on a braillé, bu du vin sucré, et cassé des carreaux; mais la proposition de ce brave homme n'a seulement pas été écoutée. Comme on n'osait pas faire ce qu'il voulait, on a dit qu'on doutait de lui, et qu'on le soupçonnait de fausseté dans ses offres. Mille millions de diables! que j'enrage! Tenez, voilà les courriers de Trebbio qui arrivent; Côme n'est pas loin d'ici. Bonsoir, voisin, le sang me démange! il faut que j'aille au palais.

Il sort.

LE MARCHAND: Attendez donc, voisin; je vais avec vous.

Il sort.
Entre un précepteur avec le petit Salviati,
et un autre avec le petit Strozzi.

LE PREMIER PRÉCEPTEUR: *Sapientissime doctor*,[130] comment se porte votre Seigneurie? Le trésor de votre précieuse santé est-il dans une assiette régulière, et votre équilibre se maintient-il convenable, par ces tempêtes où nous voilà?

LE DEUXIÈME PRÉCEPTEUR: C'est chose grave, Seigneur Docteur, qu'une rencontre aussi érudite et aussi fleurie que la vôtre, sur cette terre soucieuse et lézardée. Souffrez que je presse cette main gigantesque, d'où sont sortis les chefs-d'œuvre de notre langue. Avouez-le, vous avez fait depuis peu un sonnet.

LE PETIT SALVIATI: Canaille de Strozzi que tu es!

LE PETIT STROZZI: Ton père a été rossé, Salviati.

LE PREMIER PRÉCEPTEUR: Ce pauvre ébat de notre muse serait-il allé jusqu'à vous, qui êtes homme d'art si consciencieux, si large et si austère? Des yeux comme les vôtres, qui remuent des horizons si dentelés, si phosphorescents, auraient-ils consenti à s'occuper des fumées peut-être bizarres et osées d'une imagination chatoyante?

LE DEUXIÈME PRÉCEPTEUR: Oh! si vous aimez l'art, et si vous nous aimez, dites-nous, de grâce, votre sonnet. La ville ne s'occupe que de votre sonnet.

LE PREMIER PRÉCEPTEUR: Vous serez peut-être étonné que moi, qui ai commencé par chanter la monarchie en quelque sorte, je semble cette fois chanter la république.

LE PETIT SALVIATI: Ne me donne pas de coups de pied, Strozzi.

LE PETIT STROZZI: Tiens, chien de Salviati, en voilà encore deux.

LE PREMIER PRÉCEPTEUR: Voici les vers:

Chantons la Liberté, qui refleurit plus âpre...

LE PETIT SALVIATI: Faites donc finir ce gamin-là, monsieur; c'est un coupe-jarret. Tous les Strozzi sont des coupe-jarrets.

LE DEUXIÈME PRÉCEPTEUR: Allons, petit, tiens-toi tranquille.

LE PETIT STROZZI: Tu y reviens en sournois? Tiens, canaille, porte cela à ton père, et dis-lui qu'il le mette avec l'estafilade qu'il a reçue de Pierre Strozzi, empoisonneur que tu es! Vous êtes tous des empoisonneurs.

LE PREMIER PRÉCEPTEUR: Veux-tu te taire, polisson!

Il le frappe.

LE PETIT STROZZI: Aye, aye! il m'a frappé.

LE PREMIER PRÉCEPTEUR.
Chantons la Liberté, qui refleurit plus âpre,
Sous des soleils plus mûrs et des cieux plus vermeils.

LE PETIT STROZZI: Aye! aye! il m'a écorché l'oreille.

LE DEUXIÈME PRÉCEPTEUR: Vous avez frappé trop fort, mon ami.

Le petit Strozzi rosse le petit Salviati.

LE PREMIER PRÉCEPTEUR: Eh bien! qu'est-ce à dire?

LE DEUXIÈME PRÉCEPTEUR: Continuez, je vous en supplie.

LE PREMIER PRÉCEPTEUR: Avec plaisir, mais ces enfants ne cessent pas de se battre.

Les enfants sortent en se battant.
Ils les suivent.[*126]

Scène VI[*127]

Venise. – Le cabinet de Strozzi.

PHILIPPE,[*128] LORENZO, *tenant une lettre.*

LORENZO: Voilà une lettre qui m'apprend que ma mère est morte.[131] Venez donc faire un tour de promenade, Philippe.

PHILIPPE: Je vous en supplie, mon ami, ne tentez pas la destinée. Vous allez et venez continuellement, comme si cette proclamation de mort n'existait pas.[*129]

LORENZO: Au moment où j'allais tuer Clément VII, ma tête a été mise à prix à Rome. Il est naturel qu'elle le soit dans toute l'Italie, aujourd'hui que j'ai tué Alexandre. Si je sortais d'Italie,[*130] je serais bientôt sonné à son de trompe dans toute l'Europe, et à ma mort, le bon Dieu ne manquera pas de faire placarder ma condamnation éternelle dans tous les carrefours de l'immensité.

PHILIPPE: Votre gaieté est triste comme la nuit; vous n'êtes pas changé, Lorenzo.

LORENZO: Non, en vérité, je porte les mêmes habits, je marche toujours sur mes jambes, et je bâille avec ma bouche; il n'y a de changé en moi qu'une misère – c'est que je suis plus creux et plus vide qu'une statue de fer-blanc.

PHILIPPE: Partons ensemble; redevenez un homme. Vous avez beaucoup fait, mais vous êtes jeune.

LORENZO: Je suis plus vieux que le bisaïeul de Saturne[132] – je vous en prie, venez faire un tour de promenade.

PHILIPPE: Votre esprit se torture dans l'inaction; c'est là votre malheur. Vous avez des travers, mon ami.

LORENZO: J'en conviens; que les républicains n'aient rien fait à Florence, c'est là un grand travers de ma part. Qu'une centaine de jeunes étudiants, braves et déterminés, se soient fait massacrer en vain,[133] que Côme, un planteur de choux, ait été élu à l'unanimité – oh! je l'avoue, je l'avoue, ce sont là des travers impardonnables, et qui me font le plus grand tort.

PHILIPPE: Ne raisonnons point sur un événement qui n'est pas achevé. L'important est de sortir d'Italie; vous n'avez point encore fini sur la terre.

LORENZO: J'étais une machine à meurtre, mais à un meurtre seulement.

PHILIPPE: N'avez-vous pas été heureux autrement que par ce meurtre? Quand vous ne devriez faire désormais qu'un honnête homme,[*131] pourquoi voudriez-vous mourir?

LORENZO: Je ne puis que vous répéter mes propres paroles: Philippe, j'ai été honnête. – Peut-être le redeviendrais-je, sans l'ennui qui me prend. – J'aime encore le vin et les femmes; c'est assez, il est vrai, pour faire de moi un débauché, mais ce n'est pas assez pour me donner envie de l'être. Sortons, je vous en prie.

PHILIPPE: Tu te feras tuer dans toutes ces promenades.

LORENZO: Cela m'amuse de les voir. La récompense est si grosse, qu'elle les rend presque courageux. Hier, un grand gaillard à jambes nues m'a suivi un gros quart d'heure au bord de l'eau, sans pouvoir se déterminer à m'assommer. Le pauvre homme portait une espèce de couteau long comme une broche; il le regardait d'un air si penaud qu'il me faisait pitié – c'était peut-être un père de famille qui mourait de faim.

PHILIPPE: Ô Lorenzo! Lorenzo! ton cœur est très malade. C'était sans doute un honnête homme; pourquoi attribuer à la lâcheté du peuple le respect pour les malheureux?

LORENZO: Attribuez cela à ce que vous voudrez. Je vais faire un tour au Rialto.[134]

Il sort.

PHILIPPE, *seul*: Il faut que je le fasse suivre par quelqu'un de mes gens. Holà! Jean! Pippo! holà!

Entre un domestique.

Prenez une épée, vous et un autre de vos camarades, et tenez-vous à une distance convenable du seigneur Lorenzo, de manière à pouvoir le secourir si on l'attaque.

JEAN: Oui, monseigneur.

Entre Pippo.

PIPPO: Monseigneur, Lorenzo est mort. Un homme était caché derrière la porte, qui l'a frappé par derrière, comme il sortait.

PHILIPPE: Courons vite! il n'est peut-être que blessé.

PIPPO: Ne voyez-vous pas tout ce monde? Le peuple s'est jeté sur lui.[135] Dieu de miséricorde! On le pousse dans la lagune.

PHILIPPE: Quelle horreur! quelle horreur! Eh quoi! pas même un tombeau?

Il sort

Scène VII[*132]

Florence. – La grande place; des tribunes publiques sont remplies de monde.

*Des gens du peuple accourent[*133] de tous côtés.*

Vive Médicis! Il est duc, duc! il est duc.[*134]

LES SOLDATS: Gare, canaille!

LE CARDINAL CIBO, *sur une estrade, à Côme de Médicis*: Seigneur, vous êtes duc de Florence. Avant de recevoir de mes mains la couronne que le Pape et César m'ont chargé de vous confier, il m'est ordonné de vous faire jurer quatre choses.

CÔME: Lesquelles, Cardinal?

LE CARDINAL: Faire la justice sans restriction; ne jamais rien tenter contre l'autorité de Charles-Quint; venger la mort d'Alexandre, et bien traiter le seigneur Jules[136] et la signora Julia, ses enfants naturels.

CÔME: Comment faut-il que je prononce ce serment?

LE CARDINAL: Sur l'Évangile.

Il lui présente l'Évangile.

Je le jure à Dieu – et à vous, Cardinal. Maintenant donnez-moi la main.

*Ils s'avancent vers le peuple.
On entend Côme parler dans l'éloignement.*

CÔME: «Très nobles et très puissants Seigneurs.

«Le remercîment que je veux faire à vos très illustres et très gracieuses Seigneuries, pour le bienfait si haut que je leur dois, n'est pas autre que l'engagement qui m'est bien doux, à moi si jeune comme je suis, d'avoir toujours devant les yeux, en même temps que la crainte de Dieu, l'honnêteté et la justice, et le dessein de n'offenser personne, ni dans les biens ni dans l'honneur, et, quant au gouvernement des affaires, de ne jamais m'écarter du conseil et du jugement des très prudentes et très judicieuses Seigneuries auxquelles je m'offre en tout, et recommande bien dévotement.»

FIN DE LORENZACCIO

Appendix I

Scenes omitted from the 1853 text of *Lorenzaccio*

The following fragments consist of: (i) two scenes clearly written for inclusion in *Lorenzaccio*, which were not used in the definitive manuscript version of the text; (ii) a substantial fragment from the end of act IV, scene iv, that was included in the manuscript but omitted from the first published edition; and (iii) a scene included in the first published edition, but cut at the time of the 1853 revision. The order in which they are printed here corresponds, for the two that appeared in a version of the complete work, with their position in the final text; or, otherwise, with the position for which they appear to have been intended.

(i) Scenes not used in the definitive version of *Lorenzaccio*

Sc. IV[137]

Une petite chambre.

Entrent LORENZO *et* FRECCIA.

LORENZO: Je connais une vieille dame pleine d'esprit, qui est le seul rejeton d'une des plus riches familles de la ville; elle possède plusieurs palais, et plusieurs maisons de campagne; les chevaux, le bon vin, et le[s] plaisirs ne manquent pas chez elle. Hier elle me disait t'avoir vu à l'église, et m'a laissé pour toi cette bourse.

FRECCIA: Pourquoi cette bourse, monseigneur? pourquoi cette femme me donne-t-elle de l'argent?

LORENZO: C'est son portrait qu'elle te paye d'avance. Tu es beau garçon, Freccia, tu seras bientôt dans ses bonnes grâces. Il ne tient qu'à toi d'avoir demain un habit neuf, et des florins d'or plein tes poches. J'ai peur seulement pour toi que tu ne saches pas encore bien comment il faut s'y prendre.

FRECCIA: Que voulez-vous dire?

LORENZO: Oui, oui, comme, par exemple, de savoir enlever tout doucement un collier de prix sur une épaule qu'on caresse entre deux baisers bien appliqués. «Ah! ma chère âme, laissez-moi ce souvenir! Ce n'est pas sa valeur qui me fait vous le demander. Mais qu'il meure sur mon cœur!» Et on va le vendre en sortant.

FRECCIA: Je ne suis qu'un pauvre enfant du peuple. Mais il ne faut cependant pas m'insulter en face, monseigneur.

LORENZO: Tu refuses ta fortune ?

FRECCIA: Peut-être ne la ferai-je jamais; pas ainsi, du moins, pas ainsi.

LORENZO: Tu ne connais pas encore ton monde. Ne m'as-tu pas refusé aussi le portrait de la Mazzafirra? Viens, monte un de mes chevaux, je veux te la faire voir; mais tu peigneras ces grands cheveux auparavant, et, sur ma parole, il ne t'en coûtera pas un denier.

FRECCIA: Laissez-moi m'en aller.

LORENZO: Non, en vérité, tu me plais. Je veux te faire gagner les bonnes grâces du duc. Tu sauras qu'il ne me refuse rien; dis, que veux-tu que je lui demande pour toi? Il le fera, à l'instant même. Prends garde, Tebaldeo; le vent de ma faveur est capricieux comme une marée montante; ne reste pas à sec, quand tu peux entrer dans le flot. Rassemble ici toute ta force; ne manque pas l'occasion.

FRECCIA: Il y a au fond de Sainte-Marie une petite chapelle derrière le chœur, avec un confessionnal de bois uni. S'il m'était permis de demander ce qui fait l'objet de tous mes désirs, je vous prierais d'obtenir pour moi d'être chargé de peindre à fresque les murailles et la voûte, et de faire pour le confessionnal deux statues d'albâtre, dont j'ai commencé l'ébauche à la maison.

LORENZO: Est-ce là ton désir? Songes-y bien.

FRECCIA: Hélas! je sais que cet ouvrage est peut-être au-dessus de mes forces. Mais le grand Michel-Ange travaille depuis huit ans à la chapelle Sixtine pour le pape.[138] Cette petite chapelle est d'une bien moindre importance; elle peut cependant me fournir du travail pour la moitié de ma vie. Excusez-moi; c'est un rêve d'enfant, mais c'est un rêve délicieux, et que j'ai fait plus d'une fois dans mes bons moments.

LORENZO: Tu n'es qu'un sot. Il faut laisser là tes pinceaux et ta damnée musique, si tu veux devenir quelque chose de plus qu'un oiseau sur une branche. Tebaldeo, avec cette mine-là, tu n'es pas fait pour t'enterrer entre quatre murailles, et ce serait dommage de barbouiller d'huile ces mains effilées. Réfléchis à cela; moi, par exemple, ne suis-je pas un homme heureux? J'ai de l'argent tant que j'en veux; point de soucis, – quels soucis pourrais-je avoir? il est impossible que j'en aie, puisque je bois, dors, et mange selon mon bon plaisir. Une femme de la ville n'a qu'à me plaire; quand ce serait la fille d'un cardinal, je l'ai le lendemain. Un homme n'a qu'à me déplaire, je le raye d'un coup de pouce du livre de la vie. L'air que je respire est celui des rois; et, pour comble de félicité, j'ai le meilleur tailleur de la ville. Eh bien! mon ami, songe à cela.

FRECCIA: Laissez-moi partir. Ne sifflez pas comme un aspic autour de mes fleurs chéries. Si je succombais, ce ne serait pas pour longtemps. On ne change pas sa nature; à quoi servirait de la forcer? Faut-il vous parler franchement? Je suis un enfant, et vos paroles résonnent à mes oreilles comme les écailles d'argent des ailes du tentateur. Je puis céder et aller avec vous; mais je tomberais à genoux devant la première église que je verrais. Vous m'auriez fait souffrir, et rien de plus. – Laissez-moi m'en aller.

LORENZO, *ouvrant une armoire*: Trouves-tu cette bibliothèque en bon ordre?

FRECCIA: Les beaux livres! les belles tranches dorées! Ce sont les poètes de l'Italie et les saints écrits des Pères de l'Église.

LORENZO *ouvre une autre armoire*: Que dis-tu de cet orgue? On l'a trouvé d'un son agréable et d'une belle construction.

FRECCIA: Permettez-vous, monseigneur?

Il s'assoit et chante en s'accompagnant.
Lorenzo tient le soufflet.[139]

FRECCIA.
Stabat mater dolorosa,
Juxta crucem lacrymosa.[140]

LORENZO: Qu'as-tu donc? Je vois des larmes dans tes yeux?

FRECCIA: C'est un bel instrument. Il a dû coûter bien cher.

LORENZO: Ce sera ta distraction, si tu veux; car j'ai choisi cette chambre retirée pour te servir d'atelier, tant que tu travailleras pour moi. Voilà un chevalet et tout le reste. Es-tu mieux ici que chez toi?

FRECCIA: Ne me montrez pas un paradis pour me mener à mal. Ah! monseigneur, quel travail dois-je entreprendre? répondez. Ces livres, cet instrument, ces couleurs me font trembler, et je ne sais si c'est de joie, ou de terreur; tout cela ressemble à une tentation.

LORENZO: Je te dirai ce qu'il faut que tu fasses. Tu peux rester ici tant que bon te semblera. On t'apportera à dîner; du reste, ne te crois pas esclave; travaille à tes heures; la clef restera dans ta poche; et quant à ta chapelle, n'en sois point inquiet.

FRECCIA: L'obtiendrai-je, monseigneur?

LORENZO: Comme il est vrai que mon nom est Médicis.

FRECCIA: Jésus! quel bonheur!

LORENZO: C'est bon, c'est bon, tu me remercieras une autre fois.

Sc. I[141]

Chez le Duc.

LE DUC, *et* LORENZO, *sommeillant.*[142] *Entre* BENVENUTO CELLINI.

LE DUC: C'est toi, Cellini? Sois donc le bienvenu, puisque c'est ton nom.[143]

Qu'apportes-tu?

BENVENUTO: Altesse, la médaille que vous avez commandée à votre humble esclave.

LE DUC: Voyons; le diable m'emporte, j'ai les yeux tout endormis. Voilà qui est beau. Tu m'as flatté, Cellini, ce portrait me ressemble, mais il m'embellit. Regarde, Renzino.

BENVENUTO: Quel revers dois-je faire à cette médaille?

LE DUC: Ah! oui, le revers; c'est juste. Que diable mettre là derrière? Qu'en penses-tu, mignon?

BENVENUTO, *à Lorenzo*: Excellence, je serais flatté qu'un seigneur aussi savant que vous, et aussi éclairé, voulût bien m'aider de ses conseils pour terminer cet ouvrage, le plus beau qui soit sorti de mes mains depuis que je suis orfèvre et sculpteur.

LORENZO: N'en doute pas, Benvenuto; je ferai un revers à la médaille du duc.

LE DUC, *riant*: Ah, ah! je le crois sans peine. Tu me parais fort dans ces choses-là.

LORENZO: J'en ferai un, tel que le monde n'en a point encore vu.

LE DUC: En attendant, Cellini, dis à mon trésorier de te compter ce que tu voudras. Un ouvrage pareil est sans prix. J'espère que tu restes à Florence.

BENVENUTO: Non, Altesse, je retourne à Rome.

LE DUC: Prends garde à toi, si tu le fais; qui pourra finir ma monnaie?

BENVENUTO: Je laisserai ce soin à un ouvrier digne de s'en acquitter. Je supplie Votre Altesse de le trouver bon ainsi.

LE DUC: Je ne veux pas que tu t'en ailles. Pourquoi les autres princes de l'Italie posséderaient-ils plutôt que moi un de nos meilleurs artistes? Je veux t'avoir ici.

BENVENUTO: Cela est impossible, Altesse.

LE DUC: Va chez mon trésorier; nous arrangerons cela. Si tu ne peux pas rester à présent, tu pourras toujours revenir.

Benvenuto sort.

LE DUC: Que je déteste cet homme-là! Je donnerais tout au monde pour le faire rester, et il me refuse à ma barbe. Le diable soit de lui! Allons, quelqu'un!

Entre Giomo.

Mon manteau. (*À Lorenzo*.) Je vais chez la Cibo. Celà m'ennuie déjà à mourir. Elle se fait tirer l'oreille pour la moindre chose. À propos, n'oublie pas que je suis amoureux de ta tante; il me faut ta tante, ou je te coupe les oreilles.

LORENZO: Je lui parlerai aujourd'hui même; mais ne comptez pas là-dessus.

LE DUC: Qu'as-tu donc? Tu es sombre comme l'enfer.

LORENZO: C'est qu'il fait mauvais temps.

LE DUC: On a mis cette nuit en prison trente ou quarante braillards. Je n'en finirai jamais avec ces républicains. En vérité, il faut que j'écume ma chaudière, à chaque cuillerée de soupe que je veux avaler. Sais-tu une chose? Philippe est parti.

LORENZO: Oui, oui, je le sais. Je vais parler de vous à ma tante.

Il sort.

LE DUC: Que diable a-t-il? il a fait un mauvais rêve cette nuit.

Il sort.

(ii) **Unpublished conclusion to Act IV, Scene iv**[144]

Il la place sur un fauteuil.

LA MARQUISE: Que t'ai-je dit, Laurent, tout à l'heure?

LE MARQUIS: Embrasse-moi, et montons là-haut, dans la chambre d'Ascanio.

LA MARQUISE: Que t'ai-je dit? je ne m'en souviens plus.

LE MARQUIS: Vous êtes malade, réellement malade. C'etait le délire qui parlait sur vos lèvres. Mais je n'ai rien entendu distinctement, non, en vérité, vous avez parlé si vite que je n'ai pu saisir le sens de vos paroles. Calmez-vous, respirez ceci.

LA MARQUISE: Ah! je me sens mieux.

LE MARQUIS: Le Cardinal vous avait blessée? que vous disait-il? Il est triste pour moi d'arriver au milieu d'une querelle de famille.

LA MARQUISE: Ce n'était pas le délire, Laurent; maintenant je sais ce que je vous ai dit.

LE MARQUIS: Ne parlez pas; attendez que la réflexion vous revienne.

LA MARQUISE: Ce n'était pas le délire; adieu, Laurent, laissez-moi partir.

LE MARQUIS: Où voulez-vous aller?

LA MARQUISE: Tout est vrai. Je n'ai pas parlé indistinctement; vous m'avez entendue. Ah! Dieu! est-ce possible? Eh bien, il faut que je parte. Vous ne me chassez pas? vous ne me donnez pas des coups de plat d'épée, comme à un valet infidèle? Ah, tuez-moi, tuez-moi; mais si vous êtes un homme, quand vous m'aurez tuée, vengez-vous de ce prêtre. Adieu, adieu; qu'on me donne mon manteau.

Elle sort.

LE MARQUIS: Holà, Agnolo!

Entre un page.

Suis ta maîtresse; la voilà qui sort, et écoute bien.

Il lui parle à l'oreille.

Tu entends? tu m'en réponds sur ta tête. Maintenant, dis qu'on amène Ascanio, pendant qu'on servira le souper.

Ils sortent.

(iii) Original Act V, Scene vi – cut in revision of 1853[145]

Scène VI

Florence. – Une rue.

Entrent DES ÉTUDIANTS *et* DES SOLDATS.

UN ÉTUDIANT: Puisque les grands seigneurs n'ont que des langues, ayons des bras. Holà, les boules! les boules! Citoyens de Florence, ne laissons pas élire un duc sans voter.

UN SOLDAT: Vous n'aurez pas les boules; retirez-vous.

L'ÉTUDIANT: Citoyens, venez ici; on méconnaît vos droits, on insulte le peuple.

Un grand tumulte.

LES SOLDATS: Gare! retirez-vous.

UN AUTRE ÉTUDIANT: Nous voulons mourir pour nos droits.

UN SOLDAT: Meurs donc.

Il le frappe.

L'ÉTUDIANT: Venge-moi, Ruberto, et console ma mère.

Il meurt.
Les étudiants attaquent les soldats; ils sortent en se battant.

Appendix II

Plans for *Lorenzaccio*[146]

FIRST PLAN

Premier acte

1 Sc. devant le Palais des Pazzi

deux soldats,
quelques bourgeois – ant° Fiamma – Laurenzaccio entre,
avec Ottavien – dispute – exit Laurenz – Anton[io] seul – Arrest[on].
Giomo Fiamma arrive – entre Laurenz avec Ott[en] et le Duc –
réclamation de Giomo – scène de l'épée – exit le Duc & Laurenz.
Giomo resté seul, – Laurenz honni – passe Julia Fiamma – discours
de quelques républicains.

2 Sc. dans le Palais

Le Cardinal Cibo, Valori – arrivent Capponi, et Bindo. Exeunt
Card[al] et Valori – on apporte Laurenzaccio – scène des républicains
devant le Duc – le Duc et Laurenzaccio restent seuls.

3 Sc. – le bord de l'arno

Maria Soderini, Catherine –
– Laurenz. Freccia – Bannis – passe Phil. Strozzi.
exit Laurenz et Frcc – Adieu des Bannis –

Second Acte

1 Sc chez la C[sse] Cibo

Le C[al] C., Agnolo. – le Cardinal, la C[sse] – la C[sse] – Agnolo –
La C[sse] le Duc. la C[sse] –

2 Sc.

phil Strozzi. les Moines.

3 Sc.

Le Duc, Laurenz – Freccia – le hongrois – Benvenuto
Cellini

4 Sc.

la C^{sse} – la Duchesse – la C^{sse} le Cardinal. – le Duc

5 Sc.

Laurenzaccio – Scoronconcolo

Trois^e. Acte

Sc. 1

Maria Soder. – Caterina – Laurenzaccio.
Message du Duc.

Sc. 2

les 2 Ruccellaï, 2 autres convives – à souper – Laurenzaccio.

Sc. 3

L'Église – Sermon du Cardinal.

Sc. 4

Chez les Moines – Strozzi – Laurenzaccio.

Quatrième Acte

Sc. 1 – Carrefour –

Le Duc, Laurenzaccio, à la chasse – la C^{sse} Cibo le
Duc, – le Cardinal Cibo les surprend. – Exit le
Duc – Le C^{al} reste avec la C^{sse} – la C^{sse} – Laurenz.

Sc. 2

Caterina, – Laurenzaccio.

Sc. 3

le Duc, s'habillant. laurenzaccio.

Sc. 4

La Cour – le hongrois.

Sc. 5

assassinat du Duc –

Cinquième acte

Sc. 1. Le peuple devant le Palais.
Sc. 2. l'Intérieur du Palais – arrivée de Côme –
Sc. – chez la C^sse Cibo –
Sc. 3. à Venise. Laurenzaccio chez Strozzi.
Sc. 4. Le Couronnement de Côme.

SECOND PLAN

Acte I

Sc. I. devant le palais – 2 soldats, bourgeois – pierre Mondella,
Laurenz – exit Laurenz. Mondella seul – arrest^on – Jean Mondella
rentre Laurenz avec le Duc. – Scène de l'épée – exit
Laurenz & le Duc – Mondella – passe Juliette. Benvenuto
Sc. II. adieux de la C^sse à son mari.
la C^sse. Le Cardinal. – Le Cardinal, agnolo. agnolo, la
C^sse. –
Sc. III. Valori, le Duc. Ser maurizio. on apporte
Laurenz. – Le Cardinal, Valori.
Sc. IV. le bord de l'Arno. Maria Soderini, Caterina.
Freccia. – Laurenz. – bannis. – Strozzi – adieux
des bannis –

Acte II

Sc. I. La C^sse la duchesse – le Cardinal – la C^sse, le Duc.
Sc. II. Maria, Cateri, Laurenz. – Laurenz – Capponi
Bindo. – Scène des républ. – le Duc –
Sc. III. les Moines Strozzi.
Sc. IV. Confession –
Sc. V. Scoronconcolo –

Acte III

Sc. I. Le Duc, Laurenz, sommeillant. – Freccia chantant,
Benvenuto,[147] le Duc Laurenz –
Sc. II. Le sermon dans l'Église.
Sc. III. La chasse. Le Duc, Laurenz. la C^sse.
Le Cardinal. – Le C^al, la C^sse – la C^sse, Laurenz.

Sc. IV. chez les Moines, Strozzi, Laurenz.

Acte IV

Sc. I. Caterina, Laurenz.
Sc. II. Le Duc, le Hongrois. Laurenz – souper –
Sc. III. la place – le hongrois.
Sc. IV. le coup.

Acte V

Sc. I. le palais.
Sc. II. chez la Cˢˢᵉ. retour de Cibo
Sc. III. Venise. Laurenz, chez Strozzi.
Sc. IV. Couronnement de Côme.

This plan also includes the following lists of characters:-

filippe Strozzi	Guillaume Martelli
pierre Strz	beaupère Nicolo Nasi.
Niccolo Strozzi	a Marietta
Lione Strozzi	
prieur de Capoue	Lionetto Attavanti
Julien Salviati	Luca Mannegli
Louise Strozzi	Lorenzo Pucci
	filippo Valori
	Palla Rucellai.

alamanno Salviati
débauché
pandolfo. Martegli
filippo Mannelli
dit Barbuglia

Antonio Niccolini
dit Capecchio
Batista Venturi
Bartolommeo Rontini
Bertoldo Corsini
provveditore de la forteresse.

THIRD PLAN

Acte I

Sc. I. sortie du bal – bourgeois – le duc sort, avec Laurenz – (Benv.) Louise – julien.

Sc. II. adieu de la C^{sse} à son mari – la C^{sse} le Cardinal – le Cardinal, agnolo, – agnolo la C^{sse} –

Sc. III. Valori, le Duc, le Cardinal Laurenzo. – le Cardinal, Valori. (dans la cour du palais – manège, scène de l'épée)

Sc. IV. Léon Strozzi –, Julien Salviati.

Sc. V. le bord de l'Arno – Maria Soderini, Caterina – Laurenzaccio, freccia – bannis – Adieux des bannis.

Acte II

Sc. I. Laurenz chez les Strozzi, Capponi, nouvelle de la mort de Julien, on vient saisir pierre Strozzi.

Sc. II. La Duchesse, la Csse – le card^{al}, le Duc.

Sc. III. Maria Soderini, Caterina, Laurenzo – Scène des républicains – le Duc; (il voit Catherine)

Sc. IV. la Confession.

Sc. Scoronconcolo –

Sc. V. Chez les Strozzi. Mort de Louise. départ de filippe –

Acte III

Sc. I. Sc. I. Le Duc, Lorenzaccio sommeillant – freccia chantant Benvenuto[148] – le duc, Lorenzaccio parlent de Catherine.

Sc. II. Sc. II. la D^{sse} – la C^{sse} – le Duc.

Sc. III. Sc. IV. Strozzi chez les Moines.

Sc. IV. Sc. III. La chasse.

Sc. V. Sc. V. Scoronconcolo –

Sc. VI. Strozzi, Lorenzo.

Marginal notes in this plan:-

Francesco Pazzi   Tommaso Strozzi
Rue des Archers   masaccio

Innocenzo Cibo Malaspina
        fils d'une sœur de Léon X.
Giovan Baptista Cibo
        archeveque de Marseille

TEXTUAL NOTES

1. Alessandro de' Medici (1511-37), officially the illegitimate son of Lorenzo de' Medici, Duke of Urbino (1492-1519) and therefore a cousin (although some sources say nephew) of Giulio de' Medici, who became Pope Clement VII. It was, however, rumoured that he was the latter's illegitimate son, a suspicion that his appointment by Clement as Duke of Florence tends to confirm. His mother was probably a Moorish servant in the household of his father. There was a persistent rumour that he killed his mother in order to rid himself of this reminder of his humble origins, but this is a detail that Musset chooses not to use.

2. Lorenzo de' Medici (1514-48), son of Pier Francesco de' Medici (1486-1525) and Maria Soderini, belonged to the junior branch of the family which, during the fifteenth century, had taken the name 'popolani' out of sympathy for the republican cause. His mother's family was also solidly republican. Because there was no legitimate male heir on the senior side of the family descended from Cosimo the Elder (1389-1464), Lorenzo, the eldest on the junior side (descended from Lorenzo [1394-1440], the younger brother of Cosimo the Elder), might have expected to be the natural heir to the Medici power rather than Alessandro, who, despite being from the senior branch, was illegitimate.

3. Cosimo de' Medici (1519-74), appointed Duke of Florence in 1537 after the murder of Alessandro retained the title until his death, although in 1564 he resigned the actual government to his eldest son. In 1569 Pope Pius V conferred on him the title of Grand Duke of Tuscany. Shrewd and unscrupulous, he was a despotic but efficient ruler. He was a cousin of both Lorenzo and Alessandro, from the same junior branch of the family as Lorenzo and, like him, a legitimate heir.

4. The marginal notes on the manuscript of Musset's third plan for *Lorenzaccio* reveal that he combined in this character two brothers, Giovambatista Cibo, Bishop (or, according to Varchi, Archbishop) of Marseille and Cardinal Innocenzo Cibo. Whilst the character derives both his title and his historical function after the death of Alexandre from the latter, it was the former, who, Varchi tells us, was involved in the affair between Alessandro and Ricciarda Cibo, although it was an involvement very different from that of Musset's character. Far from encouraging the relationship for his own Machiavellian ends, he felt that the Duke's frequentation of his sister-in-law shamed the family, and planned to kill him by means of a chest filled with gunpowder, which he intended to place in the Marchesa's bedroom. His plan was discovered, and he was imprisoned.

5. Lorenzo Cibo, Marquis of Massa.

6. Maurizio da Milano.

7. The historical Baccio was not a cardinal, the title having been first promised to him and then refused by Pope Clement VII.

8. Giuliano Salviati.

9. Giovan Battista Strozzi, known as Filippo (1488-1538).

10. Piero Strozzi (1510-58).

11. Tommaso Strozzi, who was historically cousin not brother to Piero and Leone.

12. Leone or Lione Strozzi, priore di Capua (1515-54) was a member of the religious military order of the Knights of Malta, and it was to this organisation that his title of Prior of Capua referred. Musset prefers to make of him a more conventional cleric.

13. The fact that Musset, counter to his usual practice, uses an Italian form for a name that has a French equivalent is the odder, since Varchi tells us that the historical Corsini was called not Roberto, but Bertoldo. Provveditore designated a high-ranking official, here governor.

14. Already, in reality, dead at the time of the events depicted in *Lorenzaccio*, Alamanno d'Averardo Salviati had been married to Lorenzo's sister Laudomia, said by some sources to have played the part in Alessandro's murder attributed by Varchi to Catterina Ginori (see note 21).

15. Francesco de' Pazzi.

16. This is the form of the name given in the Leiden edition of Varchi; the Cologne and Milan editions give Bindo Altuiti.

17. The individual known as Scoronconcolo was called Michel del Favolaccino according to the Leiden edition of Varchi, whilst the Cologne and Milan editions give his name as Michele del Tovalaccino.

18. The name given to the government council responsible for judicial affairs.

19. This character is, as the result of a misprint, an accidental composite of two historical originals: a passage in the Leiden edition of Varchi tells that Alessandro was accompanied to his fatal assignation by four followers, then apparently names only three, one of whom is 'Giomo l'Ungaro', ('Giomo the Hungarian'). Musset follows George Sand in assuming this to be one person, and Paul de Musset, in his translation of the passage, corrected 'four' to 'three', but the Cologne and Milan editions reveal that the real error is the omission of a comma, and that Giomo and the Hungarian were, in reality, two different people. See Léon Lafoscade, 'De George Sand à Musset. En marge de Varchi avec Giomo le Hongrois'.

20. Maria Soderini, widow of Pier Francesco de' Medici (see note 2).

21. Catterina Ginori was, according to Varchi, the half-sister of Maria Soderini on the paternal side, married to Lionardo Ginori, not her

sister-in-law as Musset suggests in his note to I, vi. Whilst her marital status in the play is not quite as unambiguously stated as in the case of Louise Strozzi (see note 23), Musset's characterisation of her, the nature of her relationship with Lorenzo and Marie, and the absence of any mention of a husband all give the sense that she is unmarried; this implication is even stronger in Lorenzo's monologues of IV, v and ix, which not only stress her virtue, but, in the case of the second, suggest that she would be going to the assignation with Alexandre as a virgin bride on her wedding night. With this modification to historical fact Musset increases the sense of her innocence and Alexandre's corruption, and also strengthens the impact of Lorenzo's protective instincts. The change is, however, not entirely unproblematic, for Musset changes her marital status, but does not change her name. And the change of relationship from half-sister to sister-in-law does not solve the problem: a sister-in-law of Marie would have to be called either Soderini or Medici. Has Musset simply slipped up, or is he using 'belle-sœur' in a looser sense than is allowed in a standard dictionary definition of the term (which was the same in the nineteenth century as now)? Certainly the ambiguity of her relationship to both Marie, more daughter than sister, and Lorenzo, more sister than aunt, which is explained in that same footnote and underlined by shifts in terminology in the text, suggests a very close and long-standing relationship, not the rather distant bond implied by any looser application of the term 'belle-sœur'.

22. Ricciarda Malespina, Marchioness of Massa, who married Lorenzo Cibo in 1520. Hence, the property of Massa was originally hers, not her husband's, a point on which Musset shows a degree of confusion (see note 35). Musset is also wrong to have her call Cardinal Cibo Malespina: the name is hers, not his. Varchi writes that she had with Alessandro '[una] stretta amicizia e familiarità' ('a close friendship and familiarity') while she was in Florence without her husband, but, otherwise, her role in the action of the play and her character are entirely the invention of Musset. Indeed, although Varchi says nothing of it, Joyce Bromfield (*De Lorenzino de Médicis à Lorenzaccio*, p. 150, n. 18) points out that, in reality, at the time of her liaison with Alessandro, her relationship with her husband had already broken down, and she numbered her brother-in-law the Cardinal Cibo among her other lovers.

23. Luisa Strozzi. In reality, she was, at the time of both Salviati's insult and her murder, married to Luigi Capponi, although, as with Catherine Ginori (see note 21), by making her an unmarried young girl, Musset increases the sense of innocence defiled. Her unmarried status in the text is rather more clear-cut than that of Catherine Ginori: not only does Musset give her her maiden name (not conclusive in itself, since the widowed Marie Soderini is also known by hers), but II, v contains a specific reference to her unmarried status that confirms what the rest of the text implies.

24. There is a clear similarity between this opening scene and II, i, of Hugo's *Hernani*, first performed in 1830, in which a group of men, including the King of Spain, also keep a night-time vigil, awaiting the arrival of a woman who will appear at midnight. Whilst Hugo's scene is not without its sordid aspects – Doña Sol descends only because she thinks the King is her lover Hernani, then finds herself the victim of a kidnap attempt – Musset's is a much more cynical version of the situation. The girl, who is so young that Lorenzo can speak without too much exaggeration of 'la débauche à la mamelle', has been bought and paid for from her mother, and the Duke is so far from having any emotional attachment for her that he is barely prepared to wait even a quarter of an hour beyond the appointed time. One aspect of Hugo's scene of which he was particularly proud is the moment at which the King asks the time, a question that would have been considered too specifically concerned with practical matters to have featured in classical tragedy. In the seventh poem of the first book of the *Contemplations*, 'Réponse à un acte d'accusation', he includes the detail in a list of his own personal literary innovations: 'On entendit un roi dire: Quelle heure est-il?', although the fact that the answer is the poetic 'Minuit bientôt' prevents the question being either as revolutionary or as banal as a more specific reply might have made it. While the actual question 'Quelle heure est-il?' is not present in Musset's scene, the issue of time is given increased prominence by being placed at the very opening, and, even though Musset echoes Hugo in his choice of 'minuit', the opening phrase including the words 'un quart d'heure' has already thrown us into a world of more banal practical issues than in Hugo's text – the fact that Musset was not writing for the stage allowed him more freedom in these matters. It is no accident that the play should begin with such insistence on the hour of midnight, for it is at this time, the traditional hour of mystery and intrigue, that the Duke will be murdered. Note too that Musset will later go further and introduce the more prosaic times of nine o'clock (III, v) and six o'clock (V, v) along with, in the latter case, other elements of specific chronology in the form of the date and year (see note 129).

25. The Nasis were one of the noble families of Florence. The marriage in question is that of Marietta, daughter of Niccolò Nasi, to Guglielmo Martelli, who was very close to Alessandro. According to Varchi, and as we shall be shown in the next scene, Alessandro did go to this ball dressed as a nun, and Giuliano Salviati did insult Luisa Strozzi as she left, but Varchi's dating places these events at the end of 1533 (in modern terms, early 1534 [see note 129]), and the poisoning of Luisa, which brings the sub-plot involving Salviati and the Strozzis to an end, happened at the end of 1534. Consequently, in reality, these events were not contemporaneous with those surrounding the death of Alessandro.

26. In fact, it was not Piero, as Musset's note states, but his brothers

Vincenzio and Ruberto, who were involved in this incident as it is narrated by Varchi in Book XIII of the *Storia fiorentina*. Hence, even in a note, which we would normally expect to be a statement of the true facts, history is being manipulated for literary ends, in this case increased coherence – not introducing figures who do not feature in the drama – and the early introduction and characterisation of the violent and impulsive Pierre.

27. The Holy Roman Emperor Charles V, or Charles-Quint, as he is known in French. He is also referred to as 'César'.

28. The building now known as the Fortezza da Basso.

29. In other words, the Imperial army.

30. Musset's use of this word alludes to the unfamiliarity of this weapon to the Florentines.

31. Masaccio is a diminutive of Tommaso. Note the presence of the same pejorative suffix as in Lorenzaccio. The nickname is mentioned by Varchi.

32. A literal translation of the standard Italian oath 'Per Bacco'. Bacchus: the Roman god of nature and wine.

33. Apparently not a standard proverbial expression in either French or Italian, although the meaning is quite clear: neither lasts.

34. The eleventh to thirteenth centuries had been the age of the crusades to liberate the Holy Land from the infidel, but the ideal had survived in some quarters, and as recently as 1518-19 Pope Leo X had been drawing up plans for another; so the Cardinal's joke is, perhaps, not totally untopical, although the fact that this new crusade did not take place is itself proof of how times had changed. It is, of course, typical of the Cardinal that he should choose to ironise on something that was a matter of religious faith.

35. This phrase, suggesting as it does that the estate derives from the inheritance of the Marquis, is in slightly uneasy contradiction with the rest of the scene, which confirms the historical truth that it came to him from his wife (see note 22).

36. The idealistic evocation of the idyllic rural setting of Massa provides a clear contrast with the corruption of Florence. Compare Lorenzo's evocation of Cafaggiuolo in IV, ix (see notes 102 and 119).

37. In fact, they had been married for sixteen years. Musset presumably situated the events in the seventh year of their marriage because of its traditional symbolic value in relation to marital fidelity, although the historical couple's marriage had already broken down by the time of the Marchesa's relationship with Alessandro (see note 22).

38. See note 22.

39. Ippolito de' Medici (1509-35). Clement VII had hesitated between Alessandro and his cousin Ippolito in his choice for Duke of Florence, and on choosing Alessandro made Ippolito cardinal. When Ippolito died of poisoning, Alessandro was suspected by many to have had a hand in his death.

40. An event which took place in 1534. The heads in question had been added to the fragmentary ancient Roman statues during restoration in 1498, so modern attitudes might lead us to see the historical Lorenzo as more of an art lover than a vandal. Indeed, Varchi notes that his interest in ancient monuments was evoked in his defence against Clement VII's threat to execute the perpetrator by Ippolito de' Medici (see note 39), who could not, however, prevent his exile from Rome. Musset makes no use of this information, preferring to leave his character's motivations ambiguous.

41. The events alluded to here are narrated in Varchi, but did not take place until 1538, in other words, after the death of Alessandro. The 24-year-old Cosimo da Pistoia, Bishop of Fano, died as a result of a violent attack, presumably a sexual assault, by Pier Luigi Farnese, a notorious pederast and the bastard son of Alessandro Farnese, Pope Paul III.

42. This remark, which is historically quite accurate, may well derive from Musset's knowledge of the autobiography of Benvenuto Cellini (see note 47).

43. Note Musset's use of 'toscan' rather than 'italien'. The period in which *Lorenzaccio* is set saw much discussion about which of the many Italian dialects should be used for literature in the vernacular. The Florentines were justifiably proud of the literary heritage of their own native Tuscan or Florentine, as it tended to be known in the city itself. See Cochrane, *Italy 1530-1630*, p. 32.

44. San Miniato al Monte was run by monks from the Benedictine order founded at Monte Oliveto Maggiore, rather than being situated there. Musset's mistake, here and in his note to the scene, presumably derives from a misunderstanding of Varchi's text.

45. An allusion to the non-Italian-speaking Imperial forces and the citadel built to house them. For the familiar Bible story of the Tower of Babel, in which God prevents the building of a tower to heaven by the creation of foreign languages, see Genesis 11, 1-9.

46. This certainly seems to have been the attitude of Benvenuto Cellini, who is about to be mentioned.

47. Benvenuto Cellini (1500-71) was a celebrated Florentine goldsmith and sculptor, who did much work for the Medicis. His statue of Perseus is well-known, but he is perhaps best remembered now for his autobiography, which had first appeared in French in 1822. Musset clearly knew the work, and, although this passing mention perhaps looks like a rather gratuitous piece of local and historical colour, he had originally intended for him a more developed role. A scene that Musset completed in manuscript but did not eventually use in the completed play dramatises Cellini's description of a meeting with Alessandro at which Lorenzo is present (see appendix I). The autobiography also describes how Cellini, never one to let the truth get in the way of a good story, saw a portent of disaster in the form of a bright light over Florence on the night of Alessandro's murder (see note 104).

48. This speech alludes to the meeting at Bologna in 1529 of Charles V and Clement VII at which they agreed to appoint Alessandro de' Medici Duke of Florence.

49. On the details in Musset's note, see note 21.

50. The reference is possibly to Cosimo the Elder, but Jean Pommier (*Variétés sur Alfred de Musset et son théâtre*, p.144) points out that, according to Plutarch, this was the title given by the Romans to Cicero. Consequently, Lorenzo's rejection of words in favour of action in the form of the murder of Alexandre, which he later describes as a rejection of the Ciceronian model (see note 80), can be seen as an act of filial rebellion against his mother's one-sided image of him.

51. The deletion, in 1848, of this character heading found in the 1834 edition may have represented a deliberate attempt by someone other than Musset to sort out the confusion of the numbering of the characters in this scene. In the event, it is only a partial solution: not only does it create a rather uncomfortable double exit for the Quatrième Banni, it also takes no account of the fact that he, like the Second Banni, is required to speak again after his exit.

52. Raffaello Sanzio (1483-1520) and Michelangelo Buonarotti (1475- 564) were already recognised by their contemporaries as two of the greatest artists of the period.

53. In the 'Avant-propos' of the second *livraison* of *Un Spectacle dans un fauteuil* Musset writes: 'L'étranger qui visite le Campo Santo à Pise s'est-il jamais arrêté sans respect devant ces fresques à demi effacées qui couvrent les murailles? Ces fresques ne valent pas grand-chose; si on les donnait pour un ouvrage contemporain, nous ne daignerions pas y prendre garde; mais le voyageur les salue avec un profond respect, quand on lui dit que Raphaël est venu travailler et s'inspirer devant elles'.

54. Léon Lafoscade (*Le Théâtre d'Alfred de Musset*, pp. 111-12) sees in all of this teasing of Tebaldeo by Lorenzo an echo of a passage in II, xviii, of Schiller's *Die Verschwörung des Fiesko zu Genua*, in which Fiesko teases in similarly ribald terms a painter with a character of upright simplicity comparable to Tebaldeo. This is the first of a number of such echoes identified by Lafoscade (*Le Théâtre d'Alfred de Musset*, pp. 108-12) and Jean Pommier (*Variétés sur Alfred de Musset et son théâtre*, pp. 139-41), of which I have drawn attention to the most striking (see notes 62, 85, 110 and 114).

55. The Christian martyr who was killed by being shot through with arrows was a popular subject with painters of the period.

56. The prayer said before confession in the Catholic liturgy.

57. The first book of Livy's *History of Rome* tells the legend of how

Lucius Tarquinius, probably the son but possibly the grandson of the earlier King Tarquinius Priscus, usurped the throne of Rome from his predecessor Servius Tullius and began a tyrannical reign that earned him the name Tarquinius Superbus. One of his nephews, Lucius Junius, afraid of the king's bloodletting, feigned idiocy to prevent himself being regarded as a threat, an action that earned him the nickname Brutus. It was Tarquinius Sextus, youngest son of Tarquinius Superbus, who, jealous of the reputation for virtue of Lucretia, raped her. She stabbed herself out of shame, and thereupon Lucius Brutus revealed his true, sane character and used the incident as the catalyst for an uprising that expelled the Tarquins from Rome. The Roman republic was thus founded in 510 BC under the consulship of Lucius Junius Brutus and Lucius Tarquinius Collatinus, the husband of Lucretia. Hence, when Lorenzo speaks of 'Tarquin le fils', he could be referring to either Tarquinius Superbus or Tarquinius Sextus, and, indeed, in his ironic version of the tale he has conflated them into a single person. By not only making Tarquin Duke rather than King, but also saying that he, rather than his son, is the rapist, Lorenzo is making clear an analogy with Alexandre, symbolic rapist of Florence, as well as literal debaucher of its daughters. See also notes 58, 78, 89 and 121.

58. When, in Varchi, Lorenzo is hailed as a new Brutus, the reference is clearly not to Lucius Brutus, who did not kill Tarquinius, but to the better-known figure from later Roman history, said to be a descendant of his, the tyrannicide Marcus Junius Brutus, one of the conspirators who assassinated Julius Cæsar. It is also presumably to Marcus Brutus that Lorenzo is referring here, since he is asking for a different story from that of Lucretia (a detail that is clearer in George Sand, from whom Musset has taken this line and, indeed, much of this scene); the tale he has requested is also linked in his next remark to his intention to kill Alexandre. In fact, both Lucius Brutus and Marcus Brutus are relevant to the events depicted in *Lorenzaccio*: Lucius because, like Lorenzo, he pretends to be other than he is, and because he succeeds in bringing about a republic, an aim shared, however half-heartedly, by Lorenzo. Marcus Brutus, on the other hand, actually kills the tyrant, as does Lorenzo, a tyrant, moreover, who thought he was his friend, but they also share the same fate: Julius Cæsar was replaced by Augustus Cæsar just as Alexandre is replaced by Côme, and both successors avenge the assassination by procuring the death of the assassin. Whilst Varchi and Sand only ever refer to Marcus Brutus, Musset, as here, juxtaposes references to both in a way that is often deliberately confusing. See notes 57, 78, 89 and 121.

59. As Maurice Allem suggests (M. Allem [ed.], Musset, *Théâtre complet* [Gallimard, Paris, 1958] p. 1280), there may be here a reminiscence of Molière's *Bourgeois Gentilhomme*, IV, iii, in which Covielle, mockingly supporting M. Jourdain's pretensions to nobility, explains that Jourdain père was not a merchant: 'Tout ce qu'il faisoit, c'est qu'il étoit fort obligeant, fort officieux; et comme il se connoissoit fort bien en étoffes, il en alloit choisir de tous les côtés, les faisoit apporter chez lui, et en donnoit à ses amis pour de l'argent'. There seems also to be an ironic reference to Musset's own time, since, under the July Monarchy, industrialists were held in higher respect than merchants.

60. In France in the 1830s long hair and beard were the sign of the republican.

61. There is a clear similarity between Philippe's feeling here that old age has made him incapable of avenging the wrongs done to his family and the sentiments expressed in Don Diègue's famous monologue in I, iv, of Corneille's *Le Cid*. Jean Pommier, who has also noted this similarity, points in particular to the last phrase of this speech: 'et ma vengeance a des cheveux gris' (*Variétés sur Alfred de Musset et son théâtre*, p. 135).

62. This passage beginning 'Les murs criaient...' constitutes one of the echoes of Schiller's *Fiesko* identified by Jean Pommier (see note 54): 'Recht so! Recht so, Memme Verrina! – daß der Bube in das Heiligtum der Gesetze griff – diese Aufforderung war dir zu matt – Der Bube mußte noch ins Heiligtum deines Bluts greifen' ('Just so! Just so, cowardly Verrina! – that the knave violated the sanctuary of the law was too feeble a challenge for you, he had to go as far as violating the sanctuary of your blood') (I, x).

63. Varchi says of Lorenzo that in matters of love he was limited by neither sex, age nor social status. He also remarks that, in addition to all of his laudable qualities, Filippo Strozzi had a sexual voracity that took account neither of sex, status nor any other consideration, giving to Filippo, not Alessandro, the responsibility for corrupting Lorenzo. Consequently, the historical Filippo might indeed have had good reasons for prolonging his friendship with his somewhat dubious former pupil. There is, however, no place for any such suggestion in the case of Musset's idealised Philippe. His reasons are purely ideological, and the sexual ambiguity is reserved for Lorenzo's relationship with Alexandre.

64. Musset had originally intended to include a hunting scene in the play. See plan I, Act IV, and plans II and III, Act III. Apparently Lorenzo and Alessandro frequently appeared in public mounted on the same horse.

65. A possible reminiscence of Célimène's remark about the 'grand flandrin de Vicomte' in Molière's *Le Misanthrope*, V, iv: 'Depuis que je l'ai vu, trois quarts d'heure durant, cracher dans un puits pour faire des ronds, je n'ai pu jamais prendre bonne opinion de lui'.

66. Musset accepts the theory that Alessandro was an illegitimate son of Clement VII rather than his nephew.

67. The tale of Count Ugolino della Gherardesca, told by Dante in the *Inferno*, cantos 32-3, derives from actual events arising from the struggle for power between the factions of the Guelfs and the Ghibellines during the thirteenth and fourteenth centuries. Ugolino belonged to one of the leading Ghibelline families of Pisa, but he turned Guelf, conspired with the Guelf enemies of the city and rose to the head of their government, sharing the role with his grandson Nino Visconti. He later quarrelled with Nino, and intrigued against him with the Ghibelline leader in Pisa, the archbishop Ruggieri. Ruggieri then betrayed Ugolino, turning the people against him, and getting him by trickery into his power. Dante describes how he was imprisoned with his four young sons (in reality two sons and two grandsons) in a tower and deprived of food. Seeing him gnawing on his hands in grief (hence, presumably, Lorenzo's references to nails growing), one of the children mistakes the gesture for one of hunger, and suggests that he kill and eat them. This he resists until they have all died, at which point hunger gets the better of him. (Lorenzo's cannibalistic references in his previous speech are rather more violent than this.) Dante places both Ugolino and Ruggieri in the ninth circle of Hell, which is reserved for the worst of all crimes, treachery. Like all the other betrayers they are trapped in the ice of a vast frozen lake, with Ugolino gnawing for all eternity on the skull of Ruggieri ('le crâne, le crâne'). Part of the immediacy of Dante's work derives from the fact that he is writing about his own present: he was a Florentine in his early twenties when Ugolino was murdered in 1289, and Nino Visconti was a personal friend. Whilst this tale was hardly recent history by the time we reach the period of the events of *Lorenzaccio*, it remains closer to the milieu of the play than Musset's mythological references, and is tied up with the same sort of struggle for Italian dominance that Lorenzo is involved in. Perhaps the most poignant aspect of the tale, though, as far as Lorenzo is concerned, is that the murder he is rehearsing, in which he will kill the cousin whose trust he has deliberately gained, is also an act of treachery – for Dante the worst of all crimes.

68. This is Ruggieri, the white cap being the insignia of the Ghibellines, although the cap ('capello') he wears in Dante's description is the head of Ugolino with his teeth closed on his skull. Lorenzo seems to be identifying himself with the avenging Ugolino and Alexandre with Ruggieri, although both in Dante and in reality Ugolino was the victim, Ruggieri the killer. Hence, while both are trapped in the ice in punishment for their treachery, Ruggieri suffers the additional punishment of having his head gnawed by Ugolino.

69. Lorenzo has moved from a relatively coherent enactment of a murder at the opening of the scene to, in his previous speech, a considera-tion of its significance for him. In this speech, as he slips into incoherence, the subject of his cries is the accusations and insults levelled against the person that he has chosen to become in order to commit the murder.

70. A nice irony, since, although Philippe does not yet know it, the 'coup de lancette' will be provided by Lorenzo de' Medici, the Italian for 'médecin' being 'medico', plural 'medici'. Pierre's rejection below of the 'médecin' in favour of personal action reflects both his present attitude to Lorenzo and his later attitude to the murder of Alexandre.

71. A note included in the first edition at this point (see variants *68*) refers the reader to *La Conspiration des Pazzi*. This is *La congiura dei Pazzi* (1777) of Vittorio Alfieri, which Musset appears to have read as part of his preparation for *Lorenzaccio*; an article by M.H. Glaesener ('Au pays des conspirations: quelques complots d'Italie sur la scène' in *Revue de littérature comparée*, 15 [1935], pp. 5-29, [pp. 9-14]) identifies reminiscences of it in this scene. The conspiracy itself took place in 1478, when the Pazzi family joined with the archbishop of Pisa, agent of Pope Sixtus IV, in a plot to kill Lorenzo the Magnificent and his brother Giuliano. Giuliano was killed, but Lorenzo was not. The archbishop and the ringleader Francesco Pazzi were hanged from the windows of the Palazzo Vecchio, and during the days that followed some seventy of the Pazzi faction were killed. In 1778, Alfieri went on to write *Etruria vendicata*, a poem on the subject of the assassination of Alessandro de' Medici. For a study of this poem, which appears to have had no influence on Musset, see Joyce Bromfield, *De Lorenzino de Médicis à Lorenzaccio*, pp. 98-103.

72. The many-headed dragon of mythology (the number of heads varies according to the source – see the article in Borges, *The Book of Imaginary Beings* for more details). For each head severed two would grow in its place. Consequently, the heads of the hydra are indeed easy to count, since, given that they are ever-changing and potentially infinite, there is no point in even trying. Pierre does not, however, answer his father's point. Philippe has just suggested that there is no point in killing Alexandre, since there is not a single potential replacement who would be any better. Pierre replies, by means of this image, that there will be an infinite number of replacements, and presumably, since he has just suggested that the only good Medici is a dead one, he agrees that none will be any better than Alexandre. In other words, the killing of Alexandre is every bit as pointless as Philippe has suggested, although, for the passionate and violent Pierre, that is no reason for not doing it. Lorenzo will, of course, also see his murder of Alexandre as a pointless act on the political level.

73. In fact, only Tommaso Strozzi and Francesco de' Pazzi were arrested at this stage, but, as a result of growing rumours about his involvement, Piero was later brought before the Eight and imprisoned too. Whilst in Musset's version the Eight are idealised as a sort of democratic control on the tyrant Alexandre, and Pierre's confidence in them proves justified, Varchi characterises their chancellor Maurizio da Milano in a quite different light and stresses Alessandro's confidence in him: 'uomo crudelissimo e di malvagi costumi, di cui nondimeno il Duca Alessandro si fideva molte' ('a most cruel man with wicked habits, whom Duke Alessandro nevertheless trusted implicitly'); indeed, they supported the imprisonment of the three, who were eventually released only on the orders of Clement VII (who, in Musset's revised chronology, which delays these events to coincide with the death of Alexandre, is already dead).

74. Again, there are echoes here of Don Diègue's I, iv, monologue in *Le Cid* (see note 61).

75. It seems more likely that this remark has a legendary source than that it is simply the piece of dubious zoology for which Jacques Nathan takes it (in his revised edition (Larousse, [c.1964]), p. 85, n. 1). There is, however, no myth from any of the standard classical sources to which it corresponds. Perhaps the source is a folktale known to Musset. Although I have not been able to find a French folktale corresponding to the image, the presence of the theme in the British tales of the 'Lambton Worm' and the 'Dragon of Loschy Hill' show that the existence of such a tale in French folklore is far from impossible. Simon Jeune, in his edition ([Gallimard, Paris, 1990] p. 1019, n. 2 for p. 196), draws attention to La Fontaine's fable 'Le villageois et le serpent', in which the cut serpent tries to rejoin itself, but fails.

76. The convention according to which the master had the right to take the virginity of his female servants. The most famous literary use of the idea is in Beaumarchais's *Le Mariage de Figaro*.

77. Niobe boasted that in having seven sons and seven daughters she was superior to the goddess Leto, who had only one set of twins. In punishment, Leto's children, Apollo and Artemis, killed not only, as suggested here, the daughters, but also the sons of Niobe. She continued weeping even after grief had turned her to stone. See also *Hamlet* I, ii, in which the eponymous hero tells us that Gertrude 'followed my poor father's body/Like Niobe, all tears'.

78. Here the reference to Cæsar makes it clear that it is Marcus Brutus who is in question, although, given the choice of two Brutuses, the use of the indefinite article in Lorenzo's next speech is particularly piquant.

79. Because of the affair of the Arch of Constantine. See note 40.

80. Marcus Tullius Cicero (106-43 BC), the Roman statesman, lawyer, scholar and writer, vainly tried to uphold republican principles during the civil wars that destroyed the republic of Rome. Although he approved of the assassination of Julius Cæsar, he had no hand in it. He was a man who tried to persuade with his rhetoric, rather than taking direct physical action.

81. Even given the obviously symbolic nature of this phrase, it is still a curious expression for one man to use in relation to another, and so underlines the sexual ambiguity of the relationship between Lorenzo and Alexandre.

82. Philippe takes up Lorenzo's earlier references, and again refers to Marcus Brutus, but this time the force of the indefinite article in Lorenzo's reply is even stronger, for he is talking about Lucius Brutus, who, according to Livy, while he was feigning idiocy, offered to Apollo a hollow staff of cornel wood containing a staff of gold, a symbol of his own dual nature. The significance of this for Lorenzo is clear.

83. In 1831 Musset published two articles devoted to a volume entitled *Pensées de Jean-Paul, extraites de tous ses ouvrages par le traducteur des «Suédois à Prague»* which had been published in 1829 (see *Œuvres complètes en prose*, pp. 874-881). The translator of this anthology of extracts from the German writer Jean-Paul Richter, identified obliquely in the title, was Adélaïde-Edouard Le Lièvre. In the second of his articles, Musset quotes the following 'pensée': 'Sous l'empire d'une idée puissante, nous nous trouvons, comme le plongeur sous la cloche, à l'abri des flots de la mer immense qui nous environne' (ibid., p. 878). Musset also included a reference to this extract in *Fantasio*, I, ii, where the attribution is made explicit: 'Jean-Paul n'a-t-il pas dit qu'un homme absorbé par une grande pensée est comme un plongeur sous sa cloche, au milieu du vaste Océan?'.

84. Monstrous sea creatures. The term comes from the name of a sea monster mentioned in the Old Testament (Job 41; Psalms 74, 14; Isaiah 27, 1).

85. Another echo of Schiller's *Fiesko* identified by Jean Pommier (see note 54). An attempt is made to poison the wife of Fiesko: 'Diese Pulver gab mir Signora, Eurer Frau täglich eins in die Schokolade zu rühren' ('Signora gave me this powder to stir once a day into your wife's chocolate') (III, iv).

86. The kiss with which Judas betrayed Christ. Lorenzo's four or five pieces of gold recall Judas' blood money of thirty pieces of silver.

87. Thucydides (*History of the Peloponnesian War*, 6, 54-9) and Aristotle (*Athenian Constitution*, 18) narrate the tale of this pair of (male) lovers. Hipparchus, brother of the Athenian tyrant Hippias, according to Thucydides, or in Aristotle his half-brother Thettalus, made advances to Harmodius, who rejected him and denounced him to Aristogeiton. Aristogeiton's jealousy caused him to plot to overthrow the whole tyrannical regime. Hipparchus/Thettalus avenged his rejection by a calculated insult to a sister of Harmodius, first summoning her to take part in a procession, and then rejecting her as unworthy. Their attempt to kill the sovereign Hippias in revenge being thwarted, the lovers killed Hipparchus instead. Harmodius was killed by the guards, Aristogeiton caught, tortured and eventually killed too. The vengeance for the slight to the sister clearly has personal significance for Philippe, but it is the intention of killing the King and the eventual murder of his brother that applies to Lorenzo. It is presumably the tale of homosexual jealousy, the true reason for the killing, that explains

Philippe's comparison, and, in particular, the notion that the act of tyrannicide will purify in the minds of posterity someone who had become impure. The prominence of the theme of homosexuality in this tale adds to the overall atmosphere of sexual ambiguity that pervades the work. Neither of the classical sources cited above makes any mention of statues being erected in memory of the pair, although Aristotle mentions a cult to them (*Athenian Constitution*, 58, 1) and Plutarch, in a more passing reference to the tale, tells of a bronze lioness with no tongue erected in memory of Aristogeiton's mistress Leaena, who refused to give away the identity of their fellow conspirators (*Moralia*, 505, 8). It was perhaps this last detail that inspired Musset's symbol of the purity of the bronze of the statues, which contrasts with the moral corruption of the living pair, whether by deliberate rewriting of the tale, or by simply misremembering it. Musset certainly misremembered another detail, initially at least, for, in all versions preceding the 1853 revision, he referred to Harmodius as Harmonius. It should, of course, be noted that the view of homosexuality as morally corrupt is based on the Judeo-Christian ethic common to eighteenth-century France and Renaissance Florence (but see 'Themes' in the introduction above and particularly note 47), which was not that of the ancient Greeks. Hence, the moral interpretation placed on the tale by Philippe is not to be found in any of the classical authors.

88. Hamlet feigns madness to kill Claudius, although in his case it is less certain that he does not, like Lorenzo, become what he is pretending to be. It should be noted that Musset's retelling of the tale of Lucius Brutus here distorts the original to heighten the analogy with Lorenzo (and, incidentally, with Hamlet), for, as we have noted above (note 57), not only did Lucius not kill either of the Tarquins, but his pretence of imbecility was intended, according to Livy, not for any political end, but to preserve his own life.

89. Whilst the intentions behind Marcus Brutus's role in the assassination of Julius Cæsar were honourable, Herostratus in 356 BC set fire to the Temple of Artemis at Ephesus, one of the seven wonders of the ancient world, for no better reason than to make a name for himself. Whilst Brutus's assassination of Cæsar is directly comparable to Lorenzo's intention to kill Alexandre, Herostratus's act of vandalism may be likened to Lorenzo's defacement of the Arch of Constantine.

90. A slip on Musset's part. As the plans reveal, he had originally intended to give this title to the Marquise, but had eventually settled on her historically correct title.

91. The terms of the Capitulation of 1530 said that Florence should always remain free.

92. Compare *Hamlet*, III, i:

To die, to sleep –

No more – and by a sleep to say we end
The heartache, and the thousand natural shocks
That flesh is heir to. 'Tis a consummation
Devoutly to be wished. To die, to sleep –
To sleep – perchance to dream: ay, there's the rub,
For in that sleep of death what dreams may come
When we have shuffled off this mortal coil,
Must give us pause.

93. Alessandro was indeed married to an illegitimate daughter of Charles V. Musset's plans reveal that he had originally intended to include her as a character in the play.

94. A reminiscence of a hemistich from Racine's *Andromaque*, IV, v, in which Hermione says: 'Tu comptes les moments que tu perds avec moi!'.

95. A slip: Philippe has already learned in III, ii, that Julien Salviati survived the attack.

96. The horrible irony of this toast, in the light of what is about to happen, is noteworthy.

97. Such a rapid death from poison is the stuff of drama rather than real life, but it is true that the historical Luisa died relatively quickly: 'in poche ore' ('in a few hours'), according to Varchi (Book XIV).

98. It was indeed suspected that the poisoner was a servant of the wife of Salviati, and that the murder was carried out with the knowledge of Alessandro, but Varchi denies that the suspicion could have been true. An alternative suspicion, also found in Varchi, that Luisa was killed by her own relatives, who suspected that Alessandro wished to bring shame on the family by dishonouring her, could clearly have no place alongside Musset's idealised portrait of Philippe. See Varchi Book XIV.

99. See note 57.

100. In fact, Filippo had already left Florence before the death of Luisa, who had remained there with her husband Luigi Capponi. Filippo's departure had followed the release of Piero from prison after the attack on Guiliano Salviati, which had taken place some months before the poisoning (see Varchi Book XIV). He had been in Romagna and Rome before going to Venice, although he had reached that destination by the time of the meeting with Lorenzo depicted in V, ii. The placing of the murder immediately after Salviati's insult and the Strozzis' attack on him, the depiction of Louise as a young innocent still living at home rather than a married woman, the presence of Philippe at her death, all serve to increase the horror and pathos of the scene, as well as adding to the sense of dramatic coherence. The compressed time-scale of the drama, which places Louise's death just before the assassination of Alexandre, when in reality it had taken place in 1534, and the demands of dramatic coherence also make it necessary that Philippe should go directly to Venice – not only would details of his actual travels about Italy have added nothing to the plot, Musset's compression gives no time for them. Nevertheless, it also has considerable symbolic force that Venice should, from the beginning, be his intended destination: where better for a republican to flee the corruption of the Duchy of Florence than La Serenissima, the serene republic of Venice?

101. Perhaps this remark indicates that it was Musset's original intention to include the Marquise in the hunting scene envisaged in the plans. In the final version, however, we have seen Alexandre leave her behind when he goes hunting in III, vi, which would appear to be the previous day's trip mentioned here.

102. A villa belonging to Lorenzo, although it also becomes symbolic of lost innocence. Nevertheless, even the lost paradise can contain the germs of corruption (see note 119).

103. On his return from the Trojan war, Agamemnon is murdered by his wife Clytemnestra, and her lover Aegisthus. The infant Orestes, son of Agamemnon and Clytemnestra, is secretly sent away by his sister Electra. After years of exile Orestes returns, and, with Electra's encouragement, kills his mother and Aegisthus. The idea that it is the ghost of Agamemnon who urges the murder of his wife and her lover is not a feature of classical versions of this myth, where Orestes is usually directed by Apollo. In this introduction of the ghost of the father and the suppression of any mention of the murder of the mother, Musset's version of the tale is closer to the plot of *Hamlet* than to the classical myth of Orestes, but, of course, any direct mention of *Hamlet* would be impossible in this historical setting. Compare with this Musset's narration of the classical tale when he is telling it for its own sake in the article 'De la tragédie' (p. 893). There, in keeping with the standard tradition of the myth, there is no ghost and it is the more disturbing murder of the mother that is mentioned rather than that of her lover.

104. Cellini, in his autobiography (*Vita*, p. 256), writes of having seen a strange light over Florence on the night of Alessandro's murder, an observation which may owe its appeal to Musset to the topicality of comets: Jean Pommier (*Variétés sur Alfred de Musset et son théâtre*, pp. 166-7) points out that comets had been seen in 1811, 1815, 1818, 1823 and 1826, and it had been predicted that the last of these would return on a collision course with Earth on 27 July 1832. (See note 47.)

105. The works of Pietro Aretino (1492-1556) are well-known for their obscenity.

106. An echo of the young ladies in Molière's *Critique de L'École des femmes* (iii), who are 'plus chastes des oreilles que de tout le reste du corps'?

107. When Damocles, a courtier of the elder Dionysus of Syracuse, spoke in exaggerated terms of the happiness of his sovereign, he was rewarded by being invited to a lavish banquet, at which he found himself seated under a sword suspended by a single hair.

108. Both uses of the definite article before 'pape' here suggest that Clement VII is still alive, since both allusions refer to him (see notes 1 and 48). Perhaps this slip derives from Musset's knowledge of Sand's *Conspiration en 1537*, since, unlike Musset in the rest of his text, she had chosen to depart from historical reality on this point and keep Clement alive.

109. Jean Pommier (*Variétés sur Alfred de Musset et son théâtre*, pp. 160-1) suggests a possible link between this confession and that in Mme de Lafayette's *La Princesse de Clèves*, although, given the major differences in circumstances between the two, he concedes that a more probable model is the classical Lucretia.

110. Another echo of Schiller's *Fiesko* identified by Léon Lafoscade (see note 107), who sees similarities with a passage in III, viii, in which Gianettino teases his sister Julia about a possible relationship with Fiesko.

111. Deianira was a Greek princess married to Heracles. When the centaur Nessus tried to violate her, Heracles shot him with an arrow poisoned with the blood of the hydra (see note 125). The dying centaur took revenge by telling her to take a phial of his blood, which would act as a potion to preserve her husband's love. The unsuspecting Deianira impregnated a tunic of Heracles with the blood. Once put on, it could not be removed, and it caused such agony that Heracles had himself burned alive on a pyre.

112. Othello shows a similar scruple before his killing of Desdemona (*Othello*, V, iii), but Hamlet, in a more nearly analogous situation, fails to kill Claudius while he is at prayer, fearing that he will, as a result, go straight to heaven (*Hamlet*, III, iii).

113. In other words, they have become either prostitutes or nuns.

114. Another of the echoes of Schiller's *Fiesko* identified by Jean Pommier (see note 54): 'Wie? welcher Empfang, meine Tochter? Sonst wenn ich nach Hause kam, Berge auf meinem Herzen, hüpfte mir meine Berta entgegen, und meine Berta lachte sie weg' ('What? What a greeting my daughter! Time was that I came home with the weight of the world on my shoulders, my Berta would skip to meet me and laugh it away') (I, x).

115. Filippo Strozzi had, indeed, worked on the *Natural History* of Pliny.

116. In other words, Philippe.

117. A recollection of Hamlet's 'Words, words, words' (*Hamlet*, II, ii)? Compare Alexandre's comment at the beginning of III, vi: 'Des mots, des mots, et rien de plus'.

118. This is the same action as that of the world-weary Philippe in III, iii, and, indeed, it is now to Philippe that Lorenzo's thoughts turn. Musset in fact made this parallel clearer in the revision of 1853, since it was only then that he added the words 'sur un banc' (see variants *117*). Beaumarchais's Figaro, when he too succumbs to world weariness during the long monologue in which he tries to make sense of his situation (*Le Mariage de Figaro*, V, iii), has a stage direction that differs from this only in the form of the verb: 'Il s'assied sur un banc'.

119. Even this apparently idyllic recollection contains hints of corruption: the goat being a common symbol of sexual license, the girl is battling, on a symbolic level, to protect her purity, represented by the clean laundry, from the advances of the seducer. Just as the women seduced by Lorenzo and Alexandre will believe that their intentions are honourable, the fact that the goat is itself the colour of purity serves to conceal the corruption of its intentions. So this goat is really a wolf in sheep's clothing. Similarly in Musset's novel *La Confession d'un enfant du siècle*, part III, chapter iii, at the first meeting of the narrator with Brigitte Pierson, the latter is accompanied by a white kid, which both feed. She is a woman whose appearance of sexual inviolability is not all it seems, and they will embark on a relationship in which, in its initial stages, both use the pretence of the purity of a platonic friendship to conceal more turbulent sexual desires.

120. Not only does the murder take place at midnight, like the first scene of the play, Alexandre also begins that scene by complaining of the cold.

121. A reminiscence perhaps of Cæsar's words of surprise that his friend should be one of his assailants. If so, the most likely source is Shakespeare, whose 'Et tu, Brute?' (*Julius Cæsar*, III, i), by using the name, is closer than the Greek phrase found in Suetonius (*The Lives of the Cæsars*, 'Julius Cæsar'). The fact that Alexandre uses one of his affectionate shortenings of the name makes the treachery the more obvious. Varchi records that, as here, Lorenzo both asks, 'Signor, dormite voi?' ('My Lord, are you asleep?') and says, 'Signore, non dubitate' ('My Lord, do not doubt it'), but, curiously, that second remark is not inspired by any question asked by the Duke.

122. This detail is present in Varchi and is taken up by Sand, but Musset invests it with a symbolic significance not found in either of the others.

123. Virgil, *Aeneid*, vi, l43-44. Cibo's use of this quotation is recounted by Varchi. In the manuscript of *Lorenzaccio* Musset provides his own translation: 'Le premier rameau d'or arraché se remplace par un autre, et une nouvelle branche du même métal pousse aussitôt'.

124. Ottaviano de' Medici was descended from neither Cosimo the Elder, like Alessandro, nor his younger brother Lorenzo, like both our Lorenzo and our Cosimo, and hence did not belong to either of the main branches of the family tree.

125. The historical Canigiani's suggestion was rather less ridiculous, since he was proposing Alessandro's natural son, not his own. As Varchi tells it, 'Domenico Canigiani propose, che in del duca morto, si dovesse sostituire il signor Giulio suo figliuolo naturale' ('Domenico Canigiani proposes that they should replace the dead Duke with Lord Giulio, his natural son'). Musset was either misled or inspired by the potentially ambiguous possessive to produce this splendidly comic suggestion. Nevertheless, the historical Canigiani's more reasonable proposal was greeted with no less derision than that of his fictional counterpart. Musset points up the distinction between his invented character of Canigiani's natural son and the historical natural son of Alessandro by rendering the name Giulio as Julien here, but as Jules when Alexandre's son is mentioned in V, vii. Whilst it is not entirely impossible that this double translation of the name is itself an inadvertence, it prevents us from assuming as readily as do some editors (who do not all appear to have noticed it) that 'mon' is here simply a misprint for 'son'. See for example the editions of Maurice Allem (in *Théâtre complet* [Gallimard, Paris, 1958] p. 185); Jacques Nathan (p. 130, n. 4); and Denise-P. and Pierre Cogny ([second edition Bordas, Paris, 1985] p. 162, n. 1); or, for a critic who does draw attention to the double translation of the name, the edition by Bernard Masson (p. 271, n. 7).

126. That is 'cornets à dés'.

127. Joyce Bromfield (*De Lorenzino de Médicis à Lorenzaccio*, p. 166, n. 49) points out a rare error of translation on Musset's part: it was not their chancellors that the people of Pistoia killed, but the supporters of the Cancellieri family, who were leaders of a political faction.

128. Presumably a reference to the expression 'jeter des pierres dans le jardin de quelqu'un', to make veiled attacks or allusions. A *calembour*, or 'pun', would be a perfect way of making such an allusion, although, in this instance, no-one dares do so. In choosing to refer specifically to *calembours*, Musset may have had in mind the obvious one to be made on the name Cibo when it is pronounced in a French rather than an Italian manner, that is 'si beau', or perhaps the garden is home to a 'cocu'.

129. Although modelled faithfully on a passage in Varchi in which he quotes a superstitious saying that circulated, this speech is not unproblematic. Varchi places the murder of Alessandro unambiguously in January 1536, yet a different date is enshrined in the very title of Musset's other principal source, Sand's *Conspiration en 1537*. Whilst a distressingly large number of critics have been content to attribute the discrepancy simply to an error on the part of one or other author, Musset was presumably aware that the real reason was more complex: for Varchi, writing before the calendar was revised in 1582, the year ended at Easter, and so March, not December, was the last month of the year. Hence, an event which in his terms took place in January 1536, would be situated by modern chronology in January 1537. This being the only occasion in the play on which the year of Alexandre's death is mentioned, the context makes it clear why Musset decided to follow Varchi, rather than updating his calendar as Sand does. But the Marchand also places the murder at six o'clock in the morning, again the time found in Varchi and, on this occasion, in George Sand too. It is not, however, the time found elsewhere in Musset, who places his murder scene at midnight. Again, however, the change is not merely arbitrary, for Varchi, although telling us that the murder was planned for between five and six o'clock, points out that the Florentines counted the first hour of the day from sunset. Given that the events took place in mid-winter, Musset's placing of the murder at midnight seems to correspond with historical reality, as well as being a rather more likely time for a romantic assignation than the hour that most of us understand by 6.00 am. Interestingly, here it is Sand rather than Musset who fails to convert Varchi's original to its modern equivalent. The six wounds are also problematic: the number six appears in Varchi only in the passage imitated here by Musset. In his description of the murder itself he describes the long struggle and the three blows that kill the Duke, but goes on to say that other stab wounds were inflicted after his death without specifying their number. Musset's version of the death scene is much less protracted, and the Duke is stabbed only twice. So neither the time of death nor the number of wounds specified by the Marchand coincides with what we have seen elsewhere in the play. Are we to assume that, in transcribing from Varchi, Musset failed to notice that these details did not coincide with his own text? It seems unlikely. Perhaps their very inaccuracy is intended to confirm the ridiculousness of such superstitions. After all, while the date, the year, the length of Alexandre's reign and even his age would be common knowledge, we would hardly expect someone like the Marchand to be well enough informed to know, so soon after the Duke's murder, the precise time of death or the exact number of wounds inflicted – particularly in view of the secrecy surrounding the whole affair.

130. Musset's manuscript shows that he originally toyed with the idea of writing '*savantissime doctor*', a piece of dog Latin that carries a clear reminiscence of Molière, who began the medical ceremony that closes *Le Malade imaginaire* with the plural form of exactly the same words. Musset obviously decided that such verbal extravagance would have been stylistically out of place in his play, as well as being historically inaccurate: no sixteenth-century tutor would have been ignorant of his Latin. Nevertheless, the use of the correct form has not entirely destroyed the reference to Molière, with its desired effect of giving an immediate sense of the ridiculousness of this character.

131. In fact, Maria survived Lorenzo, who himself did not die until 1548 (see note 65), but the dramatic effect of her death here adds considerably to the sense of futility that pervades this final act.

132. The expression simply means 'very old indeed'. Saturn is a Roman god of agriculture who became associated with the Greek god Chronos. Since his father, Uranus, was the first god to emerge from chaos, he has no great-grandfather.

133. A reference to the events depicted in the original scene vi (see variants *127* and appendix I).

134. Not, as Jacques Nathan (p. 143, n. 1) and D.-P. and P. Cogny (p. 174, n. 1) suggest in their editions, an anachronism: although the present structure was not built until 1588-91, and was the first bridge on the site not to have been built in wood, it had had five predecessors, the one it replaced, that on which Lorenzo would have walked, having survived since the twelfth century. That bridge can be seen very clearly in the background of Carpaccio's painting *A Miracle of the Relic of the True Cross*. The name Rialto derives from the area in which the bridge is situated, and so is not unique to the most recent structure. Indeed, Cellini, who died before the construction of the new bridge, used the name in his autobiography; and the fact that Shakespeare was already using it as a more-or-less obligatory symbol of Venice and its commercial activities when he wrote *The Merchant of Venice* in 1596, also suggests that its fame went back rather further than the mere five years which had passed since the completion of the construction of the new bridge.

135. Perhaps in this murder by mob there is a reminiscence of the death of Narcisse at the end of Racine's *Britannicus*, or even, and more pertinently, of the death of Julius Cæsar. Although Lorenzo did indeed die in Venice as a result of Cosimo's vengeance for the death of Alessandro, this did not occur until 1548. Between the meeting in Venice with Filippo that is the basis of V, ii, and his eventual death, Lorenzo spent time in Turkey, where he tried to forge a union between the Sultan and the French against the Imperial presence in Italy, and then led a somewhat nomadic existence in France, returning to Venice only in 1544. At the time of his murder (by two hired assassins with poisoned daggers), he was living not with Filippo, who had died either by murder or suicide in 1538, but with his mother, and was in the company of his uncle Alessandro Soderini when he was killed.

136. See note 125.

137. II, iv, perhaps. Clearly the action takes place after the present II, ii, since there is a reference back to Freccia's refusal to paint la Mazzafirra, and other points made in that scene are also taken up. Does the remark, 'Je veux te gagner les bonnes grâces du Duc', place it before the portrait scene of II, vi? Perhaps, but it is impossible to be certain. Apart from the fact that this scene concentrates far too much attention on a fairly minor character, it also has very little relevance to the rest of the action, which presumably explains why Musset did not, in the event, use it in the final version of the text.

138. This bears no relation to historical truth. The Sistine ceiling, on which Michelangelo worked from 1508 to 1512, was obviously long-finished by 1536/7, but he was only just beginning the *Last Judgement* on the altar wall, on which he worked from 1536 to 1541.

139. That is, he operates the bellows. Before the age of electricity the air-flow for the organ had to be pumped manually by an assistant.

140. The opening lines of the Latin poem on the grief of the Mother of God at the foot of the cross, attributed to Jacopo de Benedetti, known as Jacopone da Todi (c.1228-1306), which has been set to music by a number of composers. The most famous version composed before 1536, and which could therefore have been known to Musset's character, is that of Josquin des Prés, who had been in Rome in the service of the Pope from 1486-94, but, given the relative lack of interest in early music in the nineteenth century, it seems probable that Musset did not have any particular Renaissance setting in mind. However, he almost certainly knew the version by the eighteenth-century Italian Pergolesi (1710-36), whom he mentions in the same paragraph as Raphael and Dante in the article 'Un mot sur l'art modern', published in the *Revue des deux mondes* on 1 September 1833. The popularity of Pergolesi had been such that his *Stabat Mater* has the distinction of being the most published single musical work of the eighteenth century.

141. Presumably III, i, since there are obvious similarities with that scene in plans 2 and 3, although the correspondence is not exact, and note also the problem of chronology posed by the reference to Philippe Strozzi. The section of the scene involving Benvenuto Cellini is very closely based on a passage in his autobiography which represents his only description of an encounter with Lorenzo (*Vita*, pp. 236-8). It is easy to understand why Musset was attracted to it, since, bearing in mind the usual caveats about the reliability of Cellini's narrative, it represents an eye-witness account. On the other hand, it does not really advance the action, and so is anecdotal rather than dramatic, and Lorenzo's image here of the murder as the reverse of the medal sits uneasily with the dominant imagery of the rest of the play, in which the murder is seen as his wedding. The incident has a sequel in Cellini's narrative, in which Francesco Soderini, arriving in Rome with the news of Alessandro's death, describes it to Cellini as the reverse of the medal that Lorenzo had promised him (ed. cit, p. 257).

142. This detail, which will also be found in Musset's plans, derives from Cellini's autobiography, where it has two possible sources. He says just before his narration of the episode imitated by Musset that he often found the Duke having a doze after lunch alone with Lorenzo: 'molto volto lo trovavo a dormicchiare doppo desinare con quel suo Lorenzino' ('I often found him dozing after lunch with that Lorenzino of his') (*Vita*, p. 235), but goes on to say that on that particular day he actually found the Duke in bed, apparently sleeping off the effects of too much food and/or wine: 'Io trovai nel letto, perché dicevano che gli aveva disordinato' ('I found him in bed because, I was told, he had overindulged') (*Vita*, p. 236). The similarity between the Italian 'dormicchiare' and the French 'someiller', as well as the absence of any mention of Alexandre's being in bed, suggests that it is the first passage that provides Musset's inspiration. There is no suggestion of any sexual element in either of these remarks in Cellini, and he is certainly not the man to miss the opportunity to point out such a detail if it were appropriate; Musset's scene adds nothing that would encourage such an interpretation. I therefore find it difficult to agree with those critics (see David Sices, *Theater of Solitude*, p. 155 and Ceri Crossley, *Musset: Lorenzaccio*, p. 20) who see in this direction a more explicit indication of sexual involvement between Alexandre and Lorenzo than the ambiguous hints we find in the definitive text: Sices even speaks of 'the compromising nature of this circumstance'.

143. This pun on his name is one that Cellini makes himself on more than one occasion.

144. This conclusion to the scene figures only in Musset's manuscript, where it immediately follows the definitive ending. It is not possible to be certain whether the omission was accidental or deliberate, although the passage is undoubtedly weak, which, coupled with the fact that it was never reinstated, makes an intentional cut more plausible. Léon Lafoscade, after reviewing the possible reasons for the omission, comments: 'La conclusion reste la même: la scène a pu se trouver coupée sans que *Lorenzaccio* y perdît grand-chose' (*Le Théâtre d'Alfred de Musset*, p. 300). I would go further, and argue that there is a considerable gain. The move from the Marquis's pretence not to have understood the confession to the Marquise's refusal to believe him is confusingly contradictory. The Marquise's exit speech is in an exaggeratedly emotional tone of the sort that Musset generally eschews, veering uncomfortably from the cries of 'Tuez-moi' and calls for vengeance, to the bathos of a request to be given her coat. And what are we to think of this husband, who, after showing such generosity of spirit, allows her to leave, sends a page after her instead of following himself, and then calmly (and again bathetically) orders his meal. How much more effective is Musset's final solution, in which all explanation between the couple is suppressed, we are given no clue about how the Marquis will react, and are therefore made to wait until the following act for the revelation of his reconciliation with his wife, and where even that revelation is stripped of sentimentality by the use of two detached, ironic commentators. Indeed, even that last scene of this plot line (V, iii), which Musset had already written before he decided to suppress this ending, gains considerably from the fact that we have no prior knowledge of a sympathetic stance by the Marquis.

145. This brief but effective and brutal scene was the original sixth scene of Act V, and appeared in all editions until the revision of 1853, when it was cut, with the subsequent scenes being renumbered accordingly. The motivation for this cut appears to have been purely practical rather than a reflection of any artistic dissatisfaction with the writing: during Varchi's narration of the events surrounding the death of Alessandro and the election of Cosimo, he tells on more than one occasion of the crowd shouting out, 'Palle, palle'. Musset took this up in *Lorenzaccio*, using one of their cries, 'Palle, palle, e duca, duca' as the opening line of the final scene of the play (although note that Musset creates a rather more plausible slogan by translating the third word as if it were the verb 'è' ['he is'] rather than the conjunction 'e' ['and']); he also added other references to 'les boules'. However, what these references make clear, and nowhere more obviously than in this scene, is that Musset thought that these 'palle' or 'boules' were a system of election in Florence. In fact, the reference is to the roundels (the heraldic term for discs, which were often, as with the Medicis, painted to have the appearance of being spherical, hence 'palle' or 'boules') that were a striking feature of the coat of arms of the Medicis – so the cry was simply an alternative to shouting the family name. Musset had obviously realised his mistake by the time he came to make the revision of 1853, and deleted all these references. Since in this case the scene has little point without this detail, it was deleted in its entirety. The events which it depicts are, in any case, mentioned by Lorenzo in the scene that originally followed it, the present V, vi.

146. This version of the plans is based on the careful transcription of the manuscript by Bernard Masson in his edition of *Lorenzaccio* (pp. 311-17). Although this version differs from that of Dimoff (*La Genèse de* Lorenzaccio, pp. 149-66) in a number of very minor details, particularly relating to the faithful reproduction of oddities of spelling and punctuation, the most important differences are the repeated variant reading noted in 147 and 148, and the attribution of the second version of Acts IV and V to the second and not the third plan.

147. A more plausible reading of the manuscript than Dimoff's 'Freccia cherchant Benvenuto' (*La Genèse de* Lorenzaccio, p. 159): would we really expect a person of such inferior rank as Freccia to interrupt the dozing Duke with enquires about the whereabouts of a fellow artist? This version of events is very similar to the situation at the opening of the definitive II, vi, although in that version Freccia has quitted his role as musician for that of artist and it is Giomo who is singing. Even more similar is the discarded scene in which it is indeed Cellini, on more important business than a search for his friend, who interrupts the dozing pair.

148. Again, Dimoff transcribes 'Freccia cherchant Benvenuto' (*La Genèse de* Lorenzaccio, p. 163).

VARIANTS

*1 1834: 'MARQUIS DE CIBO'.

*2 1834: 'MARQUISE DE CIBO'.

*3 1834 reading. The 1853 edition follows an alteration in the intermediate editions not by Musset: 'manier, examiner'.

*4 1834 reading. The 1853 edition follows an alteration in the intermediate editions not by Musset: 'famille des Médicis'.

*5 1834: 'Peste! peste! comme'.

*6 1834: '*foule s'augmente*'.

*7 1834: '*Il sort./Louise*'.

*8 1834: '*marquise de Cibo*'.

*9 1834 reading. The 1853 edition follows an alteration in the intermediate editions not by Musset: 'offensé le pape'.

*10 1834: 'de papiers', presumably an error, therefore the 1853 reading is followed even though the correction was made in the intermediate editions and is consequently not by Musset.

*11 1834 reading. The 1853 edition follows an alteration in the intermediate editions not by Musset: 'avez un bon'.

*12 1834: 'Si on'.

*13 1834: 'moi./*Sire Maurice sort.*/VALORI'.

*14 1834: 'homme!/LE CARDINAL'.

*15 1834: 'doigts ridés sur'

*16 1834: 'jeunesse d'un'.

*17 1834 reading. The 1853 edition follows an alteration in the intermediate editions not by Musset: 'tout endormis des'.

*18 1834: 'aunes d'étoffes et'.

*19 1834: 'femmes possibles ce'.

*20 1834: 'bal de Nasi'.

*21 1834 reading. The 1853 edition follows an alteration in the intermediate editions not by Musset: 'de ma sœur dont tu'.

*22 1834: 'peur./*Il sort.*/Scène'.

*23 1834: 'faiblesse est-elle'.

*24 1834: 'privilège. Dieu seul peut le rendre noble et digne d'admiration. Et pourquoi'.

*25 1834: 'neveu, tu ne peux pas l'aimer. Mais'.

*26 1834: 'collège, tout baigné de sueur, avec'.

*27 1834: 'n'ait pas trahi'.

*28 1834: 'de leur nom, sont'.

*29 1834 reading. The 1853 edition follows an alteration in the intermediate editions not by Musset omitting this character heading: '*Il s'en va.*/Adieu'. See also note 104.

*30 1834: 'serons tous étonnés'.

*31 1834: 'Pierre? Assois-toi'. Although the alteration here in the 1853 edition comes from the intermediate editions and is therefore not Musset's, is seems perverse to restore the original, since he makes the same change himself elsewhere in the 1853 revision.

*32 1834 reading. The 1853 edition follows an alteration in the intermediate editions not by Musset: 'me suis'.

*33 1834: 'qu'est-ce que c'est donc?'.

*34 1834: 'homme peut y être'.

*35 1834 reading. The 1853 edition follows an alteration in the intermediate editions not by Musset: 'de tapisseries, ces'.

*36 1834 reading. The 1853 edition follows an alteration in the intermediate editions not by Musset: 'exercer. Ma'.

*37 1834: 'pas poussée'.

*38 1834: 'sol qui la porte./LORENZO'.

*39 1834: 'me ferai volontiers'.

*40 1834: 'peut te faire assommer'.

*41 1834: '*marquise de Cibo*'.

*42 1834: 'je t'ai compris'.

*43 1834: 'flèches saignantes, comme'.

*44 1834: '*marquise de Cibo.*/LE CARDINAL'.

*45 1834 reading. The 1853 edition follows an alteration in the intermediate editions not by Musset: 'non par'.

*46 1834: 'n'ai pas un mot'.

*47 1834: 'pour Lorenzaccio'.

*48 1834: 'toi, ou est-ce'.

*49 1834 reading. The 1853 edition follows an alteration in the intermediate editions not by Musset: 'conte des fées'.

*50 1834: 'UN PAGE, *entrant*'.

*51 1834: 'Je lui demanderai'.

*52 1834: 'Si on'.

*53 1834: 'il allait, il venait'.

*54 1834: 'sûr qu'il ne rentrera que'.

*55 1834: 'pris leur manteau et leur épée pour'.

*56 1834: '*Pierre, Thomas et*'.

*57 1834: 'mortels. Qu'as-tu'.

*58 1834 reading. The 1853 edition follows an alteration in the intermediate editions not by Musset: 'le cou découvert'.

*59 1834 reading. The 1853 edition follows an alteration in the intermediate editions not by Musset: 'à ma chère tante'.

60 1834: 'donc vous asseoir un peu'.

61 1834: 'de tonnerre! tu', presumably an error, therefore the 1853 reading is followed even though the correction was made in the intermediate editions and consequently not by Musset.

62 1834: 'fièvre? Ou es-tu toi-même un rêve?/LORENZO'.

63 1834: 'de toutes tes'.

64 1834: 'pour d'autre. Celle', presumably an error, therefore the 1853 reading is followed even though the correction was made in the intermediate editions and consequently not by Musset.

65 1834: 'cette chambre. Écoute bien'.

66 1834: 'plus complète./PIERRE'.

67 1834: 'et les amis'.

68 1834 has here a reference to a footnote: 'Voir *La Conspiration des Pazzi*'. See note 71.

69 1834 reading. The 1853 edition follows an alteration in the intermediate editions not by Musset: 'de hallebarde./*Pierre*'.

70 1834: 'Philippe, il veut emmener'.

71 1834: '*Il s'assoit.*/PHILIPPE'.

72 1834: 'tuent et qu'ils'.

73 1834: 'Dieu! tout cela'.

74 1834 reading. The 1853 edition follows an alteration in the intermediate editions not by Musset: 'nous n'agirons pas'.

75 1834: 'dedans comme dehors'.

76 1834 reading. The 1853 edition follows an alteration in the intermediate editions not by Musset: 'de ma patrie'.

77 1834 reading. The 1853 edition follows an alteration in the intermediate editions not by Musset: 'paisible, et je ne'.

78 1834 reading. The 1853 edition follows an alteration in the intermediate editions not by Musset: 'Je n'ai pu'.

79 1834: 'tuer, et après cela porter'.

80 1834: 'ai tissu autour'.

81 1834: 'd'Harmonius et'.

82 1834: 'est une maladie aussi./LORENZO'.

83 1834: 'patrie, comment le'.

84 1834: 'je m'arrache le'.

85 1834: 'un mur taillé'.

86 1834: 'apprentissage de vice'.

87 1834 reading. The 1853 edition follows an alteration in the intermediate editions not by Musset: 'dit tout ce que'.

88 1834: 'tailler leur plume, si'.

89 1834: 'je demande'.

90 1834: 'la Comtesse de Cibo'.

91 1834: 'toilette! Qu'il en soit ce qui pourra'.

*92 1834 reading. The 1853 edition follows an alteration in the intermediate editions not by Musset: 'rayon de soleil'.

*93 1834: 'armée, et l'on'.

*94 1834: 'bras? Sais-tu ce que c'est que d'être porté comme un nourrisson chéri par le vaste océan des hommes? Sais-tu'.

*95 1834: 'démon! Assois-toi donc'.

*96 1834: 'pas, voyez-vous./LES CONVIVES'.

*97 1834: 'les familles'.

*98 1834 reading. The 1853 edition follows an alteration in the intermediate editions not by Musset: 'planterons le drapeau noir de'.

*99 1834: 'et nous partager'.

*100 1834: 'Où pourrai-je la'.

*101 1834: 'Je n'en ai'.

*102 1834: 'cause surnaturelle. Qui'.

*103 1834: 'main là, et que'.

*104 1834: '*marquis de Cibo*'.

*105 1834: 'vous êtes frère de mon mari, je suis maîtresse'.

*106 1834 reading. The 1853 edition follows an alteration in the intermediate editions not by Musset: 'pas venir aujourd'hui'.

*107 1834: 'femme! Écoutez et ne vous jouez pas à moi. Que vous'.

*108 1834 has a redundant repetition of the character heading: '*marquis*./LA MARQUISE: Laurent'.

*109 In the manuscript the scene continues after this point. See Appendix I for that original ending.

*110 1834 reading. The 1853 edition follows an alteration in the intermediate editions not by Musset: 'venez par ici'.

*111 1834: 'venu./*Il sort.*/Scène'.

*112 1834: 'tête./*Il sort.*/LORENZO'.

*113 1834: 'diable./*Il sort.*/LORENZO'.

*114 1834: 'confonde!/*Il sort.*/LORENZO'.

*115 1834: 'diable, cela n'est'.

*116 1834: 'je boirai une bouteille. – Non'.

*117 1834: '*Il s'assoit.*/Pauvre'.

*118 1834: 'mes affaires. Eh bien, mignon, est-il déjà temps?/*Entre Lorenzo.*/LORENZO'.

*119 1834: '*sur la fenêtre*'.

*120 1834: 'repose dans ce'.

*121 1834: '4° grâces perpétuelles pour'.

*122 1834: 'marquis de Cibo'.

*123 1834 reading. The 1853 edition follows an alteration in the intermediate editions not by Musset: 'sur les tables'.

*124 1834: 'L'Orfèvre.–On demande les boules; les uns'.

*125 1834: 'hallebarde parce que je demandais les boules. Pas'.

126 For an additional scene included in the 1834 edition at this point and cut in 1853, see Appendix I.

127 1834: 'Scène VII/*Venise*'.

128 1834: '*Strozzi./Entrent* PHILIPPE'.

129 1834: 'pas contre vous./LORENZO'.

130 1834 reading. The 1853 edition follows an alteration in the intermediate editions not by Musset: 'sortais de l'Italie'.

131 1834: 'homme, qu'un artiste, pourquoi'.

132 1834: 'Scène VIII/*Florence*'.

133 1834: '*peuple courent de*'.

134 1834: '*côtés.*/Les boules! les boules! Il est duc, duc; les boules! il est duc'.